THE CODE OF
CHINA'S GOVERNANCE

解码
中国之治

赵可金 - 著

图书在版编目(CIP)数据

解码中国之治 / 赵可金著. —北京：北京大学出版社，2023.1
ISBN 978-7-301-33469-0

Ⅰ.①解… Ⅱ.①赵… Ⅲ.①中国特色社会主义—社会主义建设模式—研究 Ⅳ.①D616

中国版本图书馆 CIP 数据核字（2022）第 219632 号

书　　　名	解码中国之治 JIEMA ZHONGGUO ZHIZHI
著作责任者	赵可金　著
责任编辑	梁　路（lianglu6711@163.com）
标准书号	ISBN 978-7-301-33469-0
出版发行	北京大学出版社
地　　　址	北京市海淀区成府路 205 号　100871
网　　　址	http://www.pup.cn
信公众号	ss_book
电子信箱	ss@pup.pku.edu.cn
电　　　话	邮购部 010-62752015　发行部 010-62750672 编辑部 010-62765016
印　刷　者	大厂回族自治县彩虹印刷有限公司
经　销　者	新华书店
	650 毫米×980 毫米　16 开本　15 印张　236 千字 2023 年 1 月第 1 版　2023 年 1 月第 1 次印刷
定　　　价	59.00 元

未经许可，不得以任何方式复制或抄袭本书之部分或全部内容。
版权所有，侵权必究
举报电话：010-62752024　电子信箱：fd@pup.pku.edu.cn
图书如有印装质量问题，请与出版部联系，电话：010-62756370

序

2019年10月31日，中国共产党第十九届中央委员会第四次全体会议审议通过了《中共中央关于坚持和完善中国特色社会主义制度、推进国家治理体系和治理能力现代化若干重大问题的决定》，将新中国成立以来所取得的重大成就归结为"两大奇迹"："新中国成立七十年来，我们党领导人民创造了世所罕见的经济快速发展奇迹和社会长期稳定奇迹，中华民族迎来了从站起来、富起来到强起来的伟大飞跃。"

环顾世界，尽管不乏一些国家和地区在特定时期同时出现经济发展、社会稳定的局面，但中国这样长期保持经济快速发展、社会稳定局面，堪称"人类历史上罕见的发展奇迹"。中国用几十年时间，走完了发达国家几百年走过的发展历程，实现了全面建成小康社会的目标，跃居世界第二大经济体、第一大工业国、第一大货物贸易国、第一大外汇储备国，成为全球经济增长的动力之源和稳定之锚。世界上一些国家频现政治动荡、政权更迭、社会分裂、暴力蔓延、枪击事件不断等现象，与此不同的是，中国的发展没有以周期性暴发经济危机和社会危机为代价，而是保持经济增长、社会安定有序，成为世界上最有安全感的国家之一。尤其是新冠肺炎疫情暴发以来，中国不仅取得了疫情防控阶段性重大胜利，而且成为世界范围内最先实现经济正增长的经济体。

如何解释中国所取得的"两大奇迹"及其深层的学理基础，是一个具有重大理论意义和政治意义的课题，也一直是令国内外社会各界十分着迷的话题。然而，长期以来，学界对于"两大奇迹"的研究陷入了某种非此即彼的尴尬境地：要么以西方现代化经验为参照系，从西方中心论的所谓

"普世主义"知识体系解释"两大奇迹",认为中国所取得的成就是西方冲击下的产物,中国的未来在于向西方学习;要么以中国自身发展经验为参照系,用马克思主义的特色知识体系解释"两大奇迹",坚定地认为中国所取得的成就完全是马克思主义基本原理在中国运用和发展的产物。事实上,两种研究路线各有其道理,但都仅仅抓住了问题的某一侧面,导致很难产生理论共鸣。毫无疑问,世所罕见的经济快速发展奇迹和社会长期稳定奇迹,绝不是随随便便就能得来的,其背后掩藏了重要的生态条件和制度基础。

新中国成立以来尤其是改革开放以来中国所取得的"两大奇迹",是国际大环境和国内小环境共同作用的产物。从国际大环境来看,近代以来西方引领世界发展的基本态势,促使中国标定了实现民族复兴的世界历史方位。中国的发展离不开世界,无论是新中国成立之后长期面临的冷战对峙格局,还是冷战结束后日新月异的经济全球化趋势,都为中国的发展确定了不以人的意志为转移的客观条件。美苏冷战对峙的两极格局决定了中国只能选择独立自主的发展道路,对于拥有十几亿人口的国家来说,实现现代化只能靠中国共产党的领导、靠走中国特色社会主义道路。冷战结束后,面对世界范围内的经济全球化浪潮,中国选择了坚定不移地走开放发展之路,在参与世界竞争中实现民族复兴。从国内小环境来说,中国是一个拥有五千多年历史的文明国家,有成熟的社会基因、深厚的文化底蕴和制度传统,这也为中国发展设定了基本的制度基础和路径依赖,"两大奇迹"的出现是一种历史的必然,更是一种制度的必然。制度是一个文明或国家发展的"四梁八柱",制度问题是带有根本性、全局性、稳定性、长期性的问题,制度优势是一个国家的最大优势,制度竞争是国家间最根本的竞争。从这个意义上说,中国所取得的"两大奇迹",归根结底是源于中国共产党的领导、中国特色社会主义制度和国家治理体系的强大生命力和巨大优越性,这是一套行得通、真管用、有效率的制度和治理体系,是在实践中逐步形成的中国自主的知识体系。世所罕见的经济快速发展奇迹和社会长期稳定奇迹印证了中国自主发展道路和中国自主知识体系。

毋庸置疑,中国特色社会主义制度和国家治理体系尚未完善,仍然存在不足和问题,需要在增强道路自信、理论自信、制度自信和文化自信的基础上,在理论上和实践中不断发展。要想从容应对国内外诸多想得到和想不到的风险和挑战,构建中国自主知识体系,就需要在实践中固根基、扬优势、补短板、强弱项,致力于构建系统完备、科学规范、运行有效的制度体系,加强系统治理、依法治理、综合治理、源头治理,把我国的制度优势更好地转化为国家治理效能。2021年7月1日,习近平总书记在庆祝中国共产党成立100周年大会上的重要讲话中指出:"我们坚持和发展中国特色社会主义,推动物质文明、政治文明、精神文明、社会文明、生态文明协调发展,创造了中国式现代化新道路,创造了人类文明新形态。"2021年11月11日,党的十九届六中全会审议通过《中共中央关于党的百年奋斗重大成就和历史经验的决议》,决议强调:"党领导人民成功走出中国式现代化道路,创造了人类文明新形态,拓展了发展中国家走向现代化的途径,给世界上那些既希望加快发展又希望保持自身独立性的国家和民族提供了全新选择。"中国式现代化道路和人类文明新形态涵盖了物质文明、政治文明、精神文明、社会文明、生态文明协调发展的多个维度,我们对这些问题的理解才刚刚破题,今后还要在理论上和实践中继续深化。

当今世界正经历百年未有之大变局,新冠肺炎疫情全球大流行加速了这一变局的进程,世界处于新一轮动荡变革期。国际恐怖主义、全球金融危机、全球气候变化、新冠肺炎疫情全球大流行、能源资源危机、地区热点频仍等问题层出不穷,反映了近代以来西方主导的资本主义制度的危机,反映了启蒙运动以来人类知识体系的总危机,这就要求创造人类文明新形态,建构人类知识新体系。2022年4月25日,习近平总书记在中国人民大学调研期间强调,"要以中国为观照、以时代为观照,立足中国实际,解决中国问题,不断推动中华优秀传统文化创造性转化、创新性发展,不断推进知识创新、理论创新、方法创新,使中国特色哲学社会科学真正屹立于世界学术之林"。中国共产党成立以来,不断推进马克思主义中国化,走出了中国特色社会主义道路,实现了马克思主义基本原理同中国具体实际的结合,同中华优秀传统文化的结合,先后创立了毛泽东思想、邓小平理论、"三个代表"重要思想、科学发展观、习近平新时代中国特色社会主义思想。随着中国日益走近世界舞台中心,中国在知识体系上如何从大踏步赶上时代向引领时代跨越,这一问题已经摆在我们面前。

从2020年起,围绕"两大奇迹"及其根源问题,我展开了一系列的研究并发表了诸多研究论文,对相关问题的认识越来越清晰。从这个意义上说,本书大多数章节是在已经发表的论文、研究报告和学术演讲稿的基础上修改而成的。比如,导论"中国之治及其密码"原文曾发表于《探索与争鸣》2019年第1期和《探索与争鸣》2020年第3期,题目分别为《如何在"百年未有之大变局"中理解中国角色》《全球治理的中西智慧比较》。"新冠肺炎疫情冲击下的权威重构"(第一章)最初发表于《世界经济与政治》2020年第10期,原文题目为《病毒与权力:新冠肺炎疫情冲击下的世界权威重构》。"新冠肺炎疫情冲击下的全球治理"(第二章)最初发表于《东北亚研究》2020年第4期,原文题目为《疫情冲击下的全球治理困境及其根源》。"中国之治:应急化外交"(第四章)最初发表于《外交评论》2020年第4期,原文题目为《应急外交:新冠疫情下的中国外交变化》。"中国之治:双循环"(第五章)最初发表于《当代亚太》2021年第2期,原文题目为《双循环、外部性与中国经济外交转型》。"中国之治:人类卫生健康共同体"(第七章)最初发表于《当代世界与中国》2021年第2期,原文题目为《新冠肺炎疫情冲击下国际秩序改革的中国方案》。"中国之治:使命型政党"(第八章)最初发表于《人民论坛·学术前沿》2021年第1期,原文题目为《论社会主义现代化强国与新时代中国共产党的使命》。其他章节内容虽未公开发表,但也是在相关讲座讲稿、研究报告、工作论文基础上修改而成的。鉴于文章发表的日期不一,相关数据难以彻底统一,大致截止于2021年12月。同时,为了让相对独立的章节保持逻辑上的一致,本书在整理过程中以中国特色的国家治理体系(中国之治)的政治解码作为核心线索,从提出"中国之治"的治理密码着手,将其置于新冠肺炎疫情治理的背景之下,分别考察了权威体系、全球治理、政党治理、应急外交、新发展格局、在线教育、人类卫生健康共同体和使命型政党等关键词。通过对上述关键词的考察,我发现中国的治理有独特的逻辑:西方主流学界对治理的理解更侧重非政府层面的自下而上的治理,更强调私有部门和非政府组织的作用;而中国对治理的理解则更强调治国理政,尤其是坚持党的领导,将自上而下的治理和自下而上的治理结合起来,这是党的领导、人民民主和依法治国的统一,是政法逻辑、法治逻辑和礼法逻辑的统一,此种治理智慧在世界上是独一无二的,也正是这一点赋予"中国之治"以独特的内涵。对于这一内涵的阐释,尽管本书的不同章节有不同的侧重点,但在基本精神上是一致的,这一治理智慧是中国取得"两大奇迹"的根本密码,这是本书最重要的结论。

  毫无疑问,对于"中国之治"的研究,本书提出的问题要比解决的问题多,仍然有许多问题没有得到令人满意的解释,有待今后的进一步研究。然而,本书的一个初衷就是抛砖引玉,引起学界同人对于这一问题的讨论,不断将"中国之治"的研究推进到一个更高的境界。百年正是风华正茂!在波澜壮阔的百年历史进程中,中国共产党紧紧团结和依靠人民,战胜无数艰难险阻,创造了中华民族发展史、世界社会主义发展史、人类社会发展史上的辉煌成就,中华民族迎来了从站起来、富起来到强起来的伟大飞跃,展现出实现中华民族伟大复兴的光明前景,为人类进步事业做出了重要贡献。展望未来,我们要增强历史自信和战略定力,开启建设社会主义现代化强国的新征程,不断推动"中国之治"开辟新空间,创造新成就,步入新境界!

赵可金
2022 年 7 月 1 日于北京双清苑

目 录

导　论　中国之治及其密码　　　　　　　　　　　001
　一、世界之变　　　　　　　　　　　　　　　　002
　二、中国之治　　　　　　　　　　　　　　　　013
　三、政治解码　　　　　　　　　　　　　　　　018
　四、战略自信　　　　　　　　　　　　　　　　027

第一章　新冠肺炎疫情冲击下的权威重构　　　　032
　一、治理危机　　　　　　　　　　　　　　　　032
　二、病毒与权力　　　　　　　　　　　　　　　034
　三、权威重构：疫情冲击下的政治关系　　　　　038
　四、治理创新：疫情冲击下的制度安排　　　　　045
　五、权威集中与权威分散：疫情冲击下的权力策略　049
　小结　　　　　　　　　　　　　　　　　　　　057

第二章　新冠肺炎疫情冲击下的全球治理　　　　059
　一、疫情冲击下的全球治理　　　　　　　　　　060
　二、全球治理的合作之难　　　　　　　　　　　067
　三、全球治理之难的理论解释　　　　　　　　　070
　四、全球治理之难的案例检验　　　　　　　　　073
　小结　　　　　　　　　　　　　　　　　　　　080

第三章　中国之治：强组织治理　　082
- 一、疫情还是治情？　　082
- 二、理论路径：全球治理与治理全球　　084
- 三、中国方案：新型举国体制及其内容　　088
- 四、中国实践：强组织治理及其经验　　096
- 小结　　098

第四章　中国之治：应急化外交　　100
- 一、紧急状态与应急外交　　102
- 二、疫情冲击下的中国应急外交及其特征　　106
- 三、中国应急外交的效果评估　　119
- 四、重启外交需要处理的若干关系　　125
- 小结　　128

第五章　中国之治：双循环　　130
- 一、中国经济的外部性问题　　130
- 二、理论分析：外部性及其解决　　132
- 三、"双循环"及其外部性　　136
- 四、中国经济外交的转型　　143
- 小结　　149

第六章　中国之治：在线教育　　150
- 一、治理之基与教育强国　　151
- 二、理论分析：高等教育国际竞争力及其指标体系　　152
- 三、中国方案：中国特色的在线教育　　156
- 四、中国实践：不改变课堂的教育革命　　162
- 小结　　167

第七章　中国之治：人类卫生健康共同体　　169
　　一、中国的国际秩序改革观　　169
　　二、理论分析：新冠肺炎疫情与国际秩序　　172
　　三、中国方案：人类卫生健康共同体的内涵与意义　　180
　　四、中国实践：人类卫生健康共同体的建设路径　　183
　　小结　　188

第八章　中国之治：使命型政党　　189
　　一、使命型政党　　189
　　二、中国共产党的新使命　　191
　　三、维护中央权威　　194
　　四、推进社会革命和自我革命　　198
　　小结　　199

结　语　中华伦理与社会主义精神　　201
　　一、政治解码　　202
　　二、文明基因　　207
　　三、治理之道　　211

参考文献　　218

后　记　　227

导　论

中国之治及其密码

进入21世纪以来,整个世界动荡不定,充满了不确定性。从2001年的"9·11"事件到2008年的全球金融危机,一直到2020年的新冠肺炎疫情全球大流行,形形色色的"黑天鹅"事件和"灰犀牛"事件①不断刷新人们对当今世界的认识,逆全球化、反建制主义、民粹主义、本土主义等思潮甚嚣尘上,整个世界陷入了"乱花迷眼"的混乱境地,人们开始重新思考甚至怀疑经济全球化、市场经济、自由民主、"华盛顿共识"等一系列长期被认为理所当然的"金科玉律"。尤其是2020年的新冠肺炎疫情全球大流行,已经成为百年来全球发生的最严重的传染病大流行,对整个世界造成了沉重打击。

中国自进入21世纪以来表现不凡。从2001年加入世界贸易组织到2010年中国GDP超过日本成为第二大经济体,一直到中共十九大以来中国特色社会主义进入新时代,中国综合国力和国际影响力不断攀升,中国日益走近世界舞台的中心,"北京共识""中国模式"等提法受到世界各国的广泛关注。②尤其是面对百年来全球发生的最严重的传染病大流行,中国共产党带领全国人民迅速打响疫情防控的人民战争、总体战、阻击战,统筹推进疫情防控和经济社会发展工作,取得抗击新冠肺炎疫情斗争

---

①　"黑天鹅事件"和"灰犀牛事件"是两个相互补充的概念。其中,"灰犀牛事件"是太过常见以至于人们习以为常的风险,"黑天鹅事件"则是罕见的、出乎人们意料的风险。

②　"中国模式"(或"中国道路""北京共识"等),特指中国经济发展模式。2004年,英国学者乔舒亚·库珀·雷默(Joshua Cooper Ramo)在伦敦外交政策中心发表了一篇调查报告,指出中国通过艰苦努力、主动创新和大胆实践,摸索出了一个适合本国国情的发展模式。他把这一模式称为"北京共识"。(参见Joshua Cooper Ramo, *The Beijing Consensus*, London: Foreign Policy Centre, 2004, p.11)

重大战略成果,中国率先控制住了疫情,率先恢复了经济正增长,中国成为世界范围内最为稳健的经济体。面对21世纪的一系列重大挑战,中国共产党为什么能、中国特色社会主义为什么好、马克思主义为什么行,这些重大问题引发了世界范围内的深度思考和热烈讨论。

一、世界之变

当今世界处于一个变革的时代,机遇与风险并存,人类又一次站在了十字路口,面对着开放还是封闭、多边还是单边、合作还是对抗、互利共赢还是零和博弈的重大选择。"世界怎么了?""我们怎么办?""中国向哪里走?""人类社会向何处去?"成为时代之问。如何回答这些问题,关乎各国前途,攸关人类命运。近年来,从2017年初的联合国日内瓦总部高级别会议到博鳌亚洲论坛,从联合国大会到G20峰会和金砖国家领导人峰会,习近平主席在不同国际场合发表主旨演讲,一直在思考这些"时代之问",不断阐述和表达回应"时代之问"的"中国答案"。

(一)当今世界正经历百年未有之大变局

当今世界正经历百年未有之大变局,这是习近平总书记对当今世界大势作出的一个重大战略判断,引发了各方热烈讨论。总体来看,对于百年大变局的理解,主要存在着两种观点:第一种观点从国际力量对比变化的角度理解,认为"百年未有之大变局"是指整个世界正在发生重大变化,包括国际力量对比的变化、科技革命的变化、国际秩序的变化、政治思潮的变化等。第二种观点则从中国变局论的角度看待大变局,认为百年未有之大变局最突出的标志是中国崛起以及由此引发的一系列国际秩序演变,大变局实际上是中国崛起的代名词,尤其是中国国内政治制度对西方所谓"普世价值"的挑战。尽管各方在理解上存在差异,但均认为我们正处于一个大变局的时代,预示着一个不同于20世纪国际秩序甚至不同于近代西方秩序的新秩序正在诞生。具体来说,学界关于大变局的讨论主要集中于以下四个方面。

一是变局内涵。尽管"百年未有之大变局"已成为学界共识,但关于这场变化属于周期性变化还是结构性变化,学界还存在争议。有的学者从周期变化角度看待这场大变局。比如山东大学张蕴岭、中国人民大学杨光斌等认为,国际关系正在进入一个以再全球化、再意识形态化、再国家化为特点的新周期。① 更多学者则从结构变化角度分析"百年未有之大变局"。比如中国国际问题研究院阮宗泽认为,"百年未有之大变局"存在新兴经济体和发展中国家群体性崛起、世界最强国美国从常量转为最大变量、西方内部四分五裂、多边主义与单边主义较量激烈以及科学技术的进步和发展推动大变局情形等前所未有的特点。② 中国现代国际关系研究院陈向阳认为,"百年未有之大变局"体现了"中西矛盾"与力量对比由"西强中弱、西攻中守"转向"中西互有攻守",堪称100年和近200年未有之大变局。③ 欧美发达国家认为,当今世界秩序变革的最大不确定性因素来自中国。④

二是变化方向。关于当今世界是走向以中国为中心的秩序转变,还是走向以美国为中心的秩序转变,学界的认识角度亦有所不同。有的学者更强调"百年大变局"中的中国作用。比如复旦大学郑若麟认为,人类历史进入"百年未有之大变局"最显著的特征是中国的崛起。⑤ 南京大学朱锋认为,"百年未有之大变局"涉及世界秩序结构中规则结构的大变局,即原来由西方主导规则的制定,而今天中国不仅是世界秩序的参与者、建设者、贡献者,也会从规则的接受者变成一个重要的规则贡献者,或

---

① 张蕴岭、杨光斌等:《如何认识和理解百年大变局》,《亚太安全与海洋研究》2019年第2期,第1—14页。
② 阮宗泽:《"百年未有之大变局":五大特点前所未有》,《世界知识》2018年第24期,第14—15页。
③ 陈向阳:《从世界多重矛盾演变看"百年未有之大变局"》,《旗帜》2019年第9期,第57—58页。
④ Alastair Iain Johnston, "Is China a Status Quo Power?" *International Security*, Vol. 27, No. 4, 2003, pp. 5-56.
⑤ 张维为、郑若麟、寒竹:《如何理解"百年未有之大变局"?》,《东方学刊》2019年第3期,第87—93页。

者是规则的制定者。① 有的学者则更多强调"百年未有之大变局"中的美国作用。复旦大学寒竹认为,"百年未有之大变局"的实质在于美国为阻止中国崛起,不惜改变现有的国际秩序以维护其霸权利益,世界秩序为之发生动荡。② 中国社科院倪峰从经济之变、社会之变、政治之变与外交之变四个方面提出,美国是当今国际体系变动的最显著变量。③ 不难看出,"中国中心论"与"美国中心论"是争论的焦点。

三是变局性质。学界更多从系统而非局部的层面认识"百年未有之大变局",这种系统性主要体现在其带来的国际秩序、国际格局与国际规范的变化等,认为百年未有之大变局的主要矛盾是以中美竞争为典型代表的制度性竞争、意识形态之争。中国社科院张宇燕认为,对百年未有之大变局的理解可以综合考虑大国实力对比变化、科技进步影响深远并伴随众多不确定性、民众权利意识普遍觉醒、中美博弈加剧等八个维度。④ 当然,也有学者认为这种变化只不过是一种互动性的变化,表现为不同地区和不同国家影响力的此消彼长。比如陈向阳提出,百年未有之大变局涉及世界地缘经济与政治重心"东升西降"、国际体系主导权"南升北降"、国际关系行为体"非(国家)升国(家)降"、世界经济与科技动能"新旧转换、新陈代谢"以及中西互动趋于"平起平坐"。⑤

四是机遇挑战。国内学界普遍认为"百年未有之大变局"既是机遇,也是挑战。清华大学胡鞍钢认为,中国在大变局中为世界提供了市场、旅客数量、科技与品牌创新、绿色能源消费合作、对外投资、对外发展援助、全球治理方案以及和平外交,能够利用独特的制度优势,充分把握战略机遇期。然而,中国在未来也面临着国内主要矛盾转化、国际不稳定

---

① 朱锋:《百年大变局的深刻含义是什么》,《东亚评论》2019年第1期,第6—8页。
② 张维为、郑若麟、寒竹:《如何理解"百年未有之大变局"?》,《东方学刊》2019年第3期,第94—100页。
③ 倪峰:《百年变局与中美关系之变》,http://www.cssn.cn/ts_new/ts_new_bwyc/202006/t20200612_5142191.html,2021年3月2日访问。
④ 张宇燕:《理解百年未有之大变局》,《国际经济评论》2019年第5期,第9—19页。
⑤ 陈向阳:《从世界多重矛盾演变看"百年未有之大变局"》,《旗帜》2019年第9期,第57—58页。

不确定性因素的影响。① 中国现代国际关系研究院袁鹏认为,"百年未有之大变局"下中国的优势是实力日益强大,劣势是将强未强,崛起压力增加。特别是美国加强对华制衡带来了巨大压力,中国又在大国关系中处在不利位置,因此,中国在新一轮科技革命中能否抓住机遇成为崛起的关键。② 中国人民大学杨光斌则强调了中国在"百年未有之大变局"中的制度优势,包括权威、民主、法治的统一,以及中国具有强大的国家治理能力,体现在体制吸纳力、制度整合力和政策执行力三个维度上,同时他也提出如何处理好财富权力和政治权力之间的张力是中国未来相当长时间内需要面对和解决的难题。③ 不过,中国在世界上影响力上升的同时,面临的国际压力也在快速上升。2020 年 10 月,皮尤中心发布的报告指出,新冠肺炎疫情发生后各国对中国的负面评价增多,显示中国目前面临很大的舆论压力。④

环顾世界,"百年未有之大变局"不仅意味着整个世界的大变局,也意味着中国与世界关系的大变局。这一变局的本质是第二次世界大战以来由欧美国家主导的国际秩序面临严峻挑战,无法有效解决当今世界力量对比变化、全球发展动能转移以及国际思潮碰撞引发的各种新问题。一方面,当今世界仍然处于经济全球化加快发展的时代,国际合作比以往任何时候都要紧密,对全球治理的需求比以往任何时候都要迫切,人类社会越来越成为祸福相依、命运与共的共同体;另一方面,当今世界发展很不平衡,各种矛盾盘根错节,不同国家、地区、族群、性别等在利益关系和认同结构上存在着复杂矛盾,对国际秩序变革的呼声比以往任何时候都要高涨,国际思潮碰撞比以往任何时候都要剧烈。当今世界处于多元

---

① 胡鞍钢:《中国与世界百年未有之大变局:基本走向与未来趋势》,《新疆师范大学学报(哲学社会科学版)》2021 年第 5 期,第 1—14 页。
② 袁鹏:《新冠疫情与百年变局》,《现代国际关系》2020 年第 5 期,第 1—6 页。
③ 杨光斌:《中国制度优势:权威民主法治的有机统一》,《学习月刊》2017 年第 8 期,第 11—12 页。
④ Laura Silver and Kat Devlin, et al., "Unfavorable Views of China Reach Historic Highs in Many Countries," https://www.pewresearch.org/global/2020/10/06/unfavorable-views-of-china-reach-historic-highs-in-many-countries/,2021 年 3 月 2 日访问。

一体的新格局,整个人类社会已经形成命运共同体的现实不容否认,所谓的新冷战是一种逆历史潮流而动的战略误判,实施技术、经济、社会领域的"脱钩"代价极大,推动所谓"退群"、废约、"筑墙"、排外、内顾等形形色色的政策背离了时代潮流,无益于解决当今世界的问题,是没有前途的。一个分裂的世界无法应对人类面临的共同挑战,对抗将把人类引入死胡同。在这个问题上,人类付出过惨痛代价。

(二)新冠肺炎疫情全球大流行使大变局加速变化

国际经济、科技、文化、安全、政治等格局都在发生深刻调整,新冠肺炎疫情让大变局加速演变而非改变了大变局,正在推动国际经济、政治、治理和思潮格局发生深刻变革。

一是世界经济格局加速调整:全球经济衰退,逆全球化加速。

新冠肺炎疫情对全球生产生活造成了巨大冲击,各国学者普遍认为世界经济进入衰退期,各国经济发展将面临非常艰难的处境。世界银行2021年1月发布的《全球经济展望》预计2020年发达经济体的经济活动收缩5.4%,新兴市场及发展中经济体收缩2.6%,将是第二次世界大战以来程度最深的经济衰退。[1] 国际货币基金组织(IMF)在2021年1月发布的《世界经济展望》预测2021年全球GDP增速为5.5%,并预测发达和新兴市场经济体2021年将出现巨大的负产出缺口和高失业率。[2] 经合组织(OECD)2020年12月发布《经济展望报告》,预测2021年全球GDP将缩水4.7%,中国将是2020年二十国集团中唯一实现正增长的国家。[3] 2021年3月5日,李克强总理在《政府工作报告》中指出,2020年中国全年国内生产总值增长2.3%,在全球主要经济体中唯一实现经济正增长。

---

[1] "Global Economic Prospects, January 2021," https://openknowledge.worldbank.org/handle/10986/34710,2022年1月29日访问。

[2] "World Economic Outlook Update," https://www.imf.org/en/Publications/WEO,2021年3月2日访问。

[3] "OECD Economic Outlook," https://www.oecd.org/economic-outlook/december-2020/,2021年3月2日访问。

表0-1　IMF对主要经济体经济增速的预测　　（单位:%）

	全球	中国	美国	欧元区	日本	英国	加拿大	印度	东盟五国
2022(预测)	4.2	5.6	2.5	3.6	2.4	5.0	4.1	6.8	6.0
2021(预测)	5.5	8.1	5.1	4.2	3.1	4.5	3.6	11.5	5.2
2020	-3.5	2.3	-3.4	-7.2	-5.1	-10.0	-5.5	-8.0	-3.7

数据来源:《世界经济展望》,https://www.imf.org/zh/Publications/WEO/Issues/2021/01/26/2021-world-economic-outlook-update,2022年4月3日访问。

新冠肺炎疫情严重冲击了国际供应链和价值链,导致各国经济增长普遍困难。穆迪发布报告分析疫情对美国、日本、英国和意大利等14个发达国家经济产生的影响,并称新冠疫情将使其公共债务增加近20个百分点。[1] 毕马威的报告认为,新冠疫情会在资本市场、贸易、产业链和跨国投资四个领域对世界经济造成冲击。[2] 麦肯锡全球研究院在2020年8月发表的《全球价值链中的风险、恢复力和再平衡》报告提到,新冠肺炎疫情导致的生产中断可能给全球经济造成的损失是假设的全球军事冲突造成的损失的两倍。[3] 国际舆论普遍认为,新冠肺炎疫情导致世界经济持续低迷,不排除未来会发生债务危机和系统性风险的可能性。同时,新冠肺炎疫情导致逆全球化思潮进一步升温,一些国家将新冠病毒与特定国家联系起来,将疫情政治化,给国际合作设置了更多的障碍。

二是国际政治格局加速调整:战略竞争加剧,中美二元结构形成。

新冠肺炎疫情对国际关系尤其是大国关系造成了剧烈冲击,国家之间相互指责、"甩锅"的倾向日益突出,在疫情防控问题上非但没有形成团结互助的合力,反而导致更多的争论和摩擦,比如相互截留抗疫物资、主

---

[1] 《穆迪称新冠疫情推高发达经济体公共债务水平近20个百分点》,http://www.mofcom.gov.cn/article/i/jyjl/l/202006/20200602977039.shtml,2021年3月2日访问。

[2] 《新冠疫情如何影响世界经济》,https://home.kpmg/cn/zh/home/social/2020/03/how-coronavirus-affects-global-economy.html#%E9%98%85%E8%AF%BB%E6%9B%B4%E5%A4%9A,2021年3月2日访问。

[3] "Risk, resilience, and rebalancing in global value chains," https://www.mckinsey.com/business-functions/operations/our-insights/risk-resilience-and-rebalancing-in-global-value-chains,2021年3月2日访问。

动挑起所谓的"新冷战"、制造新的地区热点问题等。

新冠肺炎疫情暴发后,中美关系非但没有缓和,反而陷入了更加严重的竞争和对抗。尤其是美国一些政治势力故意将新冠病毒称为"中国病毒"①,将疫情扩散等各种问题直接归咎于中国,引发中美关系的进一步恶化。北京大学王缉思指出,新冠肺炎疫情造成中美双边关系下滑速度加快,官方关系处在几乎冻结的状态,战略互信缺失日益严重,民间相互反感的情绪前所未有。② 美国哥伦比亚大学柯庆生(Thomas J. Christensen)认为,中国系统性的不安全感和美国政治与心理的不安全感,正以经典的悲剧方式相互影响:尽管中美都希望病毒消失,但它们都为了保护自己的声誉而直接将责任归咎于他者。③ 陈向阳认为,疫情下的中美关系更趋严峻,中美竞争更为激烈,中美制度之争愈演愈烈。④ 以白宫高级顾问彼得·纳瓦罗(Peter Navarro)为代表的鹰派势力甚至鼓吹与中国"脱钩"。⑤

新冠肺炎疫情加速了整个世界向中美二元主导的国际秩序转变。澳大利亚前总理陆克文(Kevin Michael Rudd)称,新冠肺炎疫情期间出现的全球领导力真空正在向中国"敞开大门"。面对新冠肺炎疫情,美国的糟糕表现令中国的国际地位不断提高。⑥ 中国国际关系学院林利民认为,疫情过后,世界地缘政治中心由大西洋地区向太平洋地区转移的进程将进一步加快,世界力量对比将发生有利于中国和平崛起的变化,国际格局与国际秩序将出现有利于非西方国家、有利于亚太国家的变化,中国的国际

---

① 《甩锅推责治愈不了美式"基础疾病"》,《人民日报》2021 年 8 月 11 日,第 3 版。
② 王缉思:《新冠疫情下的中美关系》,http://nsd.pku.edu.cn/sylm/gd/501976.htm,2021 年 3 月 2 日访问。
③ Thomas J. Christensen, "A modern tragedy? COVID-19 and US-China relations," https://www.brookings.edu/research/a-modern-tragedy-covid-19-and-us-china-relations/,2021 年 3 月 2 日访问。
④ 陈向阳:《疫情影响下的国际政治:撼动霸权,打造多极》,《东北亚学刊》2020 年第 5 期,第 3—8 页。
⑤ The Editorial Board, "The Virus Crisis and the Decoupling of Global Trade," *Financial Times*, February 22, 2020, p. 1.
⑥ 《陆克文:美糟糕表现令中国地位增强》,http://column.cankaoxiaoxi.com/2020/0714/2415604.shtml?sg_news,2021 年 3 月 25 日访问。

影响力将进一步提升。① 上海国际问题研究院杨洁勉认为,此次暴发的新冠肺炎疫情使国际力量对比正在接近质变的临界点。② 一方面,中国的抗疫成效让全世界看到了中国体制面对重大公共卫生事件的力量;另一方面,疫情对全球产业链的冲击让各国看到了中国在产业链中的重要作用以及相互依赖关系。疫情冲击下的这种对比表现与问题呈现,加上美国等国家的煽动撺掇,使得诸多国家更加关注甚至警惕中国。

三是全球治理格局加速调整:全球治理陷入困境,国际合作日益艰难。

新冠肺炎疫情给全球治理和国际合作带来了更大的困难。疫情暴发后,世界卫生组织反应迟缓的表现受到各方诟病。许多批评人士认为,世界卫生组织未能及时提供准确的疫情信息,其所发布的旅行禁令等措施并未有效管控疫情的蔓延。③ 尤其是在美国宣布退出世界卫生组织之后,关于疫情防控的国际合作更加艰难。不少学者认为,此次疫情充分暴露出全球公共卫生治理的缺点和不足,如疾病监测和预警体系反应不及时、医疗资源统筹协调不顺畅、医疗物资储备严重缺乏等。④ 还有的学者批评现行国际治理体系存在比较大的缺陷。伦敦大学学院全球治理研究所汤姆·佩格拉姆(Tom Pegram)认为,世界卫生组织的功能失调是全球政治体系破裂的症状。⑤ 清华大学战略与安全研究中心主任傅莹认为,全球治理需要加快推动多边机制改革,以激发新的活力。⑥

---

① 林利民:《世界政治与格局的变化趋势》,《现代国际关系》2020年第12期,第4—6页。
② 《专家:大疫情与大变局叠加,加速现有国际体系向某种临界点推进》,https://www.shobserver.com/zaker/html/233925.html,2021年3月2日访问。
③ 《中国——世卫新冠肺炎联合专家考察组积极评价中国抗"疫"举措》,http://news.china.com.cn/2020-02/26/content_75746558.htm,2021年3月2日访问。
④ 国亚非:《公共卫生:全球治理的新议题》,http://www.cass.org.cn/keyandongtai/xueshuhuiyi/202007/t20200710_5153575.shtml,2021年3月3日访问。
⑤ Julia Kreienkamp and Tom Pegram, "Governing Complexity: Design Principles for the Governance of Complex Global Catastrophic Risks," *International Study Review*, Vol. 23, No. 3, 2021, p.779-806.
⑥ 傅莹:《新冠疫情后的中美关系》,《企业观察家》2020年第7期,第74—80页。

疫情塑造未来全球治理的政治议程。国内外学界和政界普遍认为,新冠肺炎疫情大规模流行,给整个世界带来了严峻挑战,要求在全球治理上更加关注未知世界特别是自然界产生的治理问题。新冠肺炎疫情将整个世界带入了一种"大乱局",给整个世界带来了更大的不确定性。联合国秘书长安东尼奥·古特雷斯(Antonio Guterres)认为,此次疫情是第二次世界大战以来人类面临的最大危机,将给世界带来更多动荡和冲突。① 美国前国务卿基辛格(Henry Alfred Kissinger)也表示,疫情对国际关系造成了根本性影响,将永久性地改变世界秩序。它"所引发的政治和经济动荡可能会持续数代"②。美国对外关系委员会罗伯特·布莱克威尔(Robert D. Blackwill)、布鲁金斯学会托马斯·赖特(Thomas Wright)称,疫情是世界秩序70多年来面临的最大考验之一,疫情给各国政府带来巨大压力,分化了社会,加剧了社会不平等。③ 清华大学阎学通指出,疫情放大了无政府国际体系,国家各自为政将成为一个长期趋势。④

四是国际思潮格局加速调整:自由主义走衰,保守主义升温。

新冠肺炎疫情加剧了国际思潮的激烈争论,围绕全球化还是逆全球化等问题,自由主义、保守主义、民粹主义、原教旨主义等各种思潮竞相登场,带来了全球范围内的意识形态大变局,左翼思潮走向温和的同时,自由主义思潮加速走衰,保守主义思潮急剧升温。

疫情造成自由主义思潮持续走衰。在美国大选期间,以桑德斯(Bernie Sanders)为代表的左翼力量在美国政治舞台上的影响力进一步上升,而主流的温和自由主义面临着来自左翼思潮和右翼保守主义的双面

---

① "Covid-19 Worst Crisis since World War II, Says U. N. Chief," *The Hindu*, April 1, 2020, https://www.thehindu.com/news/international/covid-19-worst-crisis-since-world-war-ii-says-un-chief/article31223646.ece,2021年3月2日访问。

② Henry Alfred Kissinger, "The Coronavirus Pandemic Will Forever Alter the World Order," *The Wall Street Journal*, April 3,2020,https://www.wsj.com/articles/the-coronavirus-pandemic-will-forever-alter-the-world-order-11585953005,2022年2月10日访问。

③ Robert D. Blackwill and Thomas Wright, *The End of World Order and American Foreign Policy*, New York: Council on Foreign Relations, 2020, pp. 2-3.

④ 阎学通:《疫情放大了无政府国际体系,全球合作还是有未来吗?》,https://www.guancha.cn/YanXueTong/2020_04_06_545622_s.shtml,2021年3月3日访问。

夹击。一些学者认为,面对新冠肺炎疫情,来自温和自由主义一方的方案备受冷落,各方在批评特朗普政府防控不力的同时也没有提出受到各方认可的疫情防控方案。① 在意大利、荷兰、奥地利等欧洲国家,代表自由主义的政治力量明显处于弱势,自由主义在各类选举当中的表现乏善可陈。相比之下,民粹主义、反建制主义和右翼保守主义在选举中更有影响。

疫情助推右翼保守主义迅速升温。右翼保守主义倾向政党借机将新冠病毒阴谋化。达斯汀·卡维洛(Dustin P. Calvillo)等多个美国社会认知心理学的学者认为,由于共和党领导集体在早期轻视新冠病毒的威胁以及跟风媒体广泛的传播,民众对新冠病毒的认知严重不足;当有媒体开始报道病毒客观威胁与严重程度时,保守主义导向的政治意识形态使得执政党更倾向于对病毒传播进行污名化、阴谋化处理,并选择性地认为媒体对疫情的报道夸大其实。此外,保守主义的倾向也使得人们很难对关于病毒的真假新闻做出切实判断。这些学者们得出结论认为,政治意识形态与对现实威胁的认知很大程度上取决于该国政治领导与媒体的议题设置。②

(三) 善于在危机中育先机,于变局中开新局

百年大变局遭遇百年大流疫,加剧了国内外矛盾的集中释放,呈现乱变交织、危机并存的特征。首先,百年大变局意味着国际格局和世界秩序深刻调整,预示着一个新的世界秩序的诞生。中共中央党校刘建飞研究员指出,新冠肺炎疫情将增强非极化的发展动力,并且将促进国际政治地理新格局加快形成。③ 同时,百年大变局也将全世界带入一种"大乱局",世界主要国家普遍出现了战略内顾和安全自保的倾向,对国际公共事务和其他国家采取责任转嫁、以邻为壑和"脱钩甩锅"的不负责任政策。

---

① 王鹏权:《新自由主义迷思的破灭与西方资本主义的演变方向》,《思想理论教育导刊》2020年第11期,第86—91页。
② Dustin P. Calvillo and Bryan J. Ross, et al., "Political Ideology Predicts Perceptions of the Threat of COVID-19 (and Susceptibility to Fake News About It)," *Social Psychological and Personality Science*, Vol. 11, No. 8, pp. 1119–1128.
③ 刘建飞:《新冠肺炎疫情对国际格局的影响》,《当代世界与社会主义》2020年第3期,第12—19页。

各国在应对新冠肺炎疫情时普遍面临资源匮乏、能力不足、协调不力的问题,导致国际合作和全球治理陷入困境。

"安而不忘危,存而不忘亡,治而不忘乱。"百年大变局无疑是一场深刻的社会革命,既有推动世界深刻变革的机遇的一面,也有导致世界剧烈动荡的挑战的一面。面对当今世界不确定不稳定因素增多的大变局,要坚持用辩证思维分析波谲云诡的国际环境,特别是要看到各种威胁和挑战联动效应明显,各种矛盾和风险挑战源、挑战点相互交织、相互作用,要做到统筹发展与安全,增强忧患意识,防范风险挑战,力争不出现重大风险或在出现重大风险时扛得住、过得去。早在2018年初的学习贯彻党的十九大精神专题研讨班开班式上,习近平总书记就指出,"像非典那样的重大传染性疾病,也要时刻保持警惕、严密防范"①。在2018年6月举行的中央外事工作会议上,习近平强调,我国发展仍然处于可以大有作为的重要战略机遇期。我们最大的机遇就是自身不断发展壮大,同时也要重视各种风险和挑战,善于化危为机、转危为安。② 在2019年1月21日省部级主要领导干部坚持底线思维着力防范化解重大风险专题研讨班开班式上,习近平总书记要求各级领导干部既要防范"黑天鹅"事件,也要防范"灰犀牛"事件,着力防范化解八个方面的风险。③ 2020年10月,中共十九届五中全会明确提出,善于在危机中育先机、于变局中开新局。所谓在危机中育先机,就是要看到危机并存、危中有机、危可转机,创造一切有利条件发现机遇、把握机遇、捕捉机遇,为下好先手棋、发挥先发优势赢得机会、创造条件;所谓于变局中开新局,就是善于准确识变、科学应变、主动求变,为开辟新天地、打开新局面创造有利历史机遇、营造良好发展环境。

---

① 习近平:《构建起强大的公共卫生体系,为维护人民健康提供有力保障》,《求是》2020年第18期,第4—11页。
② 《习近平出席中央外事工作会议并发表重要讲话》,http://www.xinhuanet.com/politics/2014-11/29/c_1113457723.htm,2021年3月3日访问。
③ 习近平:《提高防控能力着力防范化解重大风险,保持经济持续健康发展社会大局稳定》,http://www.xinhuanet.com//politics/leaders/2019-01/21/c_1124021712.htm,2021年3月3日访问。

二、中国之治

"明者因时而变,知者随事而制。"面对百年大变局和百年大流疫,每一个国家都应该顺应时代潮流,积极寻求济世良方。亨利·基辛格在其《世界秩序》一书中指出,导致当今世界变化的并非国际关系,长期存在的国际无政府状态依然故我,国家之间势力平衡(Balance of Power)的逻辑并没有发生根本性变化,而最大的变化来自国内政治的政治正当性(Political Legitimacy),近代以来西方主导的政治正当性基础正在受到多元政治正当性基础的挑战。①

显然,对于任何一个国家来说,应对百年大流疫,适应百年大变局,其正确战略是增强定力,全面推进国家治理体系和治理能力的改革。作为一个具有五千年文明历史的大国,中国选择建立什么样的治理体系,是一个十分复杂的问题。早在西周时期,周公主持封邦建国,作礼制乐,建立了以宗法制为核心的天下秩序,在这一秩序下,"天子建国,诸侯立家,卿置侧室,大夫有贰宗,士有隶子弟",形成了治理家国天下的一整套制度体系。春秋战国时期,面对礼崩乐坏、诸侯林立的格局,百家争鸣渐起,儒墨道法阴阳纵横兵农诸家围绕治理天下的主题产生了诸多王霸之道。比如荀子就谈及"故用国者,义立而王,信立而霸,权谋立而亡"的道理。秦汉之后,治理天下的思想更是形成了一张一弛的文武之道、修齐治平的家国天下之道,为历朝历代统治者所尊崇。比如《史记·郦生陆贾列传》记载,陆贾就向汉高祖刘邦建言:"居马上得之,宁可以马上治之乎?且汤武逆取而以顺守之,文武并用,长久之术也。"近代以来,中国遭受西方列强欺凌,面临国破家亡、亡国灭种的危险境地,在中国共产党领导下,我国坚持马克思主义基本原理与中国具体实际相结合,建立了中国特色社会主义制度体系,形成了独具特色的"中国之治",推动中华民族实现了从站起来到富起来的伟大飞跃,迎来实现强起来的光明前景。

---

① 〔美〕亨利·基辛格:《世界秩序》,胡利平等译,中信出版社2015年版,第4—6页。

当下,面对当今世界百年未有之大变局,各种风险和挑战接踵而至,必须正本清源,强基固本,坚持发展和完善中国特色社会主义制度,推动国家治理体系和治理能力现代化,发展更加系统、更为完善和更高质量的"中国之制""中国之政""中国之世"分别反映着"中国之治"的制度属性、政治关系和政治秩序特征。

(一) 中国之制

经国序民,正其制度。制度历来是定国安邦之根本,也是实现"中国之治"的基础。自秦汉以来,中国就形成了中央集权的大一统体系,大道之行、天下为公的大同理想,六合同风、四海一家的大一统传统,德主刑辅、以德化人的德治主张,以和为贵、好战必亡的和平理念等,百川入海,自成一体,共同汇入"中国之制",历经千年而不衰。近代以来,欧风美雨鱼贯而入,中国人民在历经救亡、改良、革命之后,创建了中华人民共和国,逐步建立起中国特色社会主义的社会制度、经济制度、政治制度等一系列新制度体系,开启了"中国之制"新的篇章。

中国特色社会主义制度还不成熟,不完善,还需要在实践中不断发展完善。习近平指出:"马克思、恩格斯没有遇到全面治理一个社会主义国家的实践,他们关于未来社会的原理很多是预测性的。"[①]中国特色社会主义事业是一项前无古人的事业,没有完善的模式可供借鉴。新中国成立后,在中国共产党的领导下,借鉴苏联经验,在社会主义制度建设上奠定了一定的基础,但还很不够,制度建设的任务仍然很重。1992 年,邓小平同志在南方谈话中作出一个重大判断:"恐怕再有三十年的时间,我们才会在各方面形成一整套更加成熟、更加定型的制度。"[②]以习近平同志为核心的党中央在党的十八届三中全会上,创造性地提出"国家治理体系和治理能力现代化"这个重大命题,明确提出"完善和发展中国特色社会

---

① 习近平:《切实把思想统一到党的十八届三中全会精神上来》,《求是》2014 年第 1 期,第 3—6 页。
② 《推动形成更加成熟更加定型的中国特色社会主义制度》,http://ex.cssn.cn/index/skpl/201911/t20191112_5033815.shtml,2021 年 3 月 2 日访问。

主义制度,推进国家治理体系和治理能力现代化"的全面深化改革总目标,努力形成一整套更完备、更稳定、更管用的制度体系,强调"真正实现社会和谐稳定、国家长治久安,还是要靠制度,靠我们在国家治理上的高超能力,靠高素质干部队伍"①。2017年,在中共十九大作出的全面建成社会主义现代化强国的战略安排中,明确提出了中国制度建设和治理能力建设的目标,即到2035年,"各方面制度更加完善,国家治理体系和治理能力现代化基本实现";到本世纪中叶,"实现国家治理体系和治理能力现代化"。② 此后,党的十九届二中全会、三中全会分别就修改宪法、深化党和国家机构改革作出重大部署,在经济、政治、文化、社会等各个领域形成一整套相互衔接、相互联系的制度体系,包括:作为根本政治制度的人民代表大会制度、中国共产党领导的多党合作和政治协商制度、民族区域自治制度以及基层群众自治制度等基本政治制度和中国特色社会主义法律体系;公有制为主体、多种所有制经济共同发展,按劳分配为主体、多种分配方式并存,社会主义市场经济体制的基本经济制度;以及建立在这些制度基础上的其他各项具体制度,构建起了"中国之治"的根本制度、基本制度、重要制度相辅相成的科学制度体系,为应对当今世界百年未有之大变局和谋划中华民族伟大复兴之战略全局提供了坚实的制度基础。习近平总书记鲜明指出:"中国特色社会主义制度是一个严密完整的科学制度体系,起四梁八柱作用的是根本制度、基本制度、重要制度,其中具有统领地位的是党的领导制度。党的领导制度是我国的根本领导制度。"③

(二) 中国之政

政通人和,国泰民安。管理国家和处理政务是"中国之治"的核心,也

---

① 习近平:《切实把思想统一到党的十八届三中全会精神上来》,http://cpc.people.com.cn/n/2014/0101/c64094-23995311.html,2021年3月2日访问。
② 习近平:《关于〈中共中央关于坚持和完善中国特色社会主义制度 推进国家治理体系和治理能力现代化若干重大问题的决定〉的说明》,http://www.xinhuanet.com/politics/leaders/2019-11/05/c_1125195941.htm,2022年2月12日访问。
③ 习近平:《中国共产党领导是中国特色社会主义最本质的特征》,《求是》2020年第14期,第17页。

是制度得以落实的落脚点。钱穆先生在《中国历代政治得失》中强调,制度必须与人事相配合,没有人事配合的制度,决然无法长成。有些制度可以从国外借鉴,也可以由当代人主观构建,但必须与本国传统和社会实际相适应,才能真实发生作用。① 法国政治思想家孟德斯鸠十分强调制度精神的作用,认为各国的气候、土壤、面积以及居民的职业、性格、风俗习惯等的不同,决定了各国的制度精神的不同,导致了各国的政治制度和法律制度的不同。② 在中国历史上,儒家把政通人和、社会安定之世称为治世,把政治昏暗、社会动乱之世称为乱世。自周秦到明清,在社会制度没有发生根本变化的情况下,既出现过政治昏暗、社会动乱的乱世,比如春秋战国、后汉三国、南北朝、五代十国等,也出现过昌明鼎盛、河清海晏的治世和盛世,最具典型意义的治世比如"成康之治""文景之治""贞观之治"等,最典型的盛世比如"汉武盛世""开元盛世""康乾盛世"等,足见仅有制度是不够的,还需要有发达的"人事",确立明确的治世之道。

自西周之后,治国安邦之学一直备受关注,历经百代而不衰。春秋公羊学提出的三世说,认为人类社会是沿着据乱世、升平世、太平世顺次进化的。③《礼记·礼运》之中亦有"小康""大同"之说。春秋战国时期,诸子百家皆有其治世之道,如老子的无为而治之说,孔孟的民本仁政之道,荀子的王霸天下之术,到秦汉之后儒释道三教圆融,至宋明时期自成一体,成为修身、齐家、治国、平天下的治国之道,为历朝历代统治者所重视。一直持续到晚清时期,康有为在《大同书》中仍然借孔子之口,举三世之说,行维新变法之道,憧憬"太平大同"之梦想。④ 新中国成立以来,中国坚持以马克思主义为指导,不断推进马克思主义的中国化,在治国理政思想上与时俱进,先后创立了毛泽东思想、邓小平理论、"三个代表"重要思想、科学发展观和习近平新时代中国特色社会主义思想,开辟了中国特

---

① 钱穆:《中国历代政治得失》,九州出版社 2014 年版,第 150—159 页。
② 〔法〕孟德斯鸠:《论法的精神》(第三卷),许明龙译,商务印书馆 2012 年版,第 3—10 页。
③ 东汉何休明确提出"三世"的概念。他认为孔子著《春秋》,是取春秋时期 242 年"著治法式",将社会治乱兴衰分为三世:衰乱—升平—太平。
④ 康有为:《大同书》,上海古籍出版社 2009 年版,第 4 页。

色社会主义道路,形成了中国特色社会主义理论体系,确立了中国特色社会主义制度,发展了中国特色社会主义文化,展示出"中国之治"盛世复兴的光明前景。习近平指出:"当今世界,要说哪个政党、哪个国家、哪个民族能够自信的话,那中国共产党、中华人民共和国、中华民族是最有理由自信的。"①

(三) 中国之世

四海一家,天下大治。"中国之治"不仅是中国的,也是世界的。为人民谋幸福,为民族谋复兴,为世界谋大同,是"中国之治"的愿景追求。许纪霖先生在《国家认同与家国天下》一文中提出,中华文明是一种家国天下的秩序,涵盖了地理、制度和文化各个维度,呈现为以中原为中心的政治—文明共同体,既包括中央王朝直辖地区,也包括间接统治的册封、羁縻、土司之地,此外还有通过朝贡体系的藩属国构成的天下秩序。② 因此,"中国之治"在广义上也是一种文化天下的"中国之世",中国与世界的关系也是"中国之治"的题中之义,从古代的羁縻土司、藩邦属国到推动构建人类命运共同体,其内在逻辑是一脉相承的。

开放创新,有容乃大。中华文明历经五千年而不衰,主要得益于其"天下大同""协和万邦"的开放胸怀。孔子推崇周礼,明确表示"周监于二代,郁郁乎文哉!吾从周",开启了家国天下之世道。《礼记》说"大道之行也,天下为公",《论语》又言"四海之内皆兄弟也",追求"仁民爱物"的理想世界。此后,孟子发展了这一"家国天下"思想,"天下之本在国,国之本在家,家之本在身",为历代儒学家所弘扬,确立了修身、齐家、治国、平天下的正统,追求"四罪而天下咸服"的境界。对于中国古代的士大夫而言,家国天下同气连枝,内外合一,形成了"天下兴亡,匹夫有责","先天下之忧而忧,后天下之乐而乐","近则身家,远则天下",诸如

---

① 陈曙光:《中国共产党最有理由自信》,http://theory.people.com.cn/n1/2017/0904/c40531-29512653.html,2021年3月25日访问。

② 许纪霖:《国家认同与家国天下》,《华东师范大学学报(哲学社会科学版)》2014年第4期,第29—32页。

此类的觉悟和抱负。新中国成立以来,无论是毛泽东提出的"环球同此凉热"的太平世界,还是邓小平提出改革国际政治经济秩序的主张,以及习近平提出的人类命运共同体理念,都是这一家国天下精神的当代体现。中国人民的梦想同各国人民的梦想息息相通。"实现中国梦,离不开和平的国际环境和稳定的国际秩序"①。因此,中国秉持天下情怀,推动构建新型国际关系,构建人类命运共同体,最终就是要推动实现"中国之治"与"中国之世"的协调并进,以合作共赢增进人类福祉、推动世界进步。

三、政治解码

面对当今世界正在经历"百年未有之大变局"的现实和中华民族伟大复兴的战略全局,如何实现"国家之治"和"天下大治",推动国家治理体系和治理能力现代化,是应对当今世界变局的"哥德巴赫猜想"。尤其是在新冠肺炎疫情冲击下,如何成功控制疫情,如何实现全球疫情治理"软着陆",是困扰世界各国的共同难题。近年来中国所取得的卓越发展成就尤其是在疫情期间表现出的治理优势,引发整个世界对"中国之治"的广泛关注。世界卫生组织总干事谭德塞(Tedros Adhanom Ghebreyesus)对中国疫情防控做出这样的评价:"中方行动速度之快、规模之大,世所罕见,展现出中国速度、中国规模、中国效率,我们对此表示高度赞赏。这是中国制度的优势,有关经验值得其他国家借鉴。"②从学理上对"中国之治"进行政治解码,洞悉其背后的内在逻辑和一般规律,具有十分重要的理论意义和现实意义。

(一)治理的逻辑

治理是一个西方概念。英语中的"治理"(Governance)一词起源于拉

---

① 习近平:《携手构建合作共赢新伙伴 同心打造人类命运共同体——在第七十届联合国大会一般性辩论时的讲话》,《人民日报》2015年9月29日,第2版。
② 《中国力量中国精神中国效率的集中展现》,《人民日报》2020年5月19日,第4版。

丁文和古希腊语中的"掌舵",原意是控制、引导和操纵,经常与政府(Government)一词混用,主要用于描述与国家公共事务相关的宪法和法律执行活动。当代治理概念出现于20世纪80年代。1989年,世界银行(World Bank)在讨论撒哈拉以南非洲的发展问题时,针对主权失败和市场失败提出了"治理危机"的说法。① 根据国际学界对治理的讨论,全球治理就是在没有确立权威机构的情况下管理超国界和跨国界的事务,在国际上实施政府在国内所扮演的功能。② 在西方政治思想史上,从古希腊的柏拉图开始,追求理想中最好的制度就是公共事务治理之道的核心,从柏拉图的"理想国"到霍布斯的"利维坦",从约翰·斯图亚特·密尔(John Stuart Mill)的"代议制政府"到弗朗西斯·福山(Francis Fukuyama)的"历史的终结",西方探索理想中最好的社会的答案就是建立理想中最好的制度,亦即资本主义、自由民主、现代国家和法治等原则,认为只要建立起这样的制度,就会产生一个最好的国家、最好的社会乃至最好的世界。千百年来,西方思想界苦心孤诣所追求的一切,都落脚在建立更好的制度(Better Government)上,本质上是一种结构导向的治理逻辑。

　　与西方文明追求更好的制度不同,中华文明更强调追求更好的治世。经过先秦时期诸子百家的激烈争论,中国在制度上已经相对成熟和稳定,建立了中央集权的大一统国家。此后,围绕帝相之争、央地之分、内外之重、文武之斗、中外之别等问题,中国在道统上从"百家争鸣"的子学时代进入"两家争鸣"的经学时代,在政统上陷入朝代更替及统一与分裂的历史循环,但制度上的大一统基因和文化上的中华民族一家亲的血脉却保持一脉相承,没有发生文明断裂,被称为"超稳定结构"③,甚至被理解

---

① "治理"一词最早在20世纪80年代初开始不规则地使用,20世纪90年代开始日益流行。
② Lawrence Finkelstein, "What is Global Governance," *Global Governance*, Vol. 1, No. 3, 1995, p. 369.
③ 金观涛、刘青峰:《开放中的变迁——再论中国社会超稳定结构》,法律出版社2011年版,第7页。

为"停滞的文明"①。在中国人看来,制度是死的,人是活的,中国人梦寐以求的是国泰民安的小康社会和天下为公的大同社会。诚如习近平总书记所说,"中国人民怕的就是动荡,求的就是稳定,盼的就是天下太平"②。因此,中国追求脱离乱世的"治世之道"和"盛世之道",更看重潮流所向、民心所系,更在乎的不是制度形式,而是治理效果,本质上是一种结果取向的治理逻辑。

(二) 治理的智慧

无论国内政治问题,还是国际政治问题,治理指向何方,都是学界必须回答的问题。在这一问题上,以地中海文明为基础的西方世界和以中华文明为基础的东亚世界之间存在着不同的认识和理解。西方世界在治理意向上坚持天下为私,认为治理主要是为了每个人的福利、安全和幸福,最大限度地释放私有的利益和权利,在宏观上体现为鲜明的"西方中心主义"色彩。中华文明在治理意向上历来重视天下一家,认为天下太平不仅为了实现我国的全面小康,更要实现世界的大同。天下为私,还是天下为公,是中西在全球治理意向上的根本差异,也是推进全球治理无法回避的重要难题。具体来说,体现在以下两个层面:

一是对人性的理解。人性是治理的起点,对人性的理解决定着对治理价值的憧憬。中西对于人性有着不同的看法,从而决定了对治理意向理解的根本差异。

西方世界对人性的理解,始终无法摆脱"原罪说"的人性本恶论框架,始终强调人先于国。早期古希腊哲学认为,人是不完美的,强调人本质上是政治动物,必须过集体生活,而在集体中争权夺利是人的本性。在中世纪神学家的理解框架中,人有原罪,充其量不过是有信仰的动物。近代以来,无论是资产阶级法学世界观,还是马克思主义唯物史观,均把社

---

① 黑格尔的观点。
② 《习近平谈构建人类命运共同体》,http://cpc.people.com.cn/n1/2018/1017/c64094-30345410.html,2021年3月25日访问。

会视作"发展着的活的有机体",把人的生活理解为充满理性的实践过程,直到列宁那里依然强调社会主义思想和共产主义思想需要从外部灌输。当下,人工智能发展日新月异,在治理秩序建设上究竟是以人为中心,以机器为中心,还是以人机互动为中心,学界仍然没有结论。

东亚世界对人性的理解要比西方世界的更有弹性,始终恪守国先于人。从春秋战国时期,中国人就倾向于"性相近,习相远"之说,儒墨道法各家均对人性持有比较乐观的理解。尤其是在儒家思想中,对人性的理解要比西方世界乐观得多,即便是荀子的人性恶之说,也不像西方世界的"原罪说"那样充满命定论的色彩。汉唐之后,佛教东来,认为众生平等,人人皆有佛性,在人性问题上持有更加乐观的理解。宋元之后,儒释道三教圆融,重视人性的德治教化,决定了这一阶段中国在国家治理意向上坚持家国情怀和天下使命。

二是对国家的理解。国家是治理的基点,对国家的理解决定了对治理框架的设计。中西对于国家也有着不同看法,导致对治理框架的理解差异并不在于有无政府,而在于有无国家。

在西方知识界,国家在政治生活中始终是一种派生的存在。从柏拉图的"理想国"到黑格尔的"绝对精神",一直到密尔的"代议制政府",国家要么作为心灵的投射,要么作为家庭和市民社会发展的更高阶段,要么作为代议制的产物,从根本上来说是没有自主性的。即便是在马克思的国家理论中,国家被视为阶级斗争的工具,其所具有的自主性顶多是一种相对自主性。进入20世纪以后,主流的国家理论倾向于把国家这个黑箱打开,在行为主义和公共选择理论的冲击下,国家的概念一度被政治体系所取代,直到20世纪70年代以后,以西达·斯考切波(Theda Skocpol)为代表的"重新回归国家"理论才重新"把国家找回来"[1],但冷战后制度成为中心,理性选择制度主义、历史制度主义和社会学制度主义以及国际制度主义研究,说到底还是以制度为中心,把找到更好的制度作为目标。尤

---

[1] 〔美〕西达·斯考切波:《国家与社会革命:对法国、俄国和中国的比较分析》,何俊志、王学东译,上海人民出版社2007年版,第3—40页。

其是在"历史终结论"提出后,西方主流理论鼓吹自由民主制度,将其视为人类社会更好的制度。"华盛顿共识""颜色革命""输出民主"等方案非但没有给世界带来福音,反而在世界各地导致了更大的混乱。

相比西方思想界对国家的理解,中国思想界始终把国家作为一种先定的存在。国家之所以被摆在优先的位置,主要原因在于中国根深蒂固的天命意识,认为国家上承天命,"朕即天子",代天牧民。"汤武革命,顺乎天而应乎人。"秦汉以后,此种天命秩序物化为中央集权的大一统国家,自此之后两千年内保持相对稳定。即便是农民起义,也无不高喊"替天行道""吊民伐罪"的口号。中国历朝历代的统治者也有着民本的思想,认为得民心者得天下。在古代中国人眼里,正因为国家上承天命,下顺民心,海内为郡县,法令由一统,故天下莫能与之争,"普天之下,莫非王土,率土之滨,莫非王臣",从海内到海外,家国同构,天下一家,概莫能外。

进入21世纪后,全球治理没有最好,只有更好。尤其是中国崛起后,中西治理观的差异导致在治理的很多问题上中西方都存在分歧。在治理的意向上,许多问题的答案仍在探索中,还需要学界和社会各界在保持学术理性和伦理自觉的基础上,固守学术良心,砥砺前行。

(三)治理的方案

在中西治理智慧的比较中,中美两国在全球治理方案上持有不同理解,是最理想的比较案例。中美两国在宗教、文化、政治、经济,甚至地理位置都处于相反的两端。在对待全球治理上,中美也有不同的观念和方案。尤其是特朗普总统执政期间,中美在全球治理智慧的差异有了更加明显的表现。正确理解和认识对方,正确理解和认识全球治理方案的差异,对两国来说都不是一件容易的事情,但又是绕不开跨不过的课题,需要高度重视,谨慎对待,妥善处理。

1. 两种文化基因

美国是一个年轻的国家,其文化基因崇尚独立精神,体现为个人主义价值观。美利坚民族是一个年轻的民族,其文化也体现出年轻的特征,借用亨利·S.康马杰(Henry S. Kanmager)的一个名词来说就是"美国精神"。在长期的历史发展过程中,这种精神逐渐沉淀为一种"可称为美国信条的信念:个人尊严、政府的适当作用、对民治或以人民名义统治的政府的渴望"①。美国宪法肯定了美国人对个人自由和个体理性的推崇。大凡漂洋过海移居美国的人,都是抱着一个所谓的"美国梦",最初的"美国梦"是到这片新土地上建功立业,挣得一份财产或建一个梦想的家园。因此,美国文化的核心是自我为中心、实利主义、实用主义和个人主义。"美国梦"无论从社会学、文学还是美国200多年历史的角度来看都具有一种永不改变的内涵:不断追求美好生活并为之奋斗,不达目的决不罢休。

中国是一个古老的国家,其文化基因崇尚家国情怀,体现为集体主义价值观。在中国人的文化价值观中,最高为天命,天命之下是为天下,天下的核心是家国。相对于个人得失,家国天下往往更为重要的。《礼记·礼运》中就倡导,"大道之行也,天下为公"。孔子尊崇周礼,重仁学,"克己复礼为仁"。历朝历代所尊奉之儒墨道法,皆以家国天下为重,鲜有重私利之说。"先天下之忧而忧,后天下之乐而乐",古代士大夫所重视的价值观无非就是"苟利国家生死以,岂因祸福避趋之"。一直到当代,人们都相信,国家好,民族好,大家才会好。实现中华民族伟大复兴的中国梦,在文化价值观上仍然是国家富强、民族振兴和人民幸福这样的集体主义价值观。

2. 两种政治制度

美国是一个自称为自由民主政体,实行总统共和制的联邦制国家,实行三权分立与分权制衡相结合的政治制度和两党制的政党制度。美国制宪者当初在起草宪法时,由于担心权力过分集中于个人或某一部门会危害人民的自由,因而让立法、司法、行政三种权力分别独立,互相制衡,以避免政府滥权。美国政治制度的设计逻辑是合众为一和自下而上,国家先于政党存在,其政治思维的逻辑是从普通到特殊,先建立起普通的宪法

---

① 〔美〕亨利·斯蒂尔·康马杰:《美国精神》,杨静予等译,光明日报出版社1988年版,第2页。

和法理基石,然后在共同接受的宪法和法理框架内生成各种特殊的制度设施。这一自由民主政体的优点是三权分立带来的稳中有变、自适应性强;缺点是相互制约造成国家内部许多无谓的争吵和扯皮现象,精力不能集中,效率比较低下。

中国是一个有着两千年中央集权传统的国家,早在秦汉时期就确立了中央集权的大一统体制和郡县制,其权力中心只有一个,中国的不同部门之间不是分权制衡,而是分工合作。因此,中国政治制度的逻辑是天人合一和自上而下,其政治思维的逻辑是从特殊到普通,先建立起某种政治势力或者政党,由其主导建立国家。1949年中华人民共和国成立以来,我国实行的是社会主义人民民主专政制度,包括人民代表大会制度、民族区域自治制度、基层群众自治制度及中国共产党领导的多党合作和政治协商制度等。这一体制的优点是集中力量办大事,能够集中一切人力物力,去战胜重大的自然灾害,在社会发展初期能够保持社会的稳定;缺点是稳定有余,应变可能不足。

3. 两种经济制度

美国是一个自由资本主义国家,实行的经济制度是典型的资本主义市场经济制度,美国的企业基本上是私营企业、合伙制和公司法人制企业,其金融制度体系包括美国联邦储备银行主导下的股票市场、债券市场和大量金融中介机构,政府主要通过税收和支出进行经济调节,以此来维系政府与市场的平衡。总体来说,美国资本主义经济制度的基本逻辑是个体利益优先,恪守个人主义、经济现实主义,发挥个人积极性,依靠欲望驱动。

中国是一个社会主义国家,在社会主义初级阶段实行的经济制度是以公有制为主体,多种所有制经济共同发展的社会主义市场经济制度。中国的企业制度体系包括国有企业、民营企业、外资企业和形形色色的混合所有制企业,金融制度体系是中国人民银行主导的银行、保险、证券等组成的金融体系,政府依靠宏观经济政策及经济和社会发展规划来进行调节。显然,中国经济制度的基本逻辑是公共利益优先,坚持社会主义市场经济体制,不断促进人的全面发展和全体人民共同富裕。

4.两种社会信仰

美国是一个宗教色彩浓厚的国家,宗教是美国文化中非常显著的一部分。与欧洲宗教衰落的情况不同,宗教在美国建国后持续发展:1776年去教堂的人占比只有17%,到1850年翻了一倍,20世纪初期超过一半,现在已经超过60%。① 美国绝大多数人信奉基督教,但其他各种宗教也同时存在。美国的奠基者们从一开始就在法律上规定宗教自由。美国宪法第一修正案就明确禁止建立国教,国会不得规定禁止信教自由之法律,禁止联邦和州干预教会组织和活动,每个州的美国人都有同样的信教自由。在基督教看来,人之初,性本恶。人需要不断地认识自己的"原罪",并通过全心全意地爱上帝、爱他人,来得到上帝的拣选和救赎,人最大的荣耀是"蒙召入天堂"。

中国是一个世俗化倾向比较明显的国家。中国在历史上很早就确立了以儒墨道法等世俗思想作为政治信仰的基础。儒家伦理是中国特有的价值规范,历代王朝都尊奉儒家伦理。"祖述尧舜,宪章文武",倡导王道德治、尊王攘夷和上下秩序。千百年来,儒家与道教、佛教相互融通,对话交流,逐渐自成一体。儒释道认为,人之初性本善,上天主宰万物,人要敬畏上天。人可以通过不断修炼挖掘自身最大的善,以完善自我、成全他人,最高的境界是"修行成佛"。中华人民共和国成立后,中国确立马克思主义的指导地位,坚持走中国特色社会主义道路,信仰共产主义,在宗教政策上实行宗教信仰自由政策。

(四)治理的前景

事实上,尽管中美对治理方案存在不同理解,但两国的方案各有利弊,非此即彼的对立思维是错误的。中美两个国家的构造逻辑不同,国情基础各异,两者应相互尊重,更重要的是从对方那里吸取智慧和经验,以完善自身。因此,中美应共同努力打破习惯思维和对立心态的牢笼,站在

---

① 《美国总统的宗教信仰自由是怎样规定的?》,https://fo.ifeng.com/a/20170121/44534763_0.shtml,2021年3月2日访问。

人类全局的角度去看待自身和世界的发展,吸取两种制度的发展经验教训,消除对立思维,提倡对比思考,相互尊重、相互欣赏、相互借鉴。

特朗普政府对全球治理的兴趣并不大,这决定了中美关系面临更多的压力和挑战。当下,拜登政府对疫情防控、气候变化、核不扩散等全球性议题显示出更多的兴趣,是中美合作的一个机会。当然,中美两国在世界秩序上存在着不同的观点和看法,甚至存在着深刻的利益和观念分歧,这些都是正常的,只要双方真正站在全球治理的角度观察自己,观察世界,确立求同存异、聚同化异的思想,妥善处理好各种分歧和矛盾,管控好可能的摩擦和冲突,不断在全球治理的框架内拓展合作空间,就会走出一条新路。在这一过程中,需要妥善处理好两个问题:

一个是如何统筹"一体两翼"(国内治理与国际治理)的问题。毫无疑问,在可预见的将来,国家仍然是全球治理中最重要的行为体,一些美国学者所倡导的"没有政府的治理"(Governance without Government)是没有前途的,也是不可能的。更现实的方案是"与政府合作治理"(Governance with Government),即在全球治理上不能回避大国关系和大国合作。在所有国家均呈现出国内发展与国际发展"一体两翼"格局的背景下,应该充分发挥中美的大国引领作用,统筹好国内治理和国际治理。尤其是要在国际治理上尊重求同,在国内治理上尊重存异,在合作应对全球挑战和解决全球问题的过程中聚同化异,不断累积全球治理资本,渐进地推进全球治理变革。

另一个是如何调适"一球两制"(资本主义制度与社会主义制度)的问题。在全球化、数字化和智能化浪潮推动下,世界各国无论大小,都被推到一个共同的舞台上来,成为你中有我、我中有你的利益共同体。然而,在各国利益融合、增长联动和互联互通的同时,各国在制度上仍然存在很大差异,尤其是在较长一段时期内呈现为资本主义制度和社会主义制度长期并存和竞争发展的格局,整个世界出现"一球两制"的局面。因此,如何在维护一个地球大家园的基础上,妥善处理好资本主义与社会主义两种制度之间的摩擦和矛盾,也是全球治理的核心问题。

中西在全球治理上应避免相互为敌;走对抗冲突的道路,注定是一条不归路,也是人类社会的悲剧。正确的做法是努力探索一条适合各自文化基因的发展道路,不断改革、不断优化、不断升级,推动人类利益共同体、命运共同体的建设和发展,建立合作共赢的全球治理新秩序。唯有如此,中美两国才能迎来光明的前景,整个世界也才能迎来光明的前景。

四、战略自信

治大国如烹小鲜。习近平指出:"一个国家选择什么样的治理体系,是由这个国家的历史传承、文化传统、经济社会发展水平决定的,是由这个国家的人民决定的。我国今天的国家治理体系,是在我国历史传承、文化传统、经济社会发展的基础上长期发展、渐进改进、内生性演化的结果。"①中国是一个有着五千年历史的文明古国,也是当今世界少有的文明保持传承而没有中断的国家,有着根深蒂固的强大治理基因。如何跳出"历史周期律"和实现长期执政?中国走什么样的国家治理之路?如何实现党和国家长治久安?这是新中国成立以来一代代中国共产党人思考的重大问题,也是十八大以来以习近平同志为核心的党中央深入思考的重大问题。通过对这些问题的思考,中国共产党形成了"中国之治"的一系列新理念新思想新战略,成为中国在风云变化的世界舞台上保持战略自信的根本。

道路问题是关系党的事业兴衰成败的第一位的问题。习近平在《关于坚持和发展中国特色社会主义的几个问题》一文中阐述"道路就是党的生命"②,他在学习贯彻党的十九大精神专题研讨班开班式上更是指出,"只有回看走过的路、比较别人的路、远眺前行的路,弄清楚我们从哪

---

① 《习近平在省部级主要领导干部学习贯彻十八届三中全会精神全面深化改革专题研讨班开班式上发表重要讲话》,http://pic.people.com.cn/n/2014/0218/c1016-24387045.html,2021年3月2日访问。

② 习近平:《关于坚持和发展中国特色社会主义的几个问题》,http://www.xinhuanet.com/2019-03/31/c_1124307481.htm,2022年2月10日访问。

儿来、往哪儿去,很多问题才能看得深、把得准"①。只有社会主义才能救中国,只有中国特色社会主义才能发展中国,只有中国共产党的领导才能实现中华民族的伟大复兴,这是历史和时代得出的坚定结论。

近代以来,面对国破家亡的危局,在经历了太平天国朴素的农民起义的打击后,无论是出身封建士大夫阶层的洋务派提出的"富国强兵"方案,还是强调以日欧为榜样的维新派提出的"戊戌变法"方案,都在现实中被击得粉碎,无法突破"千年未有之变局"的困境,没有成功地建立起民族复兴的方案。中国共产党自诞生之日起便一直高举民族独立和人民解放的旗帜,将"取消一切不平等条约""推翻国际帝国主义的压迫、达到中华民族的完全独立"作为自己的奋斗目标。② 毛泽东早在1939年12月写作《中国革命与中国共产党》的时候就已经得出结论,中国革命的主要任务就是"对外推翻帝国主义压迫的民族革命和对内推翻封建地主压迫的民主革命,而最主要的任务是推翻帝国主义的民族革命"③。可见,中国共产党对于中国革命的任务和目的一直是非常明确的,继承了自鸦片战争以来中国历代志士仁人的传统。

问题是,中国人如何才能完成这一历史任务？在这一问题上,从近代以来,历代志士仁人都遇到一个巩固主权和完成民主革命的困局:要在中国完成民主革命,就必须借助西方国家的力量,而借助西方国家的力量就很容易导致主权削弱。在20世纪20年代之前,中国的革命先行者(以孙中山为代表)寄希望于西方资本主义国家的民主共和国方案,留学国外学习西方成为几代人努力的方向。但是,从近代洋务派、维新派一直到孙中山的革命运动,所有的努力都失败了。"帝国主义的侵略打破了中国人学西方的迷梦。很奇怪,为什么先生老是侵略学生呢？中国人向西方学得

---

① 《习近平在学习贯彻党的十九大精神研讨班开班式上发表重要讲话》http://www.gov.cn/xinwen/2018-01/05/content_5253681.htm,2022年4月12日访问。
② 牛军:《从延安走向世界——中国共产党对外关系的起源》,福建人民出版社1992年版,第7页。
③ 《毛泽东选集》(第2卷),人民出版社1991年版,第637页。

很不少,但是行不通,理想总是不能实现。"①后来,十月革命为中国送来了马克思列宁主义,中国革命有了马克思列宁主义的指导,因此,中国共产党领导的革命最为彻底,彻底扫除了一切不平等条约,通过民主主义革命和社会主义革命,建立起了社会主义的制度体系,实现了中国革命的胜利,为中华民族伟大复兴奠定了坚实的政治基础。

然而,在社会主义的探索中,中国共产党也有过一段曲折发展的历程,出现了中苏论战、"大跃进"、反右派斗争扩大化、人民公社化运动以及"文化大革命"等一系列事件,毛泽东等中央领导人对形势的估计和对主要任务的判断发生偏移,过分突出以阶级斗争为纲,造成了严重的后果。党的十一届三中全会决定停止"以阶级斗争为纲",从1979年起,全党工作重心转移到社会主义现代化建设上来,实现了民族复兴方案的根本转向。在中共十二大开幕词中,邓小平明确提出,把马克思主义的普遍原理与中国实际相结合,走自己的路,建设有中国特色的社会主义,这就是我们总结长期历史经验得出的结论。② 中国特色社会主义指导思想确立,为民族复兴提供了必要的思想保证。改革开放以来,中国共产党提出了和平与发展已经成为当今世界两大主题的科学论断,重新确立了解放思想、实事求是的思想路线,明确了推进现代化建设、完成祖国统一、维护世界和平与促进共同发展的三大历史任务,确立了改革开放的基本国策和"三步走"的发展战略,不断丰富和发展中国特色社会主义的内涵,改革开放和社会主义现代化建设取得了举世瞩目的伟大成就,中华民族实现了从站起来到富起来的伟大飞跃。改革开放四十多年来的伟大实践表明,改革开放是决定当代中国前途命运的关键一招,中国特色社会主义道路是指引中国发展繁荣的正确道路。

"治国犹如栽树,本根不摇则枝叶茂荣。"③习近平指出,我们治国理政的本根,就是中国共产党的领导和我国社会主义制度。在这一点上,必

---

① 《毛泽东选集》(第4卷),人民出版社1991年版,第1470页。
② 《邓小平文选》(第3卷),人民出版社1993年版,第1—4页。
③ 习近平:《毫不动摇坚持和加强党的全面领导》,http://www.qstheory.cn/dukan/qs/2021-09/15/c_1127862367.htm,2022年2月23日访问。

须理直气壮、旗帜鲜明。① 党的十八大以来,在以习近平同志为核心的党中央领导下,全党全国人民攻坚克难,砥砺奋进,明确提出了实现中华民族伟大复兴"中国梦"的历史使命,确立了发展和完善中国特色社会主义制度,推动国家治理体系与治理能力现代化的目标。2012年12月,习近平在担任中央军委主席后的第一次军委扩大会上就说,当年一位老领导对他说,执政的同志要记住三件事:一是五千年的优秀文化不要搞丢了,二是老前辈确立的正确的政治制度不要搞坏了,三是老祖宗留下的地盘不要搞小了。② 后来,他多次强调:"一个民族、一个国家,必须知道自己是谁,是从哪里来,要到哪里去,想明白了、想对了,就要坚定不移朝着目标前进。"③站在960万平方公里的广袤土地上,吸吮着中华民族漫长奋斗积累的文化养分,拥有14亿多中国人民聚合的磅礴之力,我们走自己的道路,具有无比广阔的舞台,具有无比深厚的历史底蕴,具有无比强大的前进动力。中国人民应该有这个信心,每一个中国人都应该有这个信心。习近平强调,当今世界,要说哪个政党、哪个国家、哪个民族能够自信的话,那中国共产党、中华人民共和国、中华民族是最有理由自信的。有了"自信人生二百年,会当水击三千里"的勇气,我们就能毫无畏惧面对一切困难和挑战,就能坚定不移开辟新天地、创造新奇迹。④ 中国特色社会主义进入新时代,意味着近代以来久经磨难的中华民族迎来了从站起来、富起来到强起来的历史性飞跃,迎来了中华民族伟大复兴的光明前景。⑤"四个自信"是中国的力量之源和信念之基,体现了新时代中国的国家意志、民族精神和国际形象。中国特色社会主义道路、理论、制度、文化

---

① 习近平:《毫不动摇坚持和加强党的全面领导》,http://www.qstheory.cn/dukan/qs/2021-09/15/c_1127862367.htm,2022年2月23日访问。
② 《不要"搞丢了、搞坏了、搞小了",习近平提到执政的同志要记住哪三件事?》,https://www.chinanews.com.cn/gn/2018/04-16/8492310.shtml,2021年11月23日访问。
③ 习近平:《青年要自觉践行社会主义核心价值观——在北京大学师生座谈会上的讲话》,http://www.xinhuanet.com/politics/2014-05/05/c_1110528066_2.htm,2021年3月2日访问。
④ 《在庆祝中国共产党成立95周年大会上的讲话》,http://www.qstheory.cn/dukan/qs/2021-04/15/c_1127330615.htm,2021年11月23日访问。
⑤ 《从站起来、富起来到强起来的历史性飞跃》,http://theory.people.com.cn/n1/2017/0906/c40531-29517480.html,2021年3月2日访问。

不断发展,为解决人类问题贡献了中国智慧和中国方案。始终高举中国特色社会主义伟大旗帜,坚定战略自信,各项工作就有了根和魂,"中国之治"的道路就会越走越宽广。

总之,"中国之治"承载了五千年的文明基因,积淀了中国共产党对社会主义探索的历史经验,担负着中华民族伟大复兴的时代使命,具有显著的制度优势和民族特色,已经取得了彪炳史册的历史伟业。2020年暴发的新冠肺炎疫情更是对"中国之治"的一次大考,只有不断总结统筹疫情防控和经济社会发展的经验教训,着力固根基、扬优势、补短板、强弱项,在实践中不断丰富和完善"中国之治",中国特色社会主义和中华民族伟大复兴的前景才能不断走向光明。

第一章

新冠肺炎疫情冲击下的权威重构

新冠肺炎疫情对整个世界来说都是一次重大冲击。面对冲击,整个世界做出什么样的回应决定着疫情治理的成败。从性质来说,新冠肺炎疫情造成的危害不仅有医学上的,还有社会和政治上的,各国不同的政治回应策略决定了疫情治理的成败,也推动了世界权威结构的重构。因此,应对新冠肺炎疫情冲击最关键的是如何在不同治理层次上重构政治权威、构建规范有效的全球疫情治理体系。从世界政治权威重构的角度来看,行政权威与专业权威之间的互动、权力集中与权力分散之间的互动形成了治理体系构建的两条主线,在不同的疫情压力下,治理体系的权威结构需要进行与之相应的自我调整。通过在理论上考察行政权威与专业权威在常规状态、紧急状态以及新常态三种条件下的互动,就会发现推动治理体系和治理能力现代化是新冠肺炎疫情冲击下世界权威重构的必由之路。通过在实践上考察各国应对疫情的治理策略,就会发现权威集中程度也是制约疫情治理成效的重要因素。国际社会应按照权威重构的逻辑对全球治理体系进行重新设计,筑牢应对各种全球风险和挑战的坚固治理堤坝。

一、治理危机

2020年的新冠肺炎疫情是一次真正意义上的全球大危机,这场疫情如何改变世界性质以及塑造世界秩序等问题,在短期内似乎很难得出答案。从学界既有研究来看,一些人倾向认为新冠肺炎疫情将从根本上改变整个世界,全球化趋势将会发生逆转①;另一些人则认为新冠肺炎疫情和人类历史上暴发的很多大规模传染病一样,不会对整个世界产生根本性影响,人类社会的基本规律保持不变,世界政治经济格局不会因疫情而发生任何变化②。同一学术流派的学者对该问题的认识截然不同,这充分表明人们认识与理解这一问题的难度,也表明对这一问题的回答具有重要的理论意义和现实意义。

显然,学界对这一问题的回答是基于不同学科的视角,其关注的重点也各有不同:经济学家倾向于关注新冠肺炎疫情的经济后果③;社会学家更关注社会结构及其性质的变化④;心理学家着眼于新冠肺炎疫情对社会心理造成的负面影响及康复方案⑤;政治学家则集中关注疫情对政治秩序

---

① John Allen, et al., "How the World Will Look After the Coronavirus Pandemic," *Foreign Policy*, March 20, 2020, https://foreignpolicy.com/2020/03/20/world-order-after-coroanvirus-pandemic,2020 年 7 月 10 日访问;Thomas L. Friedman, "Our New Historical Divide: B. C. and A. C.: the World Before Corona and the World After," *The New York Times*, March 18, 2020, https://www.nytimes.com/2020/03/17/opinion/coronavirus-trends.html,2022 年 2 月 10 日访问;Kurt M. Campbell and Rush Doshi, "The Coronavirus Could Reshape Global Order: China Is Maneuvering for International Leadership as the United States Falters," *Foreign Affairs*, March 18, 2020, https://www.foreignaffairs.com/articles/china/2020-03-18/coronavirus-could-reshape-global-order,2020 年 7 月 10 日访问;张宇燕、倪峰、杨伯江、冯仲平:《新冠疫情与国际关系》,《世界经济与政治》2020 年第 4 期,第 4—26 页。

② 阎学通:《新冠疫情不会对世界格局产生根本影响》,https://www.sss.tsinghua.edu.cn/info/1074/1870.htm,2020 年 11 月 23 日访问;Joseph S. Nye, Jr., "No, the Coronavirus Will Not Change the Global Order," *Foreign Policy*, April 16, 2020, https://foreignpolicy.com/2020/04/16/coronavirus-pandemic-china-united-states-power-competition,2020 年 5 月 8 日访问。

③ 张燕生:《疫情全球蔓延扩散对产业价值链供应链的影响》,《北方经济》2020 年第 5 期,第 4—5 页;李稻葵、厉克奥特:《走向全面复工:挑战与应对》,《中国经济时报》2020 年 2 月 27 日,第 A04 版。

④ 王思斌:《疫情防控治理中的物理性隔离与社会性连接》,《中国社会工作》2020 年第 16 期,第 46 页;贾玉娇:《从抗击新冠肺炎疫情看社会保障在国家治理中的功能及走向》,《社会政策研究》2020 年第 2 期,第 3—12 页。

⑤ 冯正直、柳雪荣、陈志毅:《新冠肺炎疫情期间公众心理问题特点分析》,《西南大学学报(社会科学版)》2020 年第 4 期,第 109—115 页;许明星等:《妥善应对现于新冠肺炎疫情中"心理台风眼效应"的建议》,《中国科学院院刊》2020 年第 3 期,第 273—282 页。

的影响及可能发生的政治变革问题①。不可否认,这些视角各有其意义和价值。然而,从新冠肺炎疫情对整个人类文明的影响来看,它在根本上并非一个医疗卫生问题,而是一个社会政治问题。病毒的真正危害是借助人体发起对人类生命健康的挑战,并且是大规模快速传染的挑战。简而言之,病毒的危害很大程度上并非来自病毒本身,而是来自病毒引发的人体免疫力危机和人类社会治理体系危机,病毒只是借袭击人类社会的薄弱环节制造出了巨大的社会恐慌和秩序失控。因此,疫情冲击并非仅仅是一个流行病问题(pandemic shock),更是一个危机之下的社会恐慌问题(panic shock)。应对这一挑战和冲击的关键在于政治权威结构及其主导下的权力回应方式与策略。

二、病毒与权力

从生物学意义上说,人类社会史也是人体与病毒抗争的免疫力成长史。1859年,查尔斯·达尔文(Charles Darwin)出版了《物种起源》,推翻了长期主导人们思想的"神创论"和物种不变理论,第一次把生物学建立在完全科学的基础上,揭示了自然界物竞天择、适者生存的进化规律,为人类文明的发展奠定了生物学的科学基础。② 在达尔文进化论的启发下,人们开始从科学发展的角度来认识人类社会。尤瓦尔·赫拉利(Yuval Harari)在《人类简史:从动物到上帝》中揭示了人类从一种普通的动物变成世界统治者的过程,指出人类历经了认知革命、农业革命、人类的融合统一和科学革命等阶段。③ 人类文明的数千年历史也是与病毒抗争的千年史,人类社会在某一领域的发展和进步都会相应带来病毒的升级。

---

① 张清敏:《新冠疫情考验全球公共卫生治理》,《东北亚论坛》2020年第4期,第43—59页;赵可金:《"软战"及其根源——全球新冠肺炎疫情危机下中美关系相处之道》,《美国研究》2020年第3期,第9—34页。
② 麻海山:《达尔文进化论对人类发展观念的深刻影响》,《自然辩证法研究》2014年第1期,第78页。
③ 〔以色列〕尤瓦尔·赫拉利:《人类简史:从动物到上帝》,林俊宏译,中信出版社2014年版。

真正决定人类文明前景的不是病毒挑战有多严峻,而是人类的应战是否有效,人类的社会政治权力结构能否调集起强大的应战力量。此种"挑战与应战"关系,被英国历史学家阿诺德·汤因比(Arnold Toynbee)称为"文明的主线"①。病毒与权力是一对孪生兄弟,病毒的每一次升级,就意味着人类权力结构和权威体系的一次重要调整。具体来说,这一互动关系体现为两个层次:

一是个体意义上的病毒挑战与免疫回应。就生物学意义而言,人体无时无刻不在进行着病毒和免疫系统间的"免疫战争"。② 病毒是一种个体微小、结构简单的非细胞生命形态,它由一个核酸长链和蛋白质外壳构成,由于病毒没有自己的代谢机构和酶系统,必须在宿主活细胞内寄生并以复制方式增殖,一旦离开了宿主细胞,病毒就成为没有任何生命活动且不能自我独立繁殖的化学物质。因此,病毒能否感染肌体以及能否引起疾病,主要取决于病毒致病性和宿主免疫力两个方面,这是人体免疫战争的科学逻辑。

为应对病毒入侵,人们通过研发疫苗和其他医疗技术来寻找战胜病毒的"回天之术",人类的不懈抗争在客观上催生了医学,也构建了不同类型的知识权力系统。法国思想家米歇尔·福柯(Michel Foucault)在《临床医学的诞生》中指出,临床医学的诞生不过是一种目视和言语等权力关系作用的产物,目视与医疗档案图表、医院空间、病人身体共同构成了决定医学知识体系的权力关系,即作为一种"学科权力"的规训权力。③ 因此,正是在这种"身体的政治经济学"中,权力关系鼓励了临床医学的知识、真理与话语的产生、生产与再生产,导致了一种新型的微观权力和规训社会的兴起。不难看出,福柯的贡献在于提出决定人类与病毒抗争结果的最重要因素不是自然的病毒,而是渗透在整个社会并在每个个体和

---

① 〔英〕汤因比:《历史研究》,曹未风译,上海人民出版社1966年版,第174页。
② 〔德〕莱因哈德·伦内贝格:《病毒、抗体和疫苗》,杨毅、杨爽、王健美译,科学出版社2009年版,第1页。
③ 〔法〕米歇尔·福柯:《临床医学的诞生》,刘北成译,译林出版社2001年版,第49—69页。

全体人民的身体和行动中再生产出来的各种微观权力关系,这一权力关系的性质是基于学科知识的规训权力,或者说是一种专家型的权力关系网络。事实上,即便福柯的权力观仍存在争议,达尔文的《物种起源》也从另一个角度解释了病毒基本遵循适者生存的规律,这折射出来的也是一种基于知识基础的专业权力竞争关系。个体意义上的病毒与免疫系统间的战争,所竞争的并非免疫力,而是知识权力和专业权威。每一次病毒入侵,人类都经历了入侵、疫情、抗争和康复的过程,但真正重要的不是"免疫战争",而是其背后的知识权力竞争和专业权威升级。几千年来,古今中外,概莫能外。

二是社会意义上的疫情冲击与权力重构。除了福柯的微观权力观,在社会意义上,当一个人加入人群后,就会立刻生成宏观权力关系。法国社会心理学家古斯塔夫·勒庞(Gustave Le Bon)在《乌合之众:大众心理研究》一书中揭示出个体在加入群体后的非理性倾向,导致统治者借机建立和巩固自身统治的权力基础,勒庞称之为"群体精神统一性的心理学定律"。① 贾雷德·戴蒙德(Jared Diamond)的《枪炮、病菌与钢铁:人类社会的命运》一书在总结人类历史的经验教训时发现,病菌是塑造新社会权力的决定性因素之一。戴蒙德认为在过去的一万年里,那些拥有枪炮、病菌和钢铁或是拥有较早的技术和军事优势的人类群体,往往以牺牲其他群体为代价进行扩张,直到后者被取代或大家都开始分享这些新权力优势。在戴蒙德看来,病菌在塑造殖民版图和政治格局中扮演过独特的角色。② 时下,面对新冠肺炎疫情的严峻形势,亨利·基辛格提出"新冠肺炎大流行将永远改变世界秩序"③,戴蒙德也认为"新冠肺炎将会成为

---

① 〔法〕勒庞:《乌合之众:大众心理研究》,冯克利译,中央编译出版社2000年版,第15—18页。
② 〔美〕贾雷德·戴蒙德:《枪炮、病菌与钢铁:人类社会的命运》(修订版),谢延光译,上海译文出版社2014年版,第261页。
③ Henry A. Kissinger, "The Coronavirus Pandemic Will Forever Alter the World Order," *The Wall Street Journal*, April 3, 2020, https://www.henryakissinger.com/articles/the-coronavirus-pandemic-will-forever-alter-the-world-order/,2020年5月5日访问。

重大变革的契机"①,这些观点均强调了新冠肺炎疫情冲击带来的社会权力结构调整和政治权威重构。因此,在某种意义上,新冠肺炎疫情冲击带来的权力关系和权威基础的重构,或者谁将在未来的社会权力关系格局中占据主导地位,更加值得关注。

综上,人类社会的历史是抗击病毒的历史,但真正决定人类文明前景的不是病毒的挑战,而是社会权力关系的应战,"抗疫"是一个权力或权威问题。重构权威体系是应对疫情大考的关键所在,识别和判定权威重构的主要测量指标可以分为横纵两个维度:在横向上,究竟是以知识型权力为主导还是以政治型权力为主导;在纵向上,究竟是采取权威集中的权力结构还是权威分散的权力结构。

基于权威性质和集中程度,可以将新冠肺炎疫情冲击下的全球体系的结构类型划分为四类(见表1-1):

一是国家治理体系。该治理体系的特征是,采取政治权力主导的集中化权力安排,在法理上表现为以对内最高、对外独立的国家主权为中心,治理权力集中于国家尤其是中央政府手中,采取宣布国家紧急状态或者限制出入境的"封国"措施应对疫情,是一种国家主导的疫情治理体系,例如中国、俄罗斯、日本和印度等国家的实践。

二是国际组织治理体系。该治理体系的特征是,虽然疫情治理的权力主要集中在国家手中,但与疫情相关的专业国际组织扮演了至关重要的角色,国家的行政型权力顺从于国际组织的制度型权力或知识型权力,国际组织基于专业委员会的知识权力提出相关治理方案,不主张采取"封国""封城"等旅行限制措施以应对疫情挑战,从而构建起了国际合作治理的体系,例如联合国、二十国集团(G20)、世界贸易组织(WTO)和欧盟等国际和区域组织框架内的合作治理实践。

三是地方治理体系。该治理体系的特征是,地方性的政治—行政型权力为主导,采取地方性的封城和保持社交距离的限制性措施,构建防控

---

① 《专访丨贾雷德·戴蒙德:新冠肺炎,将成为世界剧变新契机》,https://www.bjnews.com.cn/detail/158804660814405.html,2020年5月8日访问。

疫情的地方治理体系,比如一些国家对一些地区和城市采取的封城措施等。

四是专业共同体治理体系。这一治理体系的特征是,医疗卫生领域的专业共同体及其制度框架主导疫情防控,并未采取政治—行政型权力主导的模式,而是强调由医疗卫生体系主导,比如全球疫苗免疫联盟(GAVI)以及国际红十字会等非政府组织框架的治理。

在实践中,四种治理类型不是截然分立的,而是往往混杂在一起,之所以做上述区分,仅仅是追求"理想类型"的逻辑分析的需要。

表 1-1　权威体系的结构类型

纵向	横向	
	政治—行政型权力主导	专业—制度型权力主导
权力集中型	国家治理体系	国际组织治理体系
权力分散型	地方治理体系	专业共同体治理体系

三、权威重构:疫情冲击下的政治关系

病毒与权力的关系表明,新冠肺炎疫情关乎个体意义上的微观专业知识型权力与社会意义上的宏观政治型权力的权威重构问题,也关乎权力集中与分散的权威重构问题。历史经验表明,每一次大的疫情冲击都会使人类社会的政治关系及其背后的权威结构重组,基于知识的权力和基于政治的权力会发生复杂的互动,权力集中程度与分散程度的结构安排也会发生复杂变动,进而决定抗疫成效和疫后秩序的重建。

权力是一个古老的问题,指人际关系中的特定影响力。德国思想家马克斯·韦伯(Max Weber)对权力的经典定义为,权力是一种 A 迫使 B 实施 B 不受强迫本不会去实施的行动的能力。[①] 权力与权威关系密

---

① Max Weber, *Economy and Society: An Outline of Interpretive Sociology*, Davis: University of California Press, 1978, p.53.

切,权威是一种自然正当的现象,具有绝对性。权力则是有条件的,必须借助一定的资源。因此,权威是权力的正当性源泉,是合法化的权力。恩格斯在《论权威》中指出:"这里所说的权威,是指把别人的意志强加于我们;另一方面,权威又是以服从为前提的。"①恩格斯强调,没有统一的和指导性的意志、没有权威,就不可能有任何合作和一致性的行动。因此,权威是存在于人类历史全过程的社会现象,它以服从为前提、以组织为基础、以强制为特征,是一种意志由一个主体贯彻到另一个主体的行为。历史唯物主义认为,人类社会的基本矛盾是生产力和生产关系、经济基础与上层建筑的矛盾,为解决这种矛盾就需要有权威。从权威角度理解权力的意义在于,通过考察权威基础的重构,可以理解新冠肺炎疫情冲击造成的权力关系变动现象。

关于权威的基础,韦伯提出三种权威系统:一是建立在古老传统和惯例的神圣性基础之上的传统型权威;二是基于超凡才能和魅力的魅力型权威;三是建立在对理性、法律及官僚体制和法定授权的信任、服从之上的法理型权威。② 无论基础为何,权威都是社会生活中不可缺少的因素。尤其在病毒所引发的大规模疫情冲击下,社会群体呈现出"乌合之众"的特征,客观上要求建立和加强权威体系,通过外在的紧急状态和权威安排,构建起抗击疫情的强大防线。有效的权威是抗击疫情的关键,也是社会免疫力的源泉。从这个意义上来说,"政治权威的病毒"才是人类社会的根本威胁。从欧洲中世纪的黑死病和鼠疫到近代霍乱,从1918年大流感到埃博拉病毒的暴发,众多疫情治理实践都证明,权威体系的混乱和进退失据才是导致疫情形势恶化的根本原因。唯有尊重科学防治规律和筑牢社会权威体系,才能为赢得抗疫胜利奠定强有力的治理基础。巩固疫情防治的知识体系和权威系统,是人类应对包括疫情冲击在内的一切社会危机的必然之举。

对人类社会来说,疫情不是问题所在,因为人体内无时无刻不在进行

---

① 《马克思恩格斯选集》(第3卷),人民出版社2012年版,第274页。
② 〔德〕马克斯·韦伯:《经济与社会》(第1卷),阎克文译,上海人民出版社2010年版,第318—363页。

着看不见的"免疫战争",真正的问题是政治权力的权威基础问题。关于病毒冲击下的社会权力框架和权威基础会发生什么样的变化,组织社会学的相关研究发现这种变化最根本的逻辑就是等级制与专业化间的冲突。[①] 尤其是随着近代学术工业化和科学精神的普及,基于科层制上下级与组织层级结构的行政权威和基于专业分工与专业知识的专业权威构成了一对孪生关系。关于两者间的关系,韦伯在《学术与政治》一书中做了深入的阐释。他认为学术不应涉终极关怀,不应过问价值,更不应卷入政治;而政治家有三种"前提性"素质,即"激情、责任感和恰如其分的判断力"[②],根据身份不同又分别有"信念伦理"和"责任伦理"。一般来说,行政权威遵从政治逻辑,面对重大利益选择时往往会做出趋利避害的反应;专业权威遵从科学逻辑,面对重大问题则总会坚守科学发现的基本规律。理想情况是行政权威的政治逻辑与专业权威的科学逻辑能够实现有机统一,既能发挥专业权威的科学性,又能发挥行政权威面对各种复杂矛盾时恰如其分的判断力。然而,两种权威在实践中往往很难统一,经常会发生分离、竞争甚至对抗。在疫情冲击下,两种权威如何在协调配合中重构权威基础,决定着疫情治理的成败和疫后秩序的重建。从一般逻辑上说,在疫情冲击的不同阶段,可以观察到两种权威扮演的不同角色。

(一) 常规状态下的权威逻辑:专业权威主导

通常情况下,一个社会治理公共事务往往会将政治逻辑和科学逻辑结合起来,形成一些标准的操作规程(Standard Operating Procedure, SOP),这些操作规程是为有效实施和完成某一临床试验中的每项工作而拟定的标准的和详细的书面规程。这些操作规程一般分为技术方面的操作规程和管理方面的操作规程,两者分工协作,使得日常工作或反复性的

[①] Victor A. Thompson, "Hierarchy, Specialization, and Organizational Conflict," *Administrative Science Quarterly*, Vol.5, No.4, 1961, p.486.

[②] 〔德〕马克斯·韦伯:《学术与政治:韦伯的两篇演说》,冯克利译,生活·读书·新知三联书店2005年版,第36—38页。

操作、管理在产品的质量和完整性上保持一致,并使其具有长期的一致性和连贯性。操作规程在运行过程中更尊重专业权威,即便是政治权威也往往被转化为法理型权威,呈现专业权威主导的格局。

唯物辩证法认为,社会公共权威受制于一定的社会经济基础,也受到特定的历史文化传统、社会结构和自然环境等多种因素的影响。常规时期的操作规程一旦确立,在一定时期内就会通过具有正当性基础的权威体系不断巩固,并在特定的历史时期内呈现为相对稳定的独特景观。从历史上看,按照一定社会经济基础,人类社会主要经历了原始社会的天然权威(伦理权威)、中世纪的宗教权威和近代以来的法学权威(国家与法)三个阶段。尤其是近代以来,随着科学精神高歌猛进,常规状态下的权威更多体现了专业权威的科学逻辑,体现为各个领域中的自主化、专业化和法治化趋势。近代以来公共卫生领域就经历了从不完善的制度向完善的制度体系发展的历程,从各国最初的自行其是的社会自助体系逐渐发展成为类似英国国家医疗服务体系(National Health Service, NHS)的专业化公共卫生治理体系。尤其是随着福利国家体系的建立,各国都建立起各具特色的常态化国家卫生健康体系。在常规状态下,公共卫生事务往往遵循专业权威的判断,行政权威更多的是配合和服务专业权威,为社会提供公平高效的医疗健康服务。

(二)紧急状态下的权威逻辑:行政权威主导

在常规状态外,一个社会经常会遇到天灾人祸、内忧外患等各类危机。诚如德国思想家乌尔里希·贝克(Ulrich Beck)所言,随着现代性和全球性的发展,现代社会日益成为一个风险社会,人类面临着威胁其生存的由社会制造的风险。我们身处其中的社会充斥着组织化不负责任的态度,尤其是,风险的制造者以风险牺牲品为代价来保护自己的利益。① 当

---

① 〔德〕乌尔里希·贝克:《风险社会:新的现代性之路》,张文杰、何博闻译,译林出版社2018年版,第3页。

一个社会面临的各类风险造成的危机情况对较大范围的社会生活甚至国家安全造成威胁时,就需要通过法律程序确立一种临时性的非常规状态,确保国家可以依法采取特殊措施及时控制危害。这种非常规状态在法律上称为紧急状态。

一般来说,战争、革命、内乱、重大灾害和经济危机是触发进入紧急状态的主要原因。紧急状态权力(emergence power)在英国都铎王朝时期就已成为王室非常时期使用的权力,而将这一权力法律化是20世纪以后的事情。最早的紧急状态法始于第一次世界大战前后的德国和奥地利,20世纪20年代的世界经济大萧条,刺激了英国、法国、德国、日本和美国等国制定国家紧急状态法或类似法律制度,以此作为应对危机的重要方法。这种做法在世界范围内越来越普及:如英国制定了《紧急状态权力法》和《国内防御法》等紧急状态法,法国制定了《法兰西共和国紧急状态法》,德国在《德意志联邦共和国基本法》的第17条中明确了紧急状态法律制度,美国制定了《美国全国紧急状态法》,俄罗斯制定了《俄罗斯联邦紧急状态法》。印度、巴基斯坦、土耳其等也在宪法中规定了紧急状态制度。日本于2020年3月通过了《新型流感等对策特别措施法》修正案。① 据不完全统计,目前世界上至少有100个国家的宪法和相关法律规定了紧急状态(戒严状态)与战时状态。这些关于紧急状态的法律规定均强调了政治权威和行政权威在应对紧急状态时具有主导地位。

一个国家宣布进入紧急状态,意味着政府可以颁布一些特殊法规、行使一些特别权力,以及执行一些非常时期的法律规定。但一旦紧急状态终止,这些法规也将随之失效。历史经验表明,在紧急状态下国家权力会大大扩张,一些平时没有启用或下放的权力、资源等会被重新收回、紧急征调与统一配置安排使用。这会带来政府权力的急剧扩张,行政权威成为紧急状态下的主导权威。20世纪二三十年代的经济大萧条对世界各国的权力结构造成了深刻影响。在德国、意大利、日本等国,大萧条直

---

① 《日本通过〈新型流感等对策特别措施法〉修正案》,https://www.chinanews.com.cn/gj/2020/03-13/9124316.shtml,2021年3月4日访问。

接推动了法西斯主义的崛起,高度集中的权力形成了法西斯政权。在苏联,危机直接导致战时共产主义的某些做法回归,形成以高度集中的计划经济体制和集体农庄为主要特征的"斯大林模式"。大萧条和第二次世界大战催生了"罗斯福新政"和"伟大社会",使美国也出现"大政府的兴起"。① 而当前全球新冠肺炎疫情危机会在多大程度上扭转20世纪80年代以来的"解制化浪潮"趋势,推动世界重新回到"大政府时代",甚至有多大可能性导致法西斯主义政权的出现,都是值得深思的重大理论问题。

在紧急状态下,行政权威的政治逻辑会压倒专业权威的科学逻辑,因为面对重大紧急状态,科学逻辑的运行效率相比政治逻辑的要慢得多。科学解释尚未完成的时间段是行政权威确立主导地位的"机会窗口"。在这段窗口期,应对紧急状态主要靠行政权威对形势做出的政治判断及其合理性。当然,行政权威能否充分尊重专业权威的意见,以及其能否遵循科学逻辑对应对紧急状态,也至关重要。因此,通常情况下,在紧急状态期间,决定治理成效的最重要因素是能否选择具备对复杂局势进行经验判断的能力和具备政治家操守的领导人和工作团队。很多教训表明,在同样的紧急状态下,不同国家表现存在差异与国家领导人素质有直接关系。

(三)新常态下的权威逻辑:行政权威与专业权威的重构

世界各国的法律均规定,一旦紧急状态结束,适用于紧急状态的特别法律和法规就会终止,整个社会重启常规状态。然而,尽管重启常规状态会改变紧急状态下政治权威的法律基础,但是政治权力的自主性决定了国家不会回到紧急状态之前的常规状态,而是会发生复杂变化并呈现新

---

① 库尔思、朱雅文:《二十世纪的战争、和平与意识形态》,《国外社会科学文摘》2000年第2期,第13—17页;徐天新:《苏联史·第4卷:斯大林模式的形成》,人民出版社2013年版,第1—49页;〔美〕卡罗尔·帕金、〔美〕克里斯托弗·米勒:《美国史》(中册),葛腾飞、张金兰译,东方出版中心2013年版,第621—675页;〔美〕卡罗尔·帕金、〔美〕克里斯托弗·米勒:《美国史》(下册),葛腾飞、张金兰译,东方出版中心2013年版,第1—68页。

常态。一些紧急状态下的权力关系及其制度安排也会改头换面,以不同方式存续下来,导致新常态下的权威以法律和制度方式实现新的调整,产生一些新的制度和治理特征。

威斯特伐利亚体系建立以来,以民族国家为基础的国际权威体系开始形成。回顾历史,几乎每一次大的战争和危机都会催生一种新的权威安排,从大的历史结构来说,国际权威体系经历了维也纳体系、凡尔赛—华盛顿体系、雅尔塔体系和冷战后体系等不同阶段。尽管第二次世界大战后建立了国际组织和复杂的国际制度体系,但基本保持了国际权威体系以主权国家为基础,一切国际秩序建立在主权平等的国际法原则的基础上,表现为以联合国体系为中心的国际政治安全体系及以布雷顿森林体系为核心的世界经济和金融秩序。第二次世界大战后,各类国际危机此起彼伏,国际权威制度也无时无刻不在发生着新变化。20世纪70年代的石油危机、21世纪初的"9·11"事件和2008年的国际金融危机都深刻影响了新常态的权威安排。在国际卫生领域,第二次世界大战后建立的国际权威安排表现为以世界卫生组织(WHO)的专业权威为中心的国际卫生治理体系,专业权威和行政权威作为两条线索贯穿WHO的改革进程。第二次世界大战以后,各种疫情冲击一直未曾停止。这些重大疫情虽没有导致WHO的根本性变化,但也使其权威体系发生了一些重要变化。2003年的重症急性呼吸综合征(SARS)危机也促使WHO决心设计一种制度安排,这就是"国际关注的突发公共卫生事件"(PHEIC),WHO具有了宣布旅行限制措施的行政权威,标志着行政权威的进一步扩展。总体来说,无论是国内权威还是国际权威,治理的权威重构基本上都遵循灾难驱动的变革模式,在每次大的疫情后都会开启新制度的成长轨道。而在这一轨道中,行政权威的专业化和专业权威的行政化驱动了新标准操作规程的创建,推动权威体系步入新常态。

在常规状态和紧急状态下,行政权力的专业化和专业权威的行政化都是权威调整的基本线索:在常规状态下,调整一般遵循按部就班的标准操作规程,专业权威占主导地位,行政权威以法律形式参与其中。在紧急状态下,行政权威急剧扩张,借助紧急状态权力渗透进社会各个领域,而专业权威则在科学发现的窗口期内服从行政权威的安排。紧急状态结束后,行政权威和专业权威共同参与新标准操作规程的创建,进入新常态下的权威体系。按照这一规律,新冠肺炎疫情冲击必然导致两者关系发生新的复杂调整。用法治框架实现两种权威在常规时期和紧急时期的有效运作和自由切换,是应对疫情治理的权威逻辑。

四、治理创新:疫情冲击下的制度安排

文明的历史就是人类和疾病斗争的历史,在现实中表现为人类社会应对病毒挑战的治理过程。这一治理过程最初主要在民族国家框架内进行,世界各国均有各自治理疫情的智慧。后来,随着疫情在世界范围内扩散,疫情治理也呈现了国际卫生治理的特征。无论国家治理还是国际治理,都包括治理体系和治理能力两个方面:治理体系是决定与病毒斗争成败的客观物质因素,它是由资源供应、服务提供、筹资支付和规制监管等子系统组成的多元互动网络;治理能力则是主观因素,即有效完成活动任务和掌握知识、技能的主观条件(如智商、个性等)。一般来说,公共卫生治理体系完善、治理能力强的国家和地区,在紧急状况下能迅速动员起来,形成联防联控和群防群控的合作机制。因此,从权力集中/分散程度来看,国际疫情治理根本上取决于两个层次的因素(如图1-1)。

(一)国家治理体系

国家治理体系是疫情治理的第一道防线,无论是传染性疾病控制还是非传染的慢性病救治和突发公共卫生事件应对,只要守住第一道防线就不会引发更大范围的危机。国家卫生治理体系包括政府的公共卫生政策及其实施、社区自治、医疗机构救助以及其他多元社会行为体的联防联控机制等。

在19世纪之前,仅靠国家卫生治理体系无法有效应对传染病肆虐。从几乎摧毁雅典的第一次瘟疫到14世纪中期重创欧洲的黑死病,再到

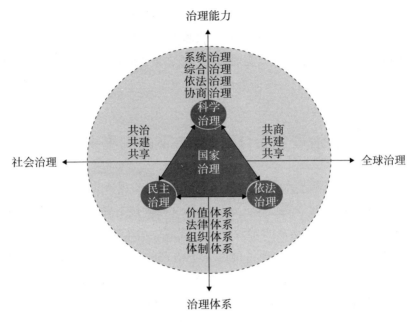

图 1-1 治理体系与治理能力

1918年席卷全球几个月就造成上千万死亡的大流感,所有这些公共卫生危机都迫使各国建立国家卫生治理体系,包括建立与实施海港检疫制度,设置国家公共卫生机构和制度,以及建设公共卫生设施等。国家卫生治理体系的核心是倾举国之力应对突发公共卫生事件,调集全国资源进行救治和预防。以下以英国为例解释这一体系建立过程中的权威重构。

近代以来,最早实现工业化和城市化的英国,也最早面临公共卫生状况恶化导致的传染病挑战。霍乱和伤寒是当时英国发生最频繁、造成死亡人数最多的传染病。霍乱引发了英国社会对公共卫生的重视,促使其对公众疾病与公共卫生的观念从"宗教和道德谴责"向"世俗和环境挑战"转变。1842年7月9日,著名的《英国劳动人口卫生状况调查报告》发表。① 该报告指出,工人阶级中的疾病同缺乏供水、排污、有效的垃圾清除,以及街道恶劣的居住环境有关。该报告在很大程度上改变了社会对

---

① 田明孝:《19世纪英国的公共卫生观念》,《浙江学刊》2017年第6期,第219页。

公共卫生的普遍观念,促使整个社会认识到政府有改善和管理公共卫生的责任。英国自此开始改变其在卫生问题上的地方自治和无政府倾向,在埃德温·查德威克(Edwin Chadwick)等人的推动下,英国政府通过制定公共卫生法的形式来规范人们的行为,开始了公共卫生立法和改革活动。经过几年激烈的辩论,议会通过了英国历史上第一部公共卫生法案——1848年《公共卫生法案》。该法案明确了中央卫生委员会的相关工作事宜以及地方卫生委员会的各项规定,包括地方卫生委员会的构成、权限和工作机制等各方面内容,英国由此确立了卫生治理的专业权威基础。1875年,英国又通过了影响深远的1875年《公共卫生法案》,以加强立法的形式巩固了公共卫生的地方管理机制,强化了中央干预公共卫生的职能,凸显了国家责任。最终,英国在1948年建立起了国家医疗服务体系,该体系成为世界上最大、最早向全体国民免费提供卫生保健服务的体系。

英国的公共卫生治理实践在世界上广泛传播,印度、日本、中国等国的卫生治理体系均受其影响,这一治理体系的权威基础主要是专业权威,除非宣布进入国家紧急状态,不然国家医疗服务体系始终居于主导地位。

(二)全球治理体系

疫情应对不仅是国家治理问题,更是全球治理问题。从19世纪开始,国际贸易、航运和交流越来越频繁,致病微生物也随之在各大洲传播,受各国检疫制度不匹配、协调不力和形形色色的保护主义的影响,仅靠国家卫生治理体系已无法有效应对跨国卫生挑战,需要建立一个国际协调和监督机制。

1851年,第一届国际卫生大会在巴黎召开,会议最初的重点是传染性疾病的预防和控制,这成为国际卫生治理体系建立和制度化的起点。国际卫生大会最重要的成果则是被各国广泛接受的《国际卫生公约》。此后,一系列国际卫生机制(如1907年设立的国际公共卫生办公室)的建立为全球卫生治理体系奠定了基础。

联合国于 1946 年在三大国际卫生组织基础上建立了 WHO,在 1951 年第四届世界卫生大会上制定了首个全球性的《国际公共卫生条例》,治理逐步从最初的传染病控制扩大到整个国际公共卫生领域。20 世纪中后期以来,随着国际社会合作治理某一类疾病的"垂直项目管理模式"的完善,天花病成为第一个被人类彻底根除的疾病,艾滋病、结核病和疟疾等也逐步得到控制。与此同时,国际社会也越来越重视各种议题性的横向治理平台建设。1978 年在国际初级卫生保健会议上 WHO 发布了《阿拉木图宣言》,开启了横向战略的新阶段,强调建立以自立与自决为核心价值的社区自助体系,从整体上提升世界健康水平。2000 年 WHO 的年度世界卫生报告则标志着它从纵向战略向横向战略的转变,倡导加强建立全球卫生体系。① 总体来看,全球卫生治理正在从"纵向战略"转向"纵横合一"战略,"全球卫生"也逐渐取代了"国际卫生"的概念,强调通过跨国界、跨部门的国际合作解决健康问题,更加重视跨机构和机制间的治理协调、公司伙伴关系的治理协调以及国际机制与国家间的治理协调等。② 全球卫生治理的专业权威不断成长。

近年来,随着疾病全球化的挑战日益频繁,WHO 职权不断扩张,并在 2005 年第 58 届世界卫生大会通过了修订的《国际卫生条例》,这树立了 WHO 在全球公共卫生危机应对中的领导地位。吸取 2003 年 SARS 的教训,为了相似事件出现时各国能有效预防和应对,WHO 总干事会在某一公共卫生事件发生时征求突发事件委员会的意见,来最终决定其是否构成"国际关注的突发公共卫生事件",而各成员国均负有对 PHEIC 做出迅速反应的法律责任。③ 如果某一地区暴发的疫情被宣布为 PHEIC,WHO 将发布一个临时建议,要求各国对人员、物品及交通工具采取相应卫生措施,并协调全球人力物力,在必要时给予发生 PHEIC 地区指导与

---

① 《2000 年世界卫生报告——卫生系统:改进业绩》,http://whqlibdoc.who.int/whr/2000/WHR_2000_chi.pdf? ua=1,2020 年 5 月 5 日访问。
② 晋继勇:《全球卫生治理的背景、特点与挑战》,《当代世界》2020 年第 4 期,第 42—48 页。
③ 《国际卫生条例(2005)》,https://www.who.int/ihr/publications/9789241596664/zh/,2020 年 7 月 4 日访问。

帮助(如筹集外界援助资金等)。自2009年以来,WHO共宣布了六起PHEIC。WHO内部行政权威和专业权威关系的重构已经引起了学界的重视,被认为是国际卫生治理改革的重要因素之一。①

不难看出,人类社会要想有效应对病毒的挑战,就必须不断推动治理体系和治理能力现代化,沿着专业权威和行政权威两条线进行复杂重构,将国家卫生治理体系和全球卫生治理体系有效结合起来,形成抗疫的强大屏障。新冠肺炎疫情从根本上说是对国家与全球公共卫生治理体系和治理能力的一场大考。

五、权威集中与权威分散:疫情冲击下的权力策略

新冠肺炎疫情是一场真正的全球意义上的卫生危机。2020年1月30日晚,WHO宣布新型冠状病毒肺炎疫情为PHEIC,并于3月11日将其定性为"大流行"(pandemic)。② 面对突如其来的疫情威胁,各国早期推出了不同的危机治理策略,其中普遍的做法是宣布进入国家紧急状态。截至2020年5月1日,超过140个国家宣布进入国家(卫生)紧急状态或采取紧急状态措施,这是第二次世界大战后全球首次大面积启动紧急状态法律制度机制。

从疫情冲击对国家治理的影响看,根据国家是否宣布进入紧急状态,笔者将世界上近200个国家的治理策略分为紧急状态策略和非紧急状态策略:前者意味着采取权力集中的安排,后者意味着采取权力分散的安排。为了精准地理解各国初次面对疫情时的权力回应策略和权威基础的变化,在是否宣布进入紧急状态基础上还可按照是否通过"封国"切断国际联系和是否通过"封城"切断国内联系两个指标,将世界上国家的抗

---

① 汤蓓:《PHEIC机制与世界卫生组织的角色演进》,《世界经济与政治》2020年第3期,第44—61页;汤蓓:《试析国际组织行政改革的动力机制——以世界卫生组织为例》,《国际观察》2013年第6期,第50—55页。
② 《世卫:疫情全球性大流行威胁"非常真实"》,《新华每日电讯》2020年3月10日,第3版。

疫策略分为"局部封城""局部封国""全面封国""群体免疫"四种类型（见表1-2）。

表1-2　各国应对新冠疫情的初次反应策略

国际联系	国内联系	
	"封城"	不"封城"
"封国"	全面封国： 意大利、西班牙、法国、德国、瑞士	局部封国： 越南、印度、俄罗斯
不"封国"	局部封城： 中国、韩国	群体免疫： 美国、英国、巴西、日本以及其他没有宣布进入紧急状态的国家

（一）局部封城策略："封城"但不"封国"

以中国（2020年3月28日前）和韩国为主要代表，这一疫情治理策略重视加强统一指挥、联防联控和群防群控，全力控制传染源头，切断传播途径，保护易感人群。这种策略在现实中均取得了比较好的成效，不仅基本控制了疫情，经济和社会恢复也比较快，是一种比较有效的疫情防控策略。

2020年初武汉新冠肺炎疫情发生后，中国采取"局部封城"策略。1月23日，中国果断关闭离汉通道，对武汉和湖北其他地区进行"封城"，集全国之力重点支持湖北和武汉的疫情防控工作，成立了由国务院总理李克强为组长的中央应对新型冠状病毒感染肺炎疫情工作领导小组，完善国务院联防联控机制并向湖北派驻中央指导组，采取最全面、最严格、最彻底的防控举措，坚决遏制疫情扩散蔓延势头。[①] 经过艰苦努力，到2020年3月中旬，湖北和武汉疫情防控初步实现了稳定局势、扭转局面的目标。随着疫情在世界范围内的蔓延，为防止发生疫情倒灌，继意大利、西班牙、法国等国之后中国采取了"封国"措施，宣布自2020年3月28日0

---

① 《抗击新冠肺炎疫情的中国行动》，http://www.gov.cn/zhengce/2020-06/07/content_5517737.htm，2020年3月4日访问。

时起,暂停持有效中国签证、居留许可的外国人入境。① 这意味着中国抗疫进入了"局部封国"阶段,尤其是随着各地陆续宣布解除一级响应,中国抗疫呈现出"封国不封城"的特征。

韩国也采取了"局部封城"但始终没有"封国"的举措。从2020年1月20日确诊首个新冠肺炎病例至2月18日,韩国总体上以防堵和抑制社区传播为核心。2月19日至3月中旬,随着"新天地教会"集体感染致疫情暴发,大邱和庆尚北道成重灾区,韩国对这两地等疫情高发的"特别管理区"采取了最严厉的封锁措施尤其是加强集会管理,以阻止新冠肺炎疫情扩散。每个居家隔离者由专人监督;若违反隔离规定,隔离者将面临刑事诉讼或罚款。② 相比中国,韩国的疫情治理更具针对性,尤其加强了应急指挥和管理体系。在继2015年中东呼吸综合征(MERS)疫情后,韩国加大传染病管理体系改革,将疾病管理本部提升为副部级机构,专门负责防疫,并逐步构建起完整的诊断、患者管理和应急指挥等体系。此次疫情中,韩国通过加强大规模病毒检测和筛查,建立类似改良版的中国"方舱医院",使疫情得到基本控制,经济和社会恢复也相对较快。

(二)局部封国策略:"封国"但不"封城"

俄罗斯、印度(2020年3月28日之前)和越南等国家为"局部封国"策略的典型代表,其应对新冠肺炎疫情的主要措施为关闭国境和口岸,限制人员出入。这一策略尽管在早期效果比较明显,但由于没有切断国内传播链,疫情在后期上升较快。

俄罗斯幅员辽阔,疫情防控难度较大。WHO宣布新冠肺炎疫情为PHEIC后,俄罗斯就采取了限制外国人从中国入境的措施。③ 俄罗斯政

---

① 《中华人民共和国外交部、国家移民管理局关于暂时停止持有效中国签证、居留许可的外国人入境的公告》,https://www.fmprc.gov.cn/wjbxw_673019/202003/t20200326_390074.shtml,2020年5月8日访问。

② 《全球战疫:韩国疫情暴发"满月"拐点初现 不封城如何防控?》,http://www.chinanews.com/gj/2020/03-19/9130714.shtml,2020年5月8日访问。

③ 《俄罗斯政府令:自2月4日起限制外国人从中国入境》,http://sputniknews.cn/society/202002041030574490/,2020年5月8日访问。

府宣布,自2020年2月4日起限制外国人从中国经空港口岸入境,部分外国公民只能从莫斯科谢列梅捷沃机场入境。2月19日起,俄方暂停受理、审批和颁发中国公民的工作邀请函、境外中国公民的工作许可以及中国公民的私人访问和学习邀请函,暂停向中国公民颁发学习、私人访问和旅游签证。3月16日,俄罗斯政府再次宣布对外国人入境采取临时限制措施,规定自3月18日至5月1日临时限制外国人入境俄罗斯。2020年3月28日,俄罗斯联邦政府总理米哈伊尔·米舒斯京(Mikhail Mishustin)签署行政命令,宣布俄罗斯自3月30日开始暂时关闭所有边境口岸,以防止新冠肺炎在俄境内大规模传播。不难看出,俄罗斯自疫情开始就采取了关闭边境、限制入境与关闭口岸等严厉措施,并成立了由米舒斯京负责的抗击新冠病毒协调委员会,在西部军区的4个地区组建了抗击新冠病毒集群,集合了防化医疗、工程宪兵以及空军防空等部队。然而,俄罗斯在关闭国境的同时却没有在国内采取"封城"措施,对本国侨民也没有关闭国境通道,导致成千上万输入型病例在家接受治疗,未能彻底切断病毒传播链。2020年3月28日,俄罗斯决定在莫斯科等地采取严格的"封城"措施,但为时已晚。俄罗斯早期疫情形势十分复杂,包括米舒斯京在内的一些俄罗斯官员都曾感染新冠肺炎。

印度很早就决定实行"封国"政策。2020年3月13日,印度决定暂时停止所有外国游客的访印签证,此措施一直持续到4月15日。同时,印度要求在2月15日后到达或访问过中国、意大利、伊朗、韩国、法国、西班牙和德国的所有入境旅客至少隔离14天。不过,因为印度在关闭边境后并没有采取封城措施,大量人口在各个地区流动,实际上没有切断传播链。直到2020年3月19日,印度总理纳伦德拉·莫迪(Narendra Modi)才第一次就新冠肺炎疫情向全国人民发表讲话,宣布在3月22日早7点到晚9点实施全国宵禁。[①] 为遏制新冠肺炎疫情蔓延,3月24日晚莫迪发表电视讲话,宣布从次日凌晨起在全国范围内实施为期21天的封闭措

---

① 《防疫情扩散 印度实施"公共宵禁"》,http://world.people.com.cn/n1/2020/0323/c1002-31643806.html,2021年3月4日访问。

施,规定全民居家隔离,除水电、卫生、市政消防和食品杂货等基本服务外,所有商店、工厂、办公室都从3月25日开始关闭,地铁停止运营,建筑活动暂停施工。然而,印度的限制令一度造成了4.7亿农民工陷入混乱,疫情蔓延势头仍旧猛烈。以俄罗斯和印度为代表的国家采取"封国不封城"的策略,尽管隔绝了境外疫情输入,但由于权力仍处于分散状态,疫情防控效果不佳。

(三)"全面封国"策略:既"封城"又"封国"

"全面封国"策略以意大利、法国、德国、西班牙、瑞士等欧洲大陆国家为代表,这些国家采取严厉的关闭国境和"封城"的"全面封国"举措。这一举措尽管代价很大,但经过一个多月的治理努力,疫情在欧洲大陆各国趋向平稳。

意大利是疫情在欧洲的"震中"。2020年1月31日,意大利宣布全国进入为期6个月的紧急状态。之后一段时间内,意大利疫情总体平稳。直到2月22日,疫情在经济最繁荣的伦巴第大区瞬间大规模暴发。3月8日,意大利总理朱塞佩·孔特(Giuseppe Conte)签署抗击疫情紧急法令,意大利从3月10日起进入全国"封城"状态,从3月12日起关闭全国除食品店和药店以外的所有商铺,从3月21日起关闭所有公园和其他公共场所。[①] 意大利已两次延长"封城"措施,并从全国征调20万医护人员进入疫情重灾区。经过一个多月的全面封国,意大利疫情在2020年4月中下旬后开始呈现平稳态势。

德国、法国、西班牙和瑞士也采取了类似措施,取得了类似效果。处于欧洲心脏地带的瑞士于2020年3月16日晚宣布进入最高紧急状态,叫停所有非必要活动,关闭所有非基本生活保障场所,在全国范围内禁止5人以上的公众聚集,同时要求在公共场所人与人之间至少保持2米距离,并敦促居民尽可能待在家里。同时,瑞士政府拨款100亿瑞士法郎补

---

① 《肺炎疫情:病来如山倒 意大利当局封城抗疫》,https://www.bbc.com/zhongwen/simp/world-51606522,2021年3月4日访问。

贴企业和员工的收入损失,并追加320亿瑞士法郎作为援助资金,定向帮扶受到影响的行业及群体。在最高级别的紧急状况下,瑞士宣布了严格的边境封锁措施,原则上只允许瑞士公民和拥有长期居留许可以及在瑞士境内工作的人士入境。官方数据显示,在边境封锁措施实施三天后,有1.1万人次被拒绝入境,进出边境的车辆比平时减少了70%左右。① 经过严格管控,自2020年4月初瑞士现有确诊病例出现不断下降的趋势。欧洲国家采取的严厉管控措施,权力高度集中,尽管代价巨大,但有效控制了疫情蔓延的势头。

(四)"群体免疫"策略:既不"封城"也不"封国"

英国、美国、日本和巴西等国在早期的疫情治理中并不采取严格的管控措施,既没有采取关闭国境的措施,也没有采取封城居家的限制令,导致疫情蔓延扩大,成为严重的公共卫生灾难。

英国、美国和日本等国家是公共健康绩效评估非常高的国家,不仅有发达的医疗技术水平,还有完善的公共健康体系。英国的国家医疗服务体系被公认是世界上最大的和最早向全体国民免费提供卫生保健服务的体系。然而在新冠肺炎疫情暴发后,英国政府并没有高度重视,对其引以为傲的国家医疗服务体系表现出了过于自信的态度,寄希望于通过一些不甚严格的干预措施来减缓疫情发展速度,为国家医疗服务体系争取更多时间。2020年3月5日,英国卫生大臣马特·汉考克(Matt Hancock)曾表示,国家医疗服务体系在处理危机情况时"强大有效"。英国首相鲍里斯·约翰逊(Boris Johnson)也表示并不会采取包括关闭学校、减少集会等"封城"措施。然而,随着感染者数量的上升,国家医疗服务体系表现出了不堪重负的迹象,英国开始提出"群体免疫"(herd immunity)的理念。3月12日,约翰逊宣布实行群体免疫的计划,将应对疫情的政策转变为"延迟疫情蔓延",采取比意大利等欧洲大陆国家更温和的措施。2020年3月

---

① 《记者亲历:直击最高紧急状态下的瑞士版"封城"》,http://column.cankaoxiaoxi.com/2020/0323/2405489.shtml,2020年5月8日访问。

14日,229名来自英国各大学的科学家联名发表公开信,认为政府现行防控策略将对国家医疗服务体系造成额外压力。3月23日,约翰逊发表电视讲话,宣布了包括封锁英国全境三周和居民不允许"非必要"外出等新抗疫政策,被媒体称为"英国式封城"。结果,3月25日,英国王室发表声明称查尔斯王子新型冠状病毒检测呈阳性。3月27日,约翰逊本人也确诊感染新冠病毒。① 总的来说,英国面对疫情冲击时的初次反应抗疫策略成效并不明显。

美国的抗疫策略与英国类似,也经历了从早期比较自信到局势日益恶化的过程。尽管美国没有明确提出"群体免疫"的策略,但除早期对中国采取严厉的限制措施和断航之外,美国基本没有在社区层面和国家层面采取足够有力的防范措施。2020年3月11日晚,时任美国总统特朗普宣布对欧洲推出为期30天的旅行禁令(英国不受该禁令影响)。② 3月13日,特朗普宣布进入国家紧急状态,以释放更多资金与资源应对新冠肺炎疫情,但他拒绝为大规模检测推进缓慢承担责任。3月27日,特朗普签署了此前国会表决通过的2万亿美元经济刺激法案,这份美国史上最大规模的经济刺激法案的内容包括加强失业保障、企业贷款补助以及向医院、州政府和市政府提供更多医疗资源等。③ 然而没过多久,特朗普于2020年4月16日宣布"重启美国"计划,计划分三个阶段重新开放美国的社会经济生活,但何时以及如何开放由各州自行决定。在特朗普"尽快重启美国经济"的推动下,放宽疫情限制呼声四起,反对居家令的抗议示威蔓延到25个州,而后乔治·弗洛伊德(George Floyd)之死事件引发了波及全国的反种族主义抗议浪潮,美国疫情防控彻底失控。围绕"继续抗疫"还是"先行重启经济",美国国内陷入激烈争论,引发了严重的政治对立。迄今为止,美国疫情尚未达到峰值,此种带有"群体免疫"倾向的抗疫策略总

---

① 《英国王储查尔斯王子确诊感染新冠病毒"症状轻微"》,https://www.bbc.com/zhongwen/simp/uk-52034402,2021年3月4日访问。
② 《肺炎疫情:美国实施欧洲旅行禁令,停赛NBA等措施紧急防控》,https://www.bbc.com/zhongwen/simp/world-51848770,2021年3月4日访问。
③ 《特朗普签署2万亿美元刺激法案》,http://www.chinanews.com/gj/2020/03-28/9140191.shtml,2021年3月4日访问。

体上是失败的。

比较上述各国应对疫情初期的四种抗疫策略,不难发现以中国和韩国为代表的局部封城的抗疫策略最为有效且代价相对较小。以意大利、瑞士等欧陆国家的全面封国策略也比较有效,缺点是代价较大,不过在国际疫情形势严峻的背景下"全面封国"也许是不得已的选择。以印度和俄罗斯为代表的"局部封国"策略在国际疫情严重的情况下是必要之举,但在国内也存在疫情风险的情况下仍须配合以必要的"封城"策略。以英国、美国和巴西为代表的完全放任式的"群体免疫"策略是代价最大的,实践证明这是一项失败的抗疫策略,尤其是这些国家在抗疫和"救市"上的矛盾态度导致其行动迟缓,造成疫情蔓延,教训非常深刻。在疫情暴发之初,采取突发事件或紧急状态下的措施实现治理权威的集中,采取"封城"措施是防控疫情的必要之举。而一旦疫情扩散,即便代价高昂也必须采取权力更加集中的"封国"措施,直至疫情得以控制才能启动新常态,这是2020年新冠肺炎疫情治理的宝贵经验。

后来,随着疫情在全球范围内影响的扩大,为有效防控随时可能袭来的新疫情,各国的防疫措施经历了一定的调整和转变,巴西、日本、英国等早期采取既"不封国"也"不封城"措施的国家也在不同程度上采取甚至加强了"封国"或"封城"举措。2020年4月28日,巴西颁布第203号文件①,决定自4月28日起30天内,限制外国公民搭乘飞机入境巴西。此后,巴西先后于5月22日、6月20日、6月30日、7月29日、8月26日、9月24日、10月2日多次宣布限制外国公民入境。日本也逐步加强本国的入境限制措施,2020年5月27日零时起,日本将印度等11个国家列为新增入境限制国,至2020年7月1日日本又将入境限制国上调为包括黎巴嫩等国在内的18个国家。随着英格兰北部地区的感染率飙升等状况的出现,英国首相约翰逊于当地时间2020年10月12日表示将在英格兰引

---

① 《巴西联邦政府再次发布关于外国公民入境限制政策的公告》,https://www.mfa.gov.cn/ce/cgrj/chn/zlggg/t1775422.htm,2021年3月4日访问。

入"中""高"和"非常高"三个级别的"封城"防疫措施。①

总之,新冠肺炎疫情对全球政治经济发展的影响与各国应对疫情措施的转变体现权威重构的规律性。首先,在应对突发公共事件时,疫情治理表现出权威的多元性、分散化,大多数国家倾向于以自身国情为出发点,制定一国多策、一城一策的防疫策略;其次,随着疫情在全球范围内的蔓延,并逐渐影响到全球政治经济结构的稳定性,世界卫生组织等开始针对全球治理与多国合作展开斡旋,各国权威开始适当集中,实施一国一策、封城禁国;最后,以地区政治经济结构稳定为基础、以世界范围内防控和减缓疫情为目的,各国的防疫措施趋向于多层次的权威集中与权威分散相结合。疫情防控实践表明:在具体措施上,比较有效的办法是短期内通过权威集中对出入境口岸、城市规划、公共物资进行集中管控;长期则必须通过权威分散激发国内经济活力,统筹疫情防控和经济社会新常态,为后疫情时代经济社会重启复苏创造条件。

小结

无论人们从何种角度理解疫情,或者在认识上存在什么样的差异,疫情的冲击说到底是一个社会政治问题,其关键是权力问题。每次重大疫情的冲击都会引发社会权力的权威基础重构:在横向上,行政权威和专业权威之间的互动是权威重构的主线;在纵向上,权力集中/分散程度也是权威重构的重要体现。具体来说,在常规状态下,专业权威按照标准操作规程发挥着主导作用;在紧急状态下,行政权威存在着权力扩张的"窗口期",占据着主导地位。在重新回归常态时,行政权威和专业权威会在制度和治理上进行新的标准化重构,总体上回归专业权威主导的格局。总之,科学逻辑与政治逻辑的复杂互动,驱动了疫情冲击下的制度创新和治理创新,推动治理体系和治理能力现代化,是疫情冲击和权力回应的根本落脚点。

---

① 《英国首相:在英格兰将实施新封城措施以防控疫情》,http://www.chinanews.com/gj/shipin/cns-d/2020/10-13/news870142.shtml,2021年3月4日访问。

从这一意义上讲,新冠肺炎疫情是对治理体系和治理能力的一场大考,既包括对国家治理体系的大考,也包括对全球治理体系的大考。在这场大考中,真正严峻的考验并不是疫情的挑战,而是国家权力的回应策略和权威基础的重构,而比自然病毒更可怕的是"政治病毒",这是以 WHO 为代表的全球公共卫生治理体系陷入困境的根源。在疫情期间,全球治理的权威基础回归国家行政权威主导,在回归常态前全球治理体系的专业权威将难以取得主导地位,即便疫情结束后很长一段时期内,国际组织和全球治理都会处于弱势地位。

就国家治理体系而言,权威集中/分散程度的变化是观察治理权威重构的重要视角。考察各国针对疫情的治理体系和治理策略,会发现世界各国在应对疫情上都存在着医疗资源短缺和治理能力不足的短板。这要求各国通过集中权力,加快补齐公共卫生治理体系的短板,为保障人民生命安全和身体健康筑牢制度防线。同时,权力集中的抗疫策略要比权力分散的抗疫策略更有效。在国际疫情尚不严重的情况下,疫情暴发地采取"局部封城"的策略比较有效。在国际疫情大规模暴发、各国面临外来输入型病例倒灌压力的情况下,权力更加集中的"全面封国"策略虽代价巨大,但卓有成效。相比之下,在病毒严重危及人的生命的情况下,"局部封国"和完全放任的"群体免疫"策略的代价最大,教训最为惨痛。

总之,从新冠肺炎疫情冲击下的抗疫实践可以看出,行政权威和专业权威之间的关系重构、中央权威和地方权威之间的关系重构以及国家权威和国际权威之间的关系重构是制约全球公共卫生安全治理的关键因素。不同的权威重构方案对抗疫成效具有十分重要的影响,值得高度重视,各国和国际社会应综合评估疫情,在抗疫过程中谨慎重构权威,筑牢抗击疫情的强大防线。

第二章

新冠肺炎疫情冲击下的全球治理

新冠肺炎疫情是21世纪人类社会面临的首个真正具有全球意义的危机,对整个世界产生了重大而深远的影响。自2019年底暴发以来,疫情在世界各地迅速蔓延。总体来看,新冠肺炎的蔓延给整个世界带来了巨大的恐慌,甚至在很多地区造成了灾难性后果。

在应对新冠肺炎疫情的过程中暴露出来的严重问题,更是从另一个侧面凸显了全球公共卫生治理的脆弱性,不仅包括新兴经济体在内的广大发展中国家深受其害,甚至连公共卫生体系和医疗条件均享誉世界的欧美发达国家也在疫情的冲击下不堪一击。疫情引发的种种次生灾害更令人忧虑,比如经济衰退、社会停摆、权力扩张甚至国际摩擦。面对疫情冲击,国际社会非但没有形成"世界抗疫统一战线",反而日益陷入相互责怪和"甩锅"的局面,甚至有人惊呼全球化逆转和整个世界秩序的坍塌。[1]

毫无疑问,作为一场公共卫生危机,新冠肺炎疫情必将在世界各国人民的共同努力下成为过去,但疫情冲击之下所暴露出的问题却发人深思。为什么全球疫情治理没有展现出其应有的能量?为什么大国抗疫合作举步维艰?疫情造成的危害将会把整个世界带向何方?下面将围绕这些问题,把新冠肺炎疫情置于全球卫生治理体系和治理能力建设的框架之

---

[1] 美国欧亚集团总裁伊恩·布雷默在《日本经济新闻》上发表文章提出新冠肺炎疫情预示着世界秩序的去全球化潮流、民粹主义潮流等。英国皇家国际事务研究所所长罗宾·尼布雷特发表题为"The End of Globalization as We Know It"的文章,提出疫情之后的世界几乎不可能回到21世纪初的互利共赢的全球化状态。哈佛大学肯尼迪政府学院贝尔福科学与国际事务中心教授斯蒂芬·沃尔特发表题为"A World Less Open, Prosperous, and Free"的文章,认为疫情之后将迎来一个开放、繁荣与自由倒退的世界。

中,分析国际合作之难的多样性根源,并由此分析全球卫生治理体系和治理能力建设的未来方向。

一、疫情冲击下的全球治理

理解疫情冲击的本质和危害,是诊断国际合作缺失的前提。表面来看,新冠肺炎疫情仅仅是公共卫生事件和医学问题,实际上并非如此。新冠肺炎疫情以突发公共卫生事件的形式表现出来,却不限于医学和卫生问题,它也是一个严重的社会问题,尤其是治理体系和治理能力不足的问题。新冠病毒是未知的致命病毒,是人类社会面对的公害,在本质上与地震、火山、飓风、跨国犯罪、气候变化等挑战相同,区别不过是这一病毒通过其携带者——人的活动传播。一个地区大规模社会流动越频繁,病毒传播速度越快,该地区受病毒影响和冲击也就越大。因此,新冠病毒借助现代化、全球化,以及货物、人员、信息等生产要素的流动等,对整个世界造成重大危害。因此,一般来说,越是现代化程度高的地区,越是开放程度和全球化程度深的地区,越是人口密度和人口流动大的地区,往往受新冠病毒冲击也就越大,疫情造成的危害也就越大。

根据疫情蔓延的地区特征,疫情自暴发以来的发展大致可分为三个阶段。第一阶段:2019年底至2020年3月初。疫情首先在东亚各地暴发并迅速蔓延。2019年底,在中国境内的武汉地区开始出现不明肺炎可疑病例,引起中国政府重视。[①] 2020年1月30日,世界卫生组织将新冠肺炎疫情列为国际关注的突发公共卫生事件。[②] 伴随着中国疫情的发展,日本

[①] 2019年12月底湖北省武汉市疾控中心监测发现不明原因肺炎病例。12月30日武汉市卫生健康委向辖区医疗机构发布《关于做好不明原因肺炎救治工作的紧急通知》。12月31日凌晨国家卫生健康委员会作出安排部署,派出工作组、专家组赶赴武汉市,指导做好疫情处置工作,开展现场调查。参见《中国发布新冠肺炎疫情信息、推进疫情防控国际合作纪事》,http://www.gov.cn/xinwen/2020-04/06/content_5499625.htm,2020年3月1日访问。

[②] 《世卫组织发布新型冠状病毒感染的肺炎疫情为国际关注的突发公共卫生事件》,http://www.gov.cn/xinwen/2020-01/31/content_5473297.htm,2020年3月1日访问。

于 2 月 5 日确认"钻石公主号"游轮出现新冠肺炎感染乘客,韩国和伊朗于 2 月 20 日出现首例死亡病例。伊朗、韩国、日本和东南亚国家的疫情迅速蔓延,但其势头也在 3 月中下旬缓和,这为国际社会争取了时间。

第二阶段:2020 年 3 月初至 2020 年 4 月,疫情在欧美发达国家迅速蔓延。在东亚地区各地疫情逐渐得到控制的同时,疫情自 2 月底开始在意大利、法国、西班牙、德国、英国、美国等地出现,并呈现加快蔓延的势头。3 月 1 日,美国出现首例感染死亡病例和首例医护人员感染病例,澳大利亚也于同日出现首例感染死亡病例,并在 3 月中旬呈现出疫情迅速扩张的势头。3 月 13 日,美国总统特朗普宣布进入"国家紧急状态"以应对新冠肺炎疫情,联邦政府将启动 500 亿美元的紧急资金储备,用于各州医疗机构应对新冠肺炎疫情,同时要求各州尽快建立应对新冠肺炎的应急指挥中心。①

第三阶段:2020 年 4 月至 2021 年底,疫情向全球蔓延。自 2020 年 4 月初开始,中东欧国家、俄罗斯、土耳其、沙特、印度、巴西、厄瓜多尔、埃及、南非等国家的疫情也在迅速蔓延。由于这些国家检测设备不足和医疗资源短缺,抗击疫情的形势不容乐观。

总体来看,新冠肺炎疫情是 21 世纪首个真正全球意义上的公共卫生危机,越是全球化程度深的地区、越是经济发达的地区、越是人口规模大和流动速度快的地区,受到疫情的冲击也越大。从作为"九省通衢"的武汉到欧洲的米兰、美国的纽约以及其他大大小小的地区,均印证了此次新冠肺炎疫情冲击最大的地区恰恰是最为发达和最为开放的地区,疫情暴露出的问题可以界定为"开放社会的困境"。开放社会(Open Society)的概念最初由哲学家亨利·柏格森(Henri Bergson)提出,柏格森认为开放社会意味着政府是透明的,受到公众制约的,而是否实行个人自由和人权

---

① Steve Holland, Jeff Mason, et al., "Trump Declares Coronavirus National Emergency, Says He Will Most Likely Be Tested," https://www.reuters.com/article/us-health-coronavirus-usa-emergency/trump-declares-coronavirus-national-emergency-says-he-will-most-likely-be-tested-idUSKBN2102G3,2022 年 3 月 19 日访问。

原则是判断开放社会的标准。① 在《开放社会及其敌人》中,卡尔·波普尔(Karl Popper)将开放社会界定为多元主义(Pluralism)和多文化(Multicultural)的社会,他认为开放社会是一个坚持个人主义本位的社会,等同于民主社会、平等社会、自发的社会,不是人工设计的社会,是好的社会。② 后来,开放社会的概念为乔治·索罗斯(George Soros)借用,索罗斯将不确定性原理、反身性理论、开放社会理念融为一体,并建立开放社会基金,用于改进所谓资本主义体系,但在对开放社会的界定上仍然延续波普尔的观点,带有很强的意识形态色彩。③ 相比起来,德国著名思想家乌尔里希·贝克对"开放社会"的本质做出了精准界定,他提出了"风险社会"的概念④,受到学术界的广泛关注。贝克认为在风险社会里,危险不再来自外部,而是来自内部,在列举了核爆炸和使用化学物质造成环境质量恶化所可能导致的种种灾难性后果后,他断言在全球层面已出现了一个风险共同体,它使国界成为无意义的东西,使世界社会成为一种必要的乌托邦。⑤ 贝克的风险社会对于理解和界定2020年的新冠肺炎疫情具有非常重要的意义,疫情对世界的影响并不主要体现在卫生领域,而是体现在社会领域,即比疫情本身更可怕的是疫情造成的"次生灾害",表现为经济大衰退、权力大扩张、社会大动荡,疫情甚至会导致社会信任危机,以及种族歧视和右翼排外主义的泛滥。总体来说,疫情冲击是"三分天灾,七分人祸",具体表现为以下三个方面。

(一)公共卫生

疫情暴发后,受到冲击最大的是各国的医疗卫生体系和物资保障体

---

① 〔法〕亨利·柏格森:《道德与宗教的两个来源》,王作虹、成穷译,贵州人民出版社2000年版,第36页。
② 〔英〕波普尔:《开放社会及其敌人》,郑一明译,中国社会科学出版社1999年版,第150—152页。
③ 〔美〕乔治·索罗斯:《开放社会:改革全球资本主义》(修订版),王宇译,商务印书馆2011年版,第4—10页。
④ 〔德〕乌尔里希·贝克:《风险社会》,何博闻译,译林出版社2004年版,第3—9页。
⑤ 同上书,第52—57页。

系,尤其是随着感染者的快速增加,相关医疗资源和物资保障纷纷告急,即便是欧美发达资本主义国家,也普遍陷入资源匮乏和物资保障不力的困境。美国重症医学会2020年3月估计,美国总共将有96万名患者由于感染新冠病毒而需要使用呼吸机,但美国急症治疗医院及其他各来源呼吸机仅可能增加至20万台,且其中包含已经老旧的产品。① 在意大利,呼吸机的严重短缺已经迫使医生忍痛放弃对一些患者的救治。根据美国前卫生部长阿扎尔提供的数据,2020年2月底,美国国家医疗用品紧急储备只有约1200万个医用级N95口罩和3000万个外科口罩,要确保美国医务人员够用至少需要10倍的数量。② 美国卫生与公共服务部2020年4月1日估计,如新冠肺炎疫情持续一年,美国将需要35亿个口罩。③ 美国医疗改善公司(Premier Inc.)副总裁豪恩·鲍威尔(Chaun Powell)说,医院收到的N95口罩不到他们订购的一半。④ 此外,意大利、法国、德国、英国、日本等国家也面临着"医疗物资荒",甚至频频发生一些国家截留其他国家医疗物资的事件。除此之外,新冠肺炎对医疗卫生体系造成了沉重压力。据世界卫生组织官网2020年4月7日消息,全球有将近2800万名护士,尽管全球护理人员在2013年到2018年间增加了470万名,但缺口仍有590万人。⑤ 毫无疑问,在新冠肺炎疫情的重创下,无论准备得多么充分,没有一个国家能够保证足够的医疗人员和物资。

---

① Rebecca Heilweil, "Trump ordered more N95 masks. 3M says his tactics could make the shortage worse," https://www.vox.com/recode/2020/4/1/21196941/coronavirus-n95-mask-respirator-shortage-trump, 2021年11月23日访问。
② Tamar Lapin, "NEWS Health officials say US needs 270M more face masks to battle coronavirus," https://nypost.com/2020/02/25/health-officials-say-us-needs-270m-more-face-masks-to-battle-coronavirus/, 2022年2月10日访问。
③ Rebecca Heilweil, "Millions of N95 masks keep surfacing. So why is there still a shortage?," https://www.msn.com/en-us/health/medical/millions-of-n95-masks-keep-surfacing-so-why-is-there-still-a-shortage/ar-BB120VEw, 2022年2月10日访问。
④ John Tozzi, "Virus Strains U.S. Health System with Supply, Test Shortage," https://www.premierinc.com/newsroom/premier-in-the-news/virus-strains-u-s-health-system-with-supply-test-shortage, 2022年2月10日访问。
⑤ 《疫情凸显护士荒 世卫:全球范围内护士缺口达590万》,https://www.chinanews.com/m/gj/2020/04-08/9150477.shtml, 2021年3月1日访问。

(二) 经济发展

疫情造成严峻的公共卫生形势的同时,对世界经济的打击也很大,导致世界经济增长乏力,负面效应显著。

根据世界银行数据,2020年,全球各国GDP总和由2019年的87.555万亿美元下降为84.68万亿美元,降幅为3.363%。① 各主要经济体,特别是欧美日等发达国家,经济衰退幅度较大。

国际金融市场和大宗商品价格走势有极大的不确定性。美国三大股指全面暴跌,标普500指数甚至于十个交易日内接连触发四次"熔断",终结了2008年金融危机后美国股市的"十年长牛",诱发了全球范围内的金融恐慌,多国股市创历史最大跌幅。(见图2-1)2020年3月12日,除美国外,至少有巴西、加拿大、泰国、菲律宾、巴基斯坦等10个国家股市出现熔断;欧洲斯托克600指数暴跌11%,刷新历史最大跌幅;德国DAX指数下跌超过12%,创1989年以来最大单日跌幅;法国CAC40指数下跌超过12%,刷新历史最大跌幅;意大利富时指数收盘大跌近17%;西班牙IBEX35指数跌近15%。原油价格大幅下降,WTI原油价格(现货)从

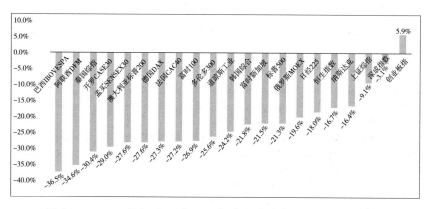

图2-1　2020年初至3月7日全球主要市场股指涨跌幅情况
资料来源:Wind数据库。

---

① "GDP growth (annual %)," https://data.worldbank.org/indicator/NY.GDP.MKTP.KD.ZG,2022年2月14日访问。

2019年底的59.8美元/桶,降至了2020年3月份的29.9美元/桶,降幅50%。[1] 受疫情因素影响,天然气、煤炭和铁矿石等其他大宗商品价格也有不同程度的下降。(见表2-1)

表2-1 世界主要大宗商品价格情况(均为现货价格)

	世界原油平均价格(美元/桶)	WTI原油价格(美元/桶)	世界天然气指数(2010=100)	澳大利亚煤炭价格(美元/公吨)	世界铁矿石价格(美元/干公吨度)
2019年11月	60.4	57.1	63.5	67.0	85.0
2019年12月	63.4	59.8	56.0	66.2	92.7
2020年01月	61.6	57.5	48.6	69.7	95.8
2020年02月	53.3	50.5	43.8	67.6	87.7
2020年03月	32.2	29.9	41.4	66.1	89.0

资料来源:CEIC 数据库。

欧美发达国家都已采取大规模经济刺激措施,比如美国参议院和众议院于2020年3月25日和27日先后表决通过2万亿美元经济刺激法案且法案获得特朗普总统签署,美国史上规模最大的财政刺激法案启动。[2] 国际金融协会(IIF)的2021年数据显示,2020年全球债务达到创纪录的281万亿美元。其中,新冠肺炎疫情令全球债务增加了24万亿美元。作为占全球经济总量超过50%的中美经济来说,相比疫情冲击,经济危机的"次生灾害"更为惊心动魄。[3]

(三)社会政治

2020年4月21日,世界粮食计划署指出全球面临严重粮食危机的人

---

[1] CEIC 股票市场指数, https://www.ceicdata.com/zh-hans/indicator/equity-market-index,2021年3月22日访问。
[2] 《特朗普签署2万亿美元经济刺激法案》,http://m.news.cctv.com/2020/03/28/ARTIOF83Ms2xmaeZpIH7ASg1200328.shtml,2021年3月1日访问。
[3] "Capital Flows and Debt," https://www.iif.com/Research/Capital-Flows-and-Debt,2022年2月11日访问。

口将超过 2.65 亿,这会影响部分国家比如伊拉克、菲律宾、印尼、中亚和非洲一些国家的粮食安全,特别是食品价格的通胀压力日益增大。① 2020 年 3 月 24 日,越南率先宣布禁止以任何形式出口各种大米,哈萨克斯坦、塞尔维亚、俄罗斯、马来西亚、印度等粮油出口国也纷纷宣布限制令。② 受疫情冲击和经济衰退的影响,各国失业人数明显上升,截至 2020 年 4 月 11 日,美国失业人数大幅攀升,连续四周的失业人数高达 2200 万人。③ 随着居家令的延长,普通民众的心理承受能力也达到极限,美国一些州陆续发生抗议活动,要求立刻解除居家令。2020 年 4 月 16 日,俄亥俄州、弗吉尼亚州、纽约州、犹他州、肯塔基州及密歇根州等相继暴发抗议封城的大型示威游行。④ 与此同时,受到社会交往距离的限制,社会信任度不断走低,民粹主义、民族主义和排外情绪在欧美发达国家上升,政党极化之争进一步燃爆,社会心理问题日益严重。欧洲各国内部的民粹化情绪不降反升,导致欧洲团结的空心化,欧洲一体化进程面临反复的危险。此外,伊斯兰世界在疫情冲击下贫富分化加剧,穆斯林的宗教生活受到影响,社会中充斥着焦虑情绪和激进排外情绪,而这些情绪比新型冠状病毒的危害性更甚。

不难看出,疫情已对整个世界格局和国际秩序造成非常大的冲击,疫情暴发所引发的次生灾害超出预期,表现为"疫情冲击"和"舆情冲击"的双重冲击。面对新冠病毒,全球范围内已没有赢家,疫情发展已成为全人类面对的全球性大危机,由此造成的次生灾害很可能切断全球生产链和供应链,不仅对国内经济、社会和政治领域造成了严峻挑战,在国际关系和全球治理领域也制造了合作之难。如何准确把握疫情治理合作之难的内在原因,妥善

---

① "2020-Global report on food crises," https://www.wfp.org/publications/2020-global-report-food-crises,2022 年 2 月 10 日访问。
② 《五国宣布限制部分粮食出口 "全球粮荒" 要来了吗?》,http://finance.eastmoney.com/a/202003291435773997.html,2021 年 3 月 1 日访问。
③ 《四周抹去过去 10 年增长 美国劳动力市场跌势何时休》,http://world.xinhua08.com/a/20200417/1930703.shtml,2021 年 3 月 1 日访问。
④ 《因无法忍受居家令 美国多地居民爆发游行示威》,https://3w.huanqiu.com/a/21eee3/3xsG7SSjFOd?agt=46,2021 年 3 月 1 日访问。

化解国际关系中的摩擦和冲突,已成为当今世界面对的重要课题。

二、全球治理的合作之难

作为人类面临的共同挑战,疫情本应给国际关系创造合作机会,促成类似反法西斯统一战线的大国合作。然而事实恰恰相反,大国关系自疫情暴发后非但没有改善,反而更加紧张,表现为一些大国竭力"甩锅",将疫情政治化,对他国污名化,甚至在疫情期间截留他国医疗物资,挑起不同族群间矛盾,努力分散民众注意力,释放国内观众成本,导致国际关系更加紧张,合作更加困难。

疫情冲击导致大国关系紧张,尤其是中美竞争进一步激烈。一些美国政客将新冠病毒称作"武汉病毒",公开要求媒体统一口径抹黑中国,甚至还施压盟友和伙伴一道污名化中国。2020年4月15日,美国福克斯新闻报道称,"新冠病毒不是中国的生物武器项目,而是中国科研努力的一部分,目的是要证明中国在识别和抗击病毒方面并不比美国差"①。此外,以众议员史密斯、莱特和参议员克鲁兹、霍利等为代表,一些政客不断推出涉疫情法案,加大对伊朗的经济制裁,对中国发起所谓"赔偿诉讼",还要求对所谓"压制医学专家、记者和异见人士的中国官员"进行制裁,并在世界范围内挑起争议,通过将矛盾转移到中国头上,实现"甩锅"。② 一个典型的例子是2020年3月25日,时任美国国务卿蓬佩奥在七国集团外长会议上借新冠肺炎疫情对中国大肆攻击,声称中国应该为此次新冠肺炎疫情负责,欧洲六国外长对蓬佩奥"抹黑中国"的行为进行了猛烈抨击,并拒绝蓬佩奥要求将"武汉病毒"写入外长会议联合声明的提议。③ 疫情冲击下的中美关系非但没有缓和,反而矛盾愈演愈烈。比

---

① 《造谣和"甩锅"无助疫情防控》,http://views.ce.cn/view/ent/202004/21/t20200421_34741907.shtml,2021年3月1日访问。
② 同上。
③ 《社评:抗疫,蓬佩奥们至少留下三大历史罪名》,https://opinion.huanqiu.com/article/3xZuZvP5R6j,2021年3月1日访问。

如,2020年2月18日,美国国务院宣布收紧对5家中国主流媒体在美业务的限制,把它们在美国的分支机构按照外国使团来对待。① 2月19日,中国外交部正式宣布自即日起吊销美国《华尔街日报》3名驻京记者的记者证,作为对该报发布诋毁、歧视性报道的恶劣行径、拒不道歉的傲慢态度的回应。② 在疫情挑战日益严峻的背景下,中美战略竞争非但没有偃旗息鼓,反而越来越扩散到其他领域,令许多评论家忧虑"中美新冷战"的前景。③

全球治理体系和合作框架在应对疫情中也普遍乏善可陈。联合国、WTO、IMF、世界银行、G20等全球合作机构总体上说得多做得少,至少短期内未能有效构建起世界范围内的抗疫统一战线。2020年3月26日,二十国集团领导人特别峰会发表《应对新冠肺炎特别峰会声明》,承诺建立统一战线应对这一共同威胁,但除了一纸声明之外,短期内也没有看到足够有力的协调行动。④ 相反,一些国家借助疫情加剧国际关系紧张,挑战联合国和全球治理的权威。美国在疫情期间接连对伊朗、委内瑞拉等国家实施严厉制裁,宣布将对伊朗5个实体以及15名相关个人进行制裁。⑤ 2020年3月17日,美国国务院又以"制造暴力和人道主义危机"为由,宣布制裁叙利亚国防部长。⑥ 3月26日,美国司法部突然宣布对委内瑞拉现任总统尼古拉斯·马杜罗及4名其他现任和前任委内瑞拉官员提出"毒品恐怖主义"和其他刑事指控,"悬赏1500万美元抓捕马杜罗总统"。⑦ 更有甚

---

① 《美国突然要对五家中国媒体采取行动,外交部正面回应!》,https://world.huanqiu.com/article/3x6Njl6IN5I,2021年3月1日访问。
② 《外交部:即日起,吊销〈华尔街日报〉三名驻京记者的记者证》,https://world.huanqiu.com/article/3x6O59Y6WXW,2021年3月1日访问。
③ 王帆:《中美关系的未来:走向"新冷战"抑或战略合作重启?》,《国际问题研究》2021年第1期,第55—68页。
④ 习近平:《携手抗疫 共克时艰——在二十国集团领导人特别峰会上的发言》,《人民日报》2020年3月27日,第2版。
⑤ 陈润泽:《国际舆论谴责美对伊制裁升级》,《法制日报》2020年3月30日,第5版。
⑥ 《美国制裁叙利亚国防部长》,http://www.xinhuanet.com/world/2020-03/18/c_1125730198.htm,2021年3月1日访问。
⑦ 《美国务院悬赏1500万美元抓委内瑞拉总统马杜罗,中国外交部回应》,https://world.huanqiu.com/article/3xdDRvVl4Vt,2021年3月2日访问。

者,时任美国总统特朗普4月14日在白宫简报会上公然宣布暂停向世界卫生组织提供资金,并对该组织"严重管理不当和掩盖冠状病毒传播"展开审查,引发了世界范围内的广泛批评。①

区域合作框架遭遇合作危机,合作向心力下降。欧洲区域合作正在遭受英国脱欧和欧洲大陆各国反建制主义的双重压力,疫情冲击更令欧洲合作走向空心化。面对疫情,欧盟早期反应迟缓,出现"国起盟落"的问题,表现为各国抗疫片面依赖本国力量,欧盟框架只能发挥协调作用。同时,疫情的冲击在欧盟框架内部加剧了北欧国家与南欧国家的"南北矛盾",也使得西欧国家与中东欧国家存在深刻的分歧。其中,南北矛盾主要为围绕"新冠债券"而产生的经济分歧,比如在2020年4月9日举行的欧盟财长会议上,德国、荷兰、奥地利、芬兰等国主张利用现有欧洲稳定机制提供援助,而意大利、法国、西班牙等国则希望由欧元集团担保,发行应对疫情的特殊"新冠债券"。② 东西欧洲之间的分歧则主要表现在民主法治等主题上,中东欧国家普遍陷入自助和他助均不得力的尴尬处境。从欧盟的运行机制来看,卫生防疫主要属于成员国主权范畴,欧盟只能起到居中协调、政策沟通的补充作用,尽管2020年4月后欧盟加快推动抗疫合作,推出大规模经济刺激计划,但总体上是扬汤止沸。2020年4月16日,欧盟委员会主席冯德莱恩再次向意大利表示"由衷的歉意",并承认自新冠肺炎疫情暴发以来欧盟没有和意大利站在一起。③ 相比欧盟,东盟国家之间的疫情合作要好一些。在2020年4月14日举行的东盟与中日韩(10+3)抗击新冠肺炎疫情领导人特别会议上,各方同意探讨从中国—东盟(10+1)合作基金和10+3合作基金中划拨一部分资金作为特别基金,支持东盟国家应对疫情,各方积极推动疫苗研发和药物合作,强化区域内传染病监测预警系统,推动共同建立医疗用

---

① 孙丁等:《美停缴世卫会费削弱全球抗疫合力》,http://www.xinhuanet.com/world/2020-04/15/c_1125860504.htm,2022年2月11日访问。
② 《欧盟财长会议达成5400亿欧元救助计划》,http://world.people.com.cn/n1/2020/0412/c1002-31670054.html,2021年3月2日访问。
③ 《欧盟发公开信向意大利致歉:对不起,欧盟现在与你并肩》,http://www.chinanews.com/gj/2020/04-03/9146228.shtml,2021年3月2日访问。

品储备制度。① 此外,北美自由贸易区、非盟、海合会、拉共体甚至"一带一路"等地区合作框架均没有表现出应有的能力。

环顾世界,为什么在疫情冲击下国际和区域合作如此艰难？如何解释疫情冲击对国际体系可能的影响？如何解释疫情冲击对国际秩序可能的影响？如何解释疫情冲击对国际关系可能的影响？以及如何解释中国外交在疫情中的表现和可能的影响？诸如此类的问题都是新冠肺炎疫情背景下世界面临的重大理论问题,要求相关理论研究做出新的解释,提出新的方案。

三、全球治理之难的理论解释

面对疫情对国际关系理论提出的新问题,学界已经陆续做出了一些解释。清华大学国际关系学院院长阎学通教授在一系列讲座和访谈中对疫情合作之难做出了道义现实主义的解释。在阎学通看来,疫情表明国际社会仍是一个无政府的国际体系,无论受到疫情怎样的冲击,国际社会的无政府状态形式加上缺乏拥有绝对权威政府的道义领导,决定了各国在防疫面前的反应和策略政策不同,这也是不可能产生国际合作的根源。② 这种解释认为,在大国合作尤其是中美双边合作严重缺失的情况下,全球治理是很难进行的。显然,阎学通教授的解释略显简单,无法完全解释当前疫情期间的合作行为,因为在无政府状态和道义领导缺失的条件下,仍可以看到各国基于抗疫的合作行为。阎学通教授的理论阐释了国际合作艰难的现象,但对合作艰难的原因剖析仍显不足,尤其是无法解释二战期间的反法西斯统一战线及二战后国际社会在经济、能源甚至军备控制领域的众多合作机制,更无法解释中国为什么愿意积极推动国际合作。

---

① 高乔:《10+3 全力合作抗疫恢复经济》,http://finance.people.com.cn/GB/n1/2020/0421/c1004-31681422.html,2021 年 3 月 2 日访问。
② 《"人文清华"云讲坛 阎学通〈各国防疫反映的国际关系〉》,http://news.ifeng.com/c/7uxxtb07dwF,2021 年 3 月 2 日访问。

对国际抗疫合作之难作出解释的另一代表人物是中国人民大学国际关系学院院长金灿荣教授,他认为欧美发达国家早期防控失误的主要原因是群体性傲慢的心态,包括种族傲慢、文化傲慢、制度傲慢,尤其是西方自我感觉良好的制度被证明是盲目自信的"神话",而中国之所以防控得力也主要因为自身综合国力和制度的优势,这些优势决定了中国愿意为全球抗疫作出力所能及的贡献。① 在金灿荣教授看来,克服目前抗疫国际合作之难主要取决于西方国家能否尽快改变错误心态。金灿荣教授提供的"制度优势"论指出了西方国家不愿意合作的制度根源,但却陷入了"制度决定论"的窠臼,仅仅用群体性傲慢和制度优势无法完全解释合作与不合作。在中国的制度体系没有改变的情况下,为什么中国早期的防控表现也不得力?更无法解释清楚疫情早期发达国家与中国的合作和为抗疫提供的帮助。

无论是阎学通教授的"道义权力决定论"解释,还是金灿荣教授的"制度决定论"解释,均无法帮助人们理解当前国际疫情合作之难的现象,我们需要在理论上另辟蹊径,找到合作之难问题的真正根源。罗伯特·基欧汉(Robert O. Keohane)认为,合作是一种原来不和谐的国家或集团通过"政策调整"和谈判协商,实现协作和采取一致行动的过程。② 海伦·米尔纳(Helen V. Milner)在总结国际关系学界的讨论的基础上,认为关于合作的定义已经取得了一致意见,即合作是指"行为者通过政策调整过程调整自身行为以适应别人目前的和以后的需求"③。迄今为止,关于国家合作行为的研究主要集中在两个问题上:

一是合作条件。比如基欧汉探讨的是在霸权之后的国际环境中合作的条件是什么。肯尼斯·奥耶(Kenneth A. Oye)关注的是"无政府状态下的合作"条件是什么。罗伯特·奥克塞罗德(Robert Axelord)更是追问

---

① 金灿荣:《抗疫大考揭示国际政治现实》,http://world.people.com.cn/n1/2020/0407/c1002-31663434.html,2021年3月2日访问。

② Robert Keohane, *After Hegemony, Cooperation and Discord in the World Political Economy*, Princeton: Princeton University Press, 1984, p.53.

③ Helen Milner, "International Relations of Cooperation Among Nations – Strengths and Weakness," *World Politics*, Vol.44, No.3, 1992, p.467.

"如何在没有中央权威的情况下,在追逐私利的角色之间建立和进行合作"①。显然,关注国际合作并非否定国际冲突,反而是强调通过政策调整解决冲突,实现合作。究竟是在国际无政府状态下开展基于国际事务的合作,还是在国内等级制状态下开展基于国内事务的合作,是左右国际合作的重要变量。

二是合作策略。基欧汉提出国际合作无外乎遵循在单位层面上发生的"由内向外"(Inside-out)和体系层面上发生的"由外向内"(Outside-in)两条路径,前者体现为奥克塞罗德等人基于博弈论的合作研究,后者则体现为基欧汉基于制度论的合作研究。博弈论与制度论之间的区别,是合作策略的重要变量。

上述两个问题有助于我们构建分析国际抗疫合作的框架。根据这两个问题,可以确立关于国际抗疫合作的分析框架,具体见表2-2。

表2-2 国际抗疫合作的分析框架

环境条件	合作策略	
	制度论	博弈论
国际无政府状态	**国际制度模式** 联合国、IMF、世界银行、WHO、欧盟、东盟、非盟、阿盟等	**大国协调模式** G20、中美关系、中俄关系、美俄关系等
国内等级制状态	**互助(援助)合作模式** 盖茨基金会、全球疫苗免疫联盟	**自助合作模式** 美国、法国、英国、德国、意大利、中国、日本等国家的抗疫实践

从表2-2不难看出,国际合作具有多样性。在不同的条件下,由于各国采取的策略不同,国际合作往往表现出不同的模式。分析疫情冲击下的国际合作,需要在经验研究上综合考虑国际制度模式、大国协调模式、援助合作模式和自助合作模式等四种框架下的国际合作表现,这样才能真正解释疫情冲击下的国际合作之难的根源。

---

① Robert Axelord, *The Evolution of Cooperation*, New York: Basic Books, 1984, p. 3.

四、全球治理之难的案例检验

(一)案例检验:国际制度模式

国际制度模式是指,在无政府状态条件下,当各方恪守制度论策略时,国际合作会呈现的模式。现有的国际制度主要是二战后在欧美发达国家推动下逐渐建立起来的以联合国体系为核心的国际政治安全合作框架,以布雷顿森林体系为核心的国际经济金融合作框架,在疫情治理上主要体现为以世界卫生组织为核心的全球健康治理体系。通过检验WHO框架下国际合作的表现,可以分析国际合作之难的真正根源。

二战后,1946年联合国在三大国际卫生组织的基础上建立了世界卫生组织,1951年WHO制定了《国际卫生条例》,涉及范围逐步从最初的传染病控制扩大到公共健康领域。冷战结束后,随着疾病全球化,尤其是艾滋病、SARS、甲型H1N1流感、埃博拉病毒、新型冠状病毒和"超级细菌"等引发的新型传染病疫情日益频繁,WHO职权不断扩张,并在2005年第58届世界卫生大会上通过了修订的《国际卫生条例(2005)》,树立了WHO在全球公共卫生危机应对中的领导地位。尤其是吸取了2003年严重急性呼吸综合征(SARS)的教训后,为了再次面对相似事件时各国能有效预防和应对,世卫组织总干事会征求突发事件委员会的意见,最终决定某一事件是否构成"国际关注的突发公共卫生事件",而各成员国均负有对"国际关注的突发公共卫生事件"做出迅速反应的法律责任。[①] 如果某一地区暴发的疫情被宣布为"国际关注的突发公共卫生事件",则意味着世界卫生组织会发布一个临时建议,要求各国对人员、物品及交通工具采取相应卫生措施,并协调全球人力物力,必要时给予发生PHEIC地区指导与帮助,如筹集外界援助资金等。

---

① 《国际卫生条例(2005)》,https://www.un.org/chinese/esa/health/regulation/,2021年11月20日访问。

回顾世界卫生组织成立以来的治理绩效,可以发现世界卫生组织在应对区域小规模疫情或者单一疾病方面取得了比较不错的成就。自2009年以来,WHO共宣布了六起"国际关注的突发公共卫生事件"。世界卫生组织总体上运行良好,各国履约水平和合作水平也很高。然而,它对于大规模疫情的治理表现出了反应迟缓、效率低下和应对不力的问题,比如在应对埃博拉疫情期间的表现,已经遭到各方面的批评,主要原因是世界卫生组织缺乏医疗资源,医院、医生、护士、医疗设备、抗疫物资等均集中在国家手中,世界卫生组织只能提供专业指导,具体实施仍然依靠各国自行推进。对于治理能力比较强的国家来说,在世界卫生组织的指导下,其治理效果就比较好;但治理能力差或配合意愿比较差的国家则治理效果不佳。在2020年1月30日,新冠肺炎疫情被宣布为"国际关注的突发公共卫生事件"后,中国和世界各国最初的合作表现符合预期,得到世界卫生组织的充分肯定。2020年2月24日,中国—世界卫生组织新冠肺炎联合专家考察组在北京举行新闻发布会,认为中国新冠肺炎疫情下降显著地保护了国际安全,构建起了防止疾病国际传播的强有力的第一道防线。随着疫情在欧美发达国家的蔓延,WHO框架内的合作出现危机,一些国家开始批评WHO疫情数据统计错误、行动迟缓和效率低下以及存在官僚主义等问题①,美国政府甚至宣布停止为WHO提供资金。然而,疫情期间WHO备受诟病的问题并非新问题,在应对非洲暴发的两次埃博拉疫情时就存在类似批评,但作为一个国际公共卫生制度,类似质疑仅仅针对其能力不足而非其制度化合作本身的体现。就治理体系而言,将国内治理资源与国际制度的治理资源结合起来,消除治理赤字,是决定治理成效的关键。迄今为止,WHO仍然是各国普遍接受的国际制度合作框架,在特朗普批评世卫组织并断供资金后,联合国发言人仍然认为"世界卫生组织

---

① 《中国—世卫新冠肺炎联合专家考察组积极评价中国抗"疫"举措》,http://big5.xinhuanet.com/gate/big5/www.xinhuanet.com/2020-02/26/c_1125627621.htm,2021年11月20日访问。

显示出国际卫生体制的力量"①。和 WHO 遭遇的境况类似,对于联合国、IMF、世界银行等绝大多数多边国际组织和欧盟、东盟、非盟等地区国际组织而言,合作水平低下是源于能力不足,而非放弃合作。就应对新冠肺炎疫情来说,不仅公共卫生资源和物资都控制在国家手中,而且绝大部分对社会事务的治理权限都没有让渡给这些国际组织,国际联防联控和群防群控机制基本上无从谈起,导致它们在控制传染源、切断传播途径和保护易感人群等方面只能看国家的脸色行事,这才是合作之难的真正根源。

(二) 案例检验:大国协调模式

在处于无政府状态条件下,当各方恪守博弈论策略的时候,国际合作会呈现出大国协调模式。现有的大国协调模式主要体现为以 G20 为平台的大国协调机制,以及美国、中国、俄罗斯、法国、德国、英国、意大利、日本等大国之间的复杂互动,既包括传统大国间的大国协调比如七国集团,也包括新兴大国间的合作平台比如金砖国家领导人峰会机制,还包括传统大国与新兴大国间的互动比如中美关系等。观察大国协调关系及其存在的问题,是理解国际合作之难的可行路径。

二十国集团(G20)由七国集团财长会议于 1999 年倡议成立,最初为财长和央行行长会议机制,2008 年国际金融危机后升级为领导人峰会。G20 成员涵盖面广,代表性强,G20 的构成兼顾了发达国家和发展中国家以及不同地域的利益平衡,其按照协商一致原则运作,目前无常设机构,主要依靠大国协调。作为一个危机应对机制,G20 在应对 2008 年全球金融危机上表现突出,为推动世界经济复苏及国际金融体系改革做出重要贡献。2014 年埃博拉肆虐西非国家时,G20 集团亦有讨论过疫情问题,但当时没有就出资做出任何承诺,只是发声明表示要击退疫情。在 2016 年 9 月杭州峰会期间,G20 发表《二十国集团领导人杭州峰会公

---

① "Daily Press Briefing by the Office of the Spokesperson for the Secretary-General", https://www.un.org/press/en/2020/db200408.doc.htm,2022 年 2 月 11 日访问。

报》,指明 G20 从危机应对向长效治理机制转型的新方向。① 2020 年 3 月 26 日,在主席国沙特阿拉伯的推动下,二十国集团领导人应对新冠肺炎特别峰会以视频会议形式召开,峰会发表声明表示要采取一致行动,向全球经济注入 5 万亿美元以应对疫情,加强全球合作,强调加强对最不发达国家的援助。4 月 19 日,二十国集团卫生部长视频会议召开,再次号召全球抗疫行动秉持和衷共济理念,团结协作,以共同努力尽早战胜新冠肺炎疫情。从各国的表现来看,各国基本上采取了本国至上的政策立场,集中应对本国的疫情,在国际合作上进展缓慢。显然,尽管各国在 G20 的国际治理平台上连为一体,但治理资源仍然没有实现机制化共享,进行国际合作仍然要靠各个国家自觉自愿,"治理赤字"是制约 G20 能力的重要根源。

和 G20 框架内的大国协调类似,其他大国协调的平台也表现出了不高的合作水平。在 G7 框架的传统大国关系中,美国与其他大国的合作也非常有限,美国一度希望建立针对中国的统一战线,施压要求将"武汉病毒"写入 G7 会议声明,也没有被其他大国接受。② 在新兴大国之间,除中国与俄罗斯等新兴大国抗疫合作表现突出外,其他新兴大国间的合作十分有限。作为新兴大国与传统大国关系代表的中美关系,非但没有因为疫情而出现缓和趋势,中美反而在疫情治理上出现更多摩擦和分歧,出现了老问题与新问题交织发展的势头。与 G20 等合作框架相比,大国关系中的治理赤字更大,合作难度也更大。

综合考察大国协调模式不难发现,大国在应对疫情冲击上除了一些信息通报、经验分享、物资捐助,合作程度非常有限。之所以出现这一现象,主要原因不仅包括大国力量对比的权力政治,更包括复杂的国内政治,尤其是疫情在各大国内部日益严重的时刻,复杂的国内政治斗争造成的观众成本很快就转移到国际关系之中,国内政治斗争越激烈的国家,转

---

① 《二十国集团领导人杭州峰会公报》,《人民日报》2016 年 9 月 6 日,第 4 版。
② 《美媒:蓬佩奥 G7 外长会提"武汉病毒"被多国反对,联合声明"泡汤"》,https://web.shobserver.com/news/detail? id=229039,2022 年 2 月 14 日访问。

嫁危机和牺牲大国关系的倾向越突出。像中国这样国内局势比较稳定的国家,则更倾向于积极参与国际抗疫合作。

(三)案例检验:互助合作模式

在处于等级制状态条件下,当各方恪守制度论策略的时候,国际合作会呈现援助合作模式。这一模式意味着,当一个国家国内受到疫情的重大打击,其他国家恪守尊重该国的主权独立、领土完整和政治制度的立场时,防控疫情会出现援助和互助合作的模式,主要表现为国家之间的相互援助、一些跨国公司和非政府组织提供的援助,以及在此基础上建立起来的全球公私伙伴关系。

最典型的例子是疫情冲击下的中国与世界的关系,中国坚持在和平共处五项原则基础上深化与各方的合作。自疫情暴发,中国坚定支持世界卫生组织,积极配合世界卫生组织开展抗疫工作,积极参与G20特别峰会,积极参与双边和多边合作,成为疫情背景下国际乱局中的一道亮丽风景线。在中国疫情暴发阶段,国际社会给予中国很大的援助。在外交部例行记者会上,外交部发言人华春莹提出,截至2020年2月5日中午,韩国、日本、泰国、马来西亚、印尼、哈萨克斯坦、巴基斯坦、德国、英国、法国、意大利、匈牙利、白俄罗斯、土耳其、伊朗、阿联酋、阿尔及利亚、埃及、澳大利亚、新西兰、特立尼达和多巴哥等21个国家政府和联合国儿童基金会等十多个国际组织向中方捐助了疫情防控物资。[①] 尤其是日本在捐赠给武汉的物资包装箱上写着"山川异域,风月同天""岂曰无衣,与子同裳",以及日本学校提醒孩子不要恶意评价武汉等,这些深深地感动了中国人民。[②] 在疫情在世界各国蔓延的时刻,中国也积极援助其他国家的抗疫工作。中国通过东盟—中国或东盟与中日韩(10+3)卫生合作平台开

---

① 《2020年2月5日外交部发言人华春莹主持网上例行记者会》,https://www.fmprc.gov.cn/web/fyrbt_673021/jzhsl_673025/202002/t20200205_5418564.shtml,2021年3月2日访问。
② 《2020年2月4日外交部发言人华春莹主持网上例行记者会》,https://www.fmprc.gov.cn/web/fyrbt_673021/jzhsl_673025/202002/t20200204_5418558.shtml,2021年3月2日访问。

展技术协调、援助及信息共享等相关工作。截至2020年4月中旬,除了支持东盟团结抗疫之外,中国向127个国家和4个国际组织提供包括医用口罩、防护服、检测试剂等在内的物资援助,向世卫组织捐助2000万美元,累计向11国派出13支医疗专家组,同东北亚、南亚、中东欧、非洲、拉美和加勒比及南太等地区的150多个国家以及东盟、欧盟、非盟、上合组织、加共体等国际组织举行了近70多场专家视频会,中国地方政府、企业和民间团体已向100多个国家和地区以及国际组织捐赠了医疗物资。①截至2021年2月25日,国际上已有几十个国家认可中国疫苗并在当地使用,中方目前已经或正在向53个国家提供疫苗援助,已经和正向27个国家出口疫苗。② 中国推动的抗疫合作对维系全球脆弱的合作起到了中流砥柱的作用,受到国际社会的广泛赞誉。

另外,一些非政府组织和企业成为国际合作的新生力量,尤其在大国关系紧张的背景下为推动国际合作发挥了积极作用。作为全球最大的私人慈善基金会,盖茨基金会在疫情期间给予了中国很大支持。盖茨基金会在疾病防控、扶贫减贫等多个领域同中国长期开展合作。2020年1月27日,盖茨基金会宣布提供500万美元紧急赠款,支持中国抗击新冠肺炎疫情。2月5日,盖茨基金会承诺投入最高1亿美元赠款,其中一部分用于直接帮助中国加速在药物、疫苗及诊断方法研发等方面的工作。2020年2月20日,中国国家主席习近平给美国盖茨基金会联席主席比尔·盖茨回信,感谢他和盖茨基金会对中国防控新冠肺炎疫情工作的支持,呼吁国际社会加强协调、共同抗击疫情。③ 显然,完全否定抗疫期间的合作是不客观的。实际的情况是,国际合作是否顺利取决于合作的条件和各国的政策立场,只要各方表现出积极合作的意愿,且能够将医疗资源和救助

---

① 《2020年4月10日外交部发言人赵立坚主持例行记者会》,https://www.fmprc.gov.cn/web/fyrbt_673021/jzhsl_673025/202004/t20200410_5418815.shtml,2021年3月2日访问。
② 《2021年2月25日外交部发言人赵立坚主持例行记者会》,https://www.mfa.gov.cn/web/fyrbt_673021/jzhsl_673025/202102/t20210225_9604770.shtml,2021年3月2日访问。
③ 《习近平给比尔·盖茨回信》,http://www.gov.cn/xinwen/2020-02/22/content_5481918.htm,2021年11月20日访问。

物资统一调配,集中支持救助疫区,消除国际合作治理存在的"治理赤字",那么无论是非政府组织还是跨国公司的国际合作抗疫,其抗疫还是非常有成效的。

(四)案例检验:自助合作模式

在处于等级制状态条件下,当各方恪守市场博弈论策略的时候,国际合作会呈现出自助合作模式。这一模式主要体现为各个国家各自制定出台抗疫方略,彼此之间非但缺乏合作,而且存在着"安全困境"和"囚犯困境",频频出现相互"责怪""甩锅"和"污名化"等现象。

迄今为止,学者们关注的抗疫合作之难主要集中在自助合作模式上。比如阎学通教授更多关注大国协调模式下的国际合作,他所强调的合作之难主要是国际无政府状态下大国博弈基础上的合作比较困难,只能依靠国内不同地方政府间合作的"自助"体系来应对疫情冲击。而金灿荣教授则侧重研究国内地方政府间合作"自助"体系的制度优势和制度傲慢问题,认为中国抗疫成效较好的原因主要是制度优势,而欧美国家抗疫不力的原因在于不承认中国制度优势的制度傲慢,由此造成了国际合作不力。显然,两位学者均坚持国家中心主义,对国际制度框架内的合作和非国家层次上的跨国互助合作的意义均不重视。事实上,抗疫中自助合作的缺乏,并非国际合作之难的原因,而是自助合作之难的表现。真正的原因是各国针对国内疫情采取博弈论策略。不仅抗疫合作上是如此,在其他一切问题上皆是如此,合作之难的真正原因是国家之间的权力政治逻辑,是"大国政治的悲剧"导致的国际冲突的"自我实现的预言"。只要各国走不出冷冰冰的权力政治逻辑,国际合作就始终非常艰难。

即便如此,不同国家国内制度的多样性也对国际合作造成了深刻影响。比较而言,单一制国家在抗疫合作上要比联邦制国家更好一些,一党制国家要比两党制和多党制国家在抗疫合作上表现更好一些,国内政局稳定的国家要比国内政局不稳定的国家表现要好一些。其主要原因是,面对新冠肺炎疫情这样的全球性危机,唯有集中权力、统筹资源、统一指挥、协调行动才能真正控制传染源头,切断传播途径,保护易感人群,然后经过一段时间的努力,这类措施就会取得成效。抗击疫情能否取得胜利的关键,是能否消除治理资源分散导致的"治理赤字"问题。更重要的是,在实践中取得成效后,这些疫情控制得较好的国家对疫情防控的科学性和规律性理解得更充分,也深知国际合作的重要性,故而在国际合作上也比其他国家要积极得多。疫情暴发以来,中国、日本、韩国等东亚国家的表现充分证明了这一点。

小结

新冠肺炎疫情是全人类面临的共同挑战,在这一方面它与国际社会面临的其他全球公害问题是相似的。一般而言,在面临共同挑战时,各国很容易达成国际合作,这是理性选择的必然逻辑。然而,自疫情暴发以来,各国间普遍缺乏合作,国际组织也在疫情面前表现出行动迟缓和效率低下的问题。关于抗疫合作之难现象,学界给出了一些解释,要么将合作之难归结为国际无政府状态下的权力竞争,要么归结为国家的制度傲慢,然而这些解释普遍存在着解释力不足的问题。

考察不同合作框架在抗疫合作中的表现可以发现,形形色色的全球卫生治理合作框架之所以表现乏力,并非受制于大国竞争的权力政治,而是受制于复杂的国内政治。面对新冠疫情的冲击,当今世界的医疗资源主要集中在国家手中,像世界卫生组织这样的国际治理框架仅仅是提供专业指导意见,并没有统一调配医疗资源和各种物资的合法权力,甚至对于疫情相关信息的获取也受到不同国家态度的影响而表现得行动迟缓。因此,国际卫生治理框架存在着国际合作与国内政治脱节的情况。迄今为止的全球化主要体现为经济全球化,商品、资本、人员、信息等已经实现了跨国快速流动,但医疗、教育、就业、监管等治理资源并没有实现全球化,像WHO这样的国际卫生治理机制存在着严重的"治理赤字":经济全球化一条腿长,治理全球化一条腿短。由于此种"治理赤字"的存在,疫情治理就对国家治理能力和合作意愿产生了严重的依赖。当一个国家治理能力较强,且与国际组织合作意愿也较强的时候,疫情治理的效果就比较好,比如中国的抗疫效果显著。相反,当一个国家治理能力弱,或者与国际组织合作意愿比较弱时,疫情治理的效果就比较差。

长期以来,世界卫生组织应对一些局部疫情的实践表明,这一治理赤字早就有征兆。抗疫合作取决于医疗资源、信息资源和政策资源的统筹,然而这些资源均掌握在国家手里,造成了国际合作框架的治理能力赤字,尤其是没有建立国际联防联控机制,缺乏平时的演练。然而,面对2020年的新冠肺炎疫情这样的真正全球性的流行病,即便是经济发展水平高、治理能力强的欧美发达国家,若缺乏治理全球化的深度改革或者全球治理合作意愿,单靠一己之力也无法有效抗击疫情。诚如习近平主席在会见联合国秘书长古特雷斯时所说:"国际上的问题林林总总,归结起来就是要解决好治理体系和治理能力的问题。"①魔高一尺,道高一丈。新冠肺炎疫情冲击引发的不是全球化的倒退(De-globalization),而是全球化的自我调整。展望未来,世界经济要想实现更好发展,治理体系和治理能力必须相应发展,这要求推动从经济全球化到治理全球化的"深度全球化"(Deep Globalization)。深度全球化要聚焦"治理赤字",推动全球治理体系和治理能力向着公正合理的方向发展。这种治理挑战不仅需要利益观的调整,更需要价值观的调整。面对全球性挑战,需要坚定不移地推动构建相互尊重、公平正义、合作共赢的新型国际关系,推动构建持久和平、普遍安全、共同繁荣、开放包容、清洁美丽的人类命运共同体,这是从新冠肺炎疫情防控实践中得出的重要结论。

---

① 《习近平会见联合国秘书长古特雷斯》,http://www.xinhuanet.com/politics/2018-04/08/c_1122651110.htm,2021年3月2日访问。

第三章

中国之治：强组织治理

新型冠状病毒肺炎是近百年来人类遭遇的影响范围最广的全球性大流行病，对全世界是一次严重危机和严峻考验。世界怎么了，我们怎么办？这是习近平主席在多个国际场合提出的"时代之问"。"新冠肺炎疫情全球大流行使世界百年未有之大变局加速演进，保护主义、单边主义上升，世界经济低迷，全球产业链供应链因非经济因素而面临冲击，国际经济、科技、文化、安全、政治等格局都在发生深刻调整，世界进入动荡变革期。"①面对百年大变局和百年大流疫，人类社会将发生怎样的变化？国家治理和全球治理的方向何在？这些问题都是值得深刻思考和研究的重大课题。环顾世界，中国成为疫情防控最为成功的国家，也是最早实现经济社会局势稳定的国家，是2020年唯一实现正增长的主要经济体。中国应对疫情的治理成就举世瞩目，中国的治理方案和治理经验卓有成效。因此，本章试图将新冠大流疫放到更宏大的治理背景下加以考察，总结中国应对疫情的治理经验，为全球疫情治理提供镜鉴。

一、疫情还是治情？

这是疫情治理首先要回答的问题。事实上，对于整个世界来说，作为一种传染病，新冠肺炎本身不是问题，新冠肺炎疫情全球大流行才是

---

① 《关系我国发展全局的重大决策部署》，《人民日报》2021年11月4日，第1版。

问题。古往今来,大规模传染病一直是困扰人类社会的问题之一,人类社会也不断完善应对疫情的治理之道。尤其是进入21世纪以来,大规模传染病肆虐全球,引发了以世界卫生组织为主要代表的国际社会的高度关注,并确立了国际关注的突发公共卫生事件及其相应治理机制。根据《国际卫生条例(2005)》的定义,"国际关注的突发公共卫生事件"指通过疾病在国际传播构成对其他国家的公共卫生危害,可能需要采取协调一致的国际应对措施。自2009年以来,WHO共宣布了6起"国际关注的突发公共卫生事件",包括2009年的H1N1型流感、2014年5月的小儿麻痹症、2014年8月的西非埃博拉疫情失控、2016年的寨卡病毒、2019年的刚果民主共和国埃博拉疫情和2020年的新冠肺炎疫情全球大流行。除了新冠肺炎疫情,此前发生的各类疫情均通过PHEIC框架内的国际合作得以妥善解决,而此次新冠肺炎疫情非但没有促进国际合作,反而引发了严重的彼此推责、污名化、"退群"甚至冲突现象。因此,新冠肺炎疫情不仅是医学问题,或者其解决主要不取决于医学,而是公共卫生治理问题,体现出治理体系和治理能力不足的问题,所以解决治理问题是关键。

从一定意义上来说,新冠肺炎疫情全球大流行凸显了国家治理和全球治理的脆弱性。从国家治理的角度来说,美国被普遍认为是世界上唯一的超级大国,其面对疫情冲击表现乏善可陈;技术水平和医疗条件首屈一指的欧美发达国家,在应对上也几乎手足无措。更令人忧虑的是,那些缺乏必要医疗资源和公共卫生体系十分脆弱的发展中国家,目前仍然看不到摆脱疫情困扰的希望。从全球治理角度来说,新冠肺炎疫情全球大流行意味着世界总问题的产生,疫情逐渐从公共卫生领域蔓延至经济、社会、政治、思想等领域,造成了经济大衰退、社会大停摆、政治大分裂、思想大混乱,给全球发展带来系统性冲击,已经发展成为世界总问题,并产生了严重外部性影响。新冠肺炎疫情引发了中美战略竞争的加剧。澳大利亚前总理陆克文称,新冠疫情期间出现的全球领导力真空正在向中国"敞开大门",美国的糟糕表现令中国的国际地位不断提高。① 新加坡国立大学马凯硕(Kishore Mahbubani)认为,新冠肺炎疫情只会加速已经开始的转变:从以美国为中心的全球化走向更加以中国为中心的全球化。② 面对这样超出全球治理的框架和能力的世界总问题,当前的全球治理框架很显然已经难以招架和应付。如何构建应对疫情的高效国家治理体系和全球治理体系,成为当前国际社会高度关注的战略课题。

毫无疑问,新冠肺炎疫情给整个世界带来巨大冲击,由此带来的中国作用增强和中美竞争加剧都只是短暂表象,即使国家权力回归和单边主义横流,也不代表全球治理因为受困而瞬间退出历史舞台。习近平指出,国际上的问题林林总总,归结起来就是要解决好治理体系和治理能力的问题。③ 此次新冠肺炎疫情全球大流行,集中凸显了严重的"治理赤字"问题。总结世界各国尤其是疫情治理比较成功国家的治理经验,为全球联防联控治理体系提供参考和借鉴,已经是燃眉之急。

二、理论路径:全球治理与治理全球

大规模传染病是一种外部性影响很强的全球公共问题,疫情治理很大程度上是采用治理外部性问题的方案。在经济学中,解决外部性问题主要有两类思路:一是政府管制,主要包括命令与控制、税收和补贴、可交易的许可证等政策手段;二是通过市场机制和私人谈判解决外部性问题。然而,在处理涉及资源分配公平性的问题时,一些外部性很强、信息不对称的领域,往往会出现"市场失灵"的现象。鉴于大规模传染病问题事关国家安全和人的安全,疫情治理有点类似于国家的国防工作,既需要有效

---

① 《陆克文:美国糟糕表现令中国地位增强》,https://m.gmw.cn/2020-07/15/content_1301368719.htm?source=sohu,2021年4月8日访问。

② John Allen and Kishore Mahbubani, et al., "How the World will look after the Coronavirus pandemic," https://foreignpolicy.com/2020/03/20/world-order-after-coroanvirus-pandemic/,2022年2月21日访问。

③ 《习近平会见联合国秘书长古特雷斯》,http://www.xinhuanet.com/politics/2018-04/08/c_1122651110.htm,2021年4月8日访问。

市场承担必要责任,更需要有为政府承担更多责任。因此,绝大多数发达国家都为自己的国民提供由国家财政支持的全民医疗保健计划,而不是把患者和医护人员推向市场。同时,鉴于当今世界仍然处于主权国家构成的无政府状态,不存在高于主权国家的世界政府,所谓的政府管制思路无从谈起,这决定了新冠疫情的外部性问题只能通过国家与国家之间的自助和互助行为来解决,故而形成了基于国家自助的治理全球路径和基于国际合作的全球治理路径。

(一)全球治理路径及其不足

全球治理是20世纪80年代中后期提出的解决全球性问题的理论路径。依据这一路径,全球性问题的治理,需要全球行为体各方共同努力,通过机制化或非机制化的行动过程,建立全球治理秩序。全球治理具有四个基本特征:一是全球治理以全球治理机制为基础,而不是以正式的政府权威为基础。二是全球治理的主体包含不同层次的行为体,包括各国政府、政府间组织、非政府组织等,各行为体的互动构成复杂的结构,呈现出行为者的多元化和多样性。三是全球治理的方式是参与、谈判和协调,并且为了达到共同的目标而相互妥协,程序的正当原则与事项的正义原则同等重要。四是全球治理与全球秩序之间存在着紧密的联系,全球治理的结果或者目标就是建立或维护全球秩序。全球秩序包含世界政治不同发展阶段中的常规化安排,其中一些是基础性安排,而另一些则是程序化安排。

总体来看,全球治理在本质上是一种全球主义的追求,是更多地建立在国家行为体与非国家行为体合作互助基础上的一种治理过程。在国际卫生领域,围绕疫情防控的全球治理可以追溯到19世纪欧洲、拉美地区的国际卫生协调和监督机制。1851年,第一届国际卫生大会在巴黎召开,成为国际卫生治理体系建立和制度化的起点,其最重要的成果就是在1903年形成了被各国接受的《国际卫生公约》。此后,一系列国际卫生机制得到建立,比如1902年建立了国际卫生署(泛美卫生组织的前身)、1907年建立了国际公共卫生办公室、1923年建立了卫生组织国际联盟等。随后,联合国先后推出了"千年发展目标",确立了17大类全球战略的发展目标,将国际公共卫生纳入了可持续发展目标体系。

(二) 治理全球路径及其不足

与全球治理不同,治理全球是单个国家对全球事务的应对方略,其本质是单一国家应对全球问题的政策与策略的集合。治理全球的基本特征包括以下四点:一是治理全球以国家权威和实力为基础,不以共同机制为基础。二是治理全球的观察视角是单一国家,研究治理全球的逻辑起点是单一国家的诉求。因此,不同国家有自己的治理全球理念,这些理念彼此相对独立。三是单一国家治理全球的理念是以自己为中心,以自身实力为基础,并且往往追求自身在全球事务部署与安排中的利益最大化。四是治理全球与全球竞争存在紧密联系。国家中心主义的崛起,容易使各国更加关注自身诉求,轻视全球公共事务,如果单一国家均寻求自身利益最大化,其结果便是整体的无序碰撞和竞争不断。

治理全球在本质上是以国家主义为中心的,其核心是治理问题的国家性、治理主体的排他性和治理过程的封闭性,其发展目标是全球战略。单一国家的治理全球不断发展会导致全球大国的出现,甚至发展成为全球霸权和全球帝国。现实中,全球霸权国家往往只顾自身利益,而忽视他国利益,更有甚者,在全球治理的口号下,制定不合理的国际规则与国际秩序,实行本国的治理全球战略。有学者指出:"美国的全球治理战略显然是其全球战略的有机组成部分,因此服从并服务于美国全球战略的需要。冷战结束后至今,美国全球战略的核心目标是维持其在国际体系中的主导地位,巩固和扩充霸权基础,塑造美国治下的国际秩序,以便为美国的国家利益服务。这一核心目标同样适用于美国的全球治理战略。"[①]应对疫情及其造成的困境的系统策略的核心是国家尽快确立自身的全球战略和全球政策。只有确立了科学有效的全球战略,才能在疫情

---

① 刘丰:《美国霸权与全球治理——美国在全球治理中的角色及其困境》,《南开学报(哲学社会科学版)》2012年第3期,第9—16页。

环境下正确处理好自身与世界的关系,才能实现自身在全球化动荡中的"软着陆"和"再起步"。因此,确立全球战略成为主权国家应对疫情危机和全球治理困境的关键。

(三)全球治理与治理全球及其可能的替代路径

全球治理与治理全球,是现代国家提出的参与治理整个世界的不同理念以及在此指导下的不同实践,两者之间存在着明显的区分。从治理的四个基本要素来看,两者对比如表3-1:

表 3-1 全球治理与治理全球的比较

	为什么治理	谁治理	如何治理	治理目标
全球治理	全球利益	多边行为体	互助、制度	全球秩序
治理全球	国家利益	单一国家	自助、制度	全球战略

从表3-1可以看出,两种治理框架存在着一定的差别,但在实践中往往存在着一些交叉。作为相对理性的行为体,国家必然寻求自身的利益,但也不能完全忽视和排斥全球共同利益。如果各个国家在寻求各自利益的同时兼顾其他国家的利益,在和平共处、协商妥协、双赢多赢的共同理念下开展合作,就可以实现集体利益与国家利益、他国利益与己国利益的兼顾,乃至实现真正意义上的全球治理——集体治理。因此,治理全球与全球治理并不是平行独立或者相互排斥的关系,相反,两者相互联系,有着深刻的内部联系,并且常常同时存在,只是在不同时期有不同的突出表现。

无论是国家治理,还是全球治理,均过于强调国家的主导作用,强调正式的法律和制度因素,相对淡化非国家行为体和非制度因素。事实上,无论是国际社会,还是国内社会,都存在着大量的社会行为体,比如跨国公司、族群、宗教、政党、智库、媒体、NGO等,它们通过不同的方式参与治理体系,成为治理体系的重要组成部分。在国家治理和全球治理的框架内,如何激发和调动社会行为体的能量,提升治理能力,是治理理论有待开发的替代路径。

三、中国方案：新型举国体制及其内容

面对新冠肺炎疫情的冲击,中国在疫情治理中的表现可圈可点,所以对中国疫情治理方案及其实践的研究,对于国际疫情治理具有重要的参考意义。自新中国成立以来,在中国共产党领导下,我国坚持以人民为中心,把人民健康放在优先发展的战略位置,逐步建立起医疗卫生领域的新型举国体制,包括覆盖超过14亿人的世界上最大规模的基本医疗保障体系、药品供应保障体系、疾病预防控制体系、全球最大的疫情直报系统,并积极参与卫生外交和全球健康治理,实现了从"以治病为中心"到"以人民健康为中心"的历史性跨越,在应对新冠肺炎疫情上经受住了考验,彰显了制度优势和治理优势。

(一)新型举国体制的发展

尽管中国有着数千年疫情防控的历史经验,但建立现代公共卫生体系却是近代以来的事情。自20世纪30年代河北定县的公共卫生实验开始,中国从一穷二白的落后国情出发,逐步建立起以新型举国体制为主要特征的比较完整的公共卫生服务体系,为疫情治理奠定了坚实的制度基础。具体来说,中国疫情治理的新型举国体制经历了三个发展阶段:

第一阶段:"送瘟神"阶段(1950—1978)。新中国成立后,国家聚焦传染病防治问题,主要借鉴苏联经验,在预防医学科学院的框架内,通过建立省、市、县三级防疫站,逐步建立起城乡三级医疗卫生保健网络。在较长的一段时期内,中国公共卫生工作的重点是预防和消除传染病等基本公共卫生服务。对此,1950年召开的第一届全国卫生会议,确立了面向工农兵、预防为主、团结中西医的卫生工作基本方针,建立了覆盖全体城市居民的公费医疗和劳保医疗制度,在全国城乡开展以消灭病虫害为主要内容的群众运动(包括整治卫生环境、除"四害"、调查研究地方病、改水改厕、中草药防治传染病、健康教育、健康体检等),创造了以爱国卫生

运动、三级医疗保健网、乡村医生、农村合作医疗等为代表的具有中国特色的医疗制度。总体来看,在这一阶段,中国公共卫生治理体系的主要内容是坚持预防为主,采取低成本医疗技术,普及基本公共卫生服务,在公平可及性上取得显著成效,创造了在经济发展水平不高的条件下保证人人享有基本的医疗保健服务的"中国模式",被国际组织称为"低收入国家普及初级卫生保健的独特典范"。

第二阶段:健康促小康阶段(1978—2012)。党的十一届三中全会之后,党和国家工作重心从以阶级斗争为纲转移到以经济建设为中心上来。除持续开展爱国卫生运动和文明城市创建活动外,我国还提出为人民健康服务、为社会主义现代化建设服务的"两为方针",坚持低水平、广覆盖的思路,探索建立医疗成本分担机制和医疗服务的市场化改革,推出了一系列鼓励扩大卫生服务供给的政策。如1980年国务院批转卫生部《关于允许个体开业行医问题的请示报告》,1985年国务院批转卫生部《关于卫生工作改革若干政策问题的报告》,1989年国务院批转《关于扩大医疗卫生服务有关问题的意见》,所有这些政策的核心是鼓励各医疗单位通过创收来改变缺医少药的问题和改善医疗条件。同时,在推进医改的过程中,我国推动建立国家疾控系统,建立由财政全额负担的国家疾控中心和由国家、省、市、县四级组成的疾控体系。然而,受"放权让利"的财政包干制影响,公共卫生支出占GDP比重持续下降,政府预算支出占卫生总费用的比重从改革开放之初的36%下降到1990年的25%,到2000年下降到14.9%。受此影响,中国公共卫生工作重点发生了从农村转向城市、从"重预防"转向"重医疗"、从低成本转向高科技和高成本的趋势,出现了"看病难、看病贵"的问题。

第三阶段:实施健康中国战略(2012年至今)。党的十八大以来,我国在医疗卫生方面作出许多努力,包括提出了健康中国的国家战略,组建了国家卫生健康委员会,发布《国务院关于实施健康中国行动的意见》和《健康中国行动(2019-2030年)》,其中,《健康中国行动(2019—2030年)》是中国在卫健领域制定的第一个中长期行动计划,中国卫健工作逐渐由解决"看病难、看病贵"问题转向"管健康、促健康"上来。2016年,习近平总书记在第二次全国卫生与健康大会的讲话中强调,要把人民健康放在优先发展的战略地位,努力全方位、全周期保障人民健康。要坚定不移贯彻预防为主方针,坚持防治结合、联防联控、群防群控,努力为人民群众提供全生命周期的卫生与健康服务。[①] 迄今为止,在县级及以上各级政府辖区内,中国已经建立起"八位一体"的公共卫生体系,包括疾病预防控制、健康教育、妇幼保健、精神卫生、应急救治、采供血、卫生监督和计划生育,其运营经费主要来源于政府经常性和专项拨款以及业务收入。自2009年开始,中国开始新一轮医药卫生体系改革,在扩大医疗保障覆盖、提供均等的基本公共卫生服务、改善医疗卫生服务条件等方面取得了重要进展,其目标是在2020年建立覆盖全民的基本医疗卫生制度。然而,中国疾病预防控制体系独立于医疗服务体系之外,面临着医疗服务成本攀升、服务体系缺乏整合和健康公平有待加强等方面的挑战。

总体来看,中国在公共卫生领域建立的新型举国体制是国家治理体系的重要组成部分,是全面深化改革战略的重要组成部分,其核心是中国共产党的强大组织领导能力。2013年11月12日,中共十八届三中全会审议并通过了《中共中央关于全面深化改革若干重大问题的决定》,明确提出全面深化改革的总目标是完善和发展中国特色社会主义制度,推进国家治理体系和治理能力现代化。2019年10月31日,中共十九届四中全会审议并通过了《中共中央关于坚持和完善中国特色社会主义制度、推进国家治理体系和治理能力现代化若干重大问题的决定》,进一步明确了"三步走"实现治理体系现代化的国家战略:"到我们党成立一百年时,在各方面制度更加成熟更加定型上取得明显成效;到二〇三五年,各方面制度更加完善,基本实现国家治理体系和治理能力现代化;到新中国成立一百年时,全面实现国家治理体系和治理能力现代化,使中国特色社会主义制度更加巩固、优越性充分展现。"构建中国共产党领导下的新型举国体制,发展和完善中国特色的"中国之治",成为包括中国公共卫生体制在

---

① 习近平:《把人民健康放在优先发展战略地位》,http://www.xinhuanet.com/politics/2016-08/20/c_1119425802.htm,2021年4月8日访问。

内的国家治理体系的重要内容。

(二) 新冠肺炎疫情治理的中国方案及其内容

2020年暴发的新冠肺炎疫情,是新中国成立以来在我国发生的传播速度最快、感染范围最广、防控难度最大的一次重大突发公共卫生事件,是对"中国之治"的一次大考。迄今为止,在应对新冠肺炎疫情中,中国提出的"中国方案"措施得当,疫情防控工作取得显著成效。"防控工作取得的成效,再次彰显了中国共产党领导和中国特色社会主义制度的显著优势。"[①]具体来说,疫情防控的中国方案主要包括五个方面的内容:

1. 统一指挥

统一指挥是疫情防控中国方案的首要特征。疫情暴发后,在以习近平同志为核心的党中央坚强领导下,建立了中央统一指挥、统一协调、统一调度,各地方各方面各负其责、协调配合,集中统一、上下协同、运行高效的指挥体系。

首先,作为最高领导人,习近平总书记亲自指挥、亲自部署,提出"坚定信心、同舟共济、科学防治、精准施策"的总要求,明确坚决打赢疫情防控的人民战争、总体战、阻击战。习近平总书记多次主持召开中共中央政治局常委会会议、中共中央政治局会议以及中央全面依法治国委员会会议、全国网络安全和信息化工作会议、中央全面深化改革委员会会议、中央外事工作委员会会议、党外人士座谈会等会议,听取中央应对疫情工作领导小组和中央指导组汇报工作,靠前指挥,综合调度,为打赢疫情防控的人民战争、总体战、阻击战提供了有力保证。

其次,成立中央应对新型冠状病毒感染肺炎疫情工作领导小组(简称中央应对疫情工作领导小组),实行国务院联防联控机制和复工复产推进工作机制,加强统筹协调、协同联动。2020年1月25日,中共中央成立应对疫情工作领导小组,在中央政治局常务委员会领导下开展工作,中共中

---

① 习近平:《在统筹推进新冠肺炎疫情防控和经济社会发展工作部署会议上的讲话》,http://www.xinhuanet.com/politics/leaders/2020-02/23/c_1125616016.htm,2021年11月20日访问。

央向湖北等疫情严重地区派出指导组,推动有关地方全面加强防控一线工作。在中共中央政治局常委、国务院总理、中央应对疫情工作领导小组组长李克强主持下,先后召开 30 余次领导小组会议,研究部署疫情防控和统筹推进经济社会发展的重大问题和重要工作。同时,充分发挥国务院联防联控机制和国务院复工复产推进工作机制协调联动作用,持续召开例会跟踪分析研判疫情形势,加强医务人员、医疗物资调度和复工复产统筹指导服务,打通产业链、供应链堵点,增强协同复工复产动能。

此外,明确疫情防控责任,做到守土有责、守土负责、守土尽责。在中共中央统一领导下,党政军各部门,地方各省、市、县以及各企事业单位均建立了由主要负责人挂帅的应急指挥机制,自上而下构建统一指挥、一线指导、统筹协调的应急决策指挥体系。在中共中央统一领导下,各地方各方面坚决贯彻中央决策部署,有令必行、有禁必止,严格高效落实各项防控措施,全国形成了全面动员、全面部署、全面加强,横向到边、纵向到底的疫情防控局面。

2. 依法防控

依法防控是中国方案的根本准则。2020 年 2 月 5 日,习近平主持召开中央全面依法治国委员会第三次会议时提出,疫情防控越是到最吃劲的时候,越要坚持依法防控,在法治轨道上统筹推进各项防控工作,保障疫情防控工作顺利开展。

一是严格依法防控。疫情暴发后,中国依法将新冠肺炎纳入《中华人民共和国传染病防治法》规定的乙类传染病,并采取甲类传染病的预防、控制措施,纳入《中华人民共和国国境卫生检疫法》规定的检疫传染病管理,同时做好国际国内法律衔接。同时,一些地方人大常委会紧急立法,相继启动重大突发公共卫生事件一级响应,在国家法律和法规框架下授权地方政府在医疗卫生、防疫管理等方面,规定临时性应急行政管理措施,依法惩处哄抬物价、囤积居奇、制假售假等破坏疫情防控的违法犯罪行为,加强疫情防控期间的行政执法监督和普法宣传。

二是实施分级、分类、动态精准防控。依据人口、发病情况综合研判,划分低、中、高疫情风险等级,分区分级实施差异化防控,并根据疫情形势及时动态调整名单,采取对应防控措施。尤其是做好重点场所、重点单位、重点人群聚集性疫情防控和处置,覆盖全人群、全场所、全社区。针对输入性疫情,严格落实国境卫生检疫措施,强化从"国门"到"家门"的全链条、闭环式管理,持续抓紧抓实抓细外防输入、内防反弹工作。

三是依法及时公开透明发布疫情信息。建立严格的疫情信息发布机制和分级分层新闻发布制度,依法、及时、公开、透明发布疫情信息,依法适时订正病例数据,坚决防止瞒报、迟报、漏报。通过举行新闻发布会、中英文官方网站和政务新媒体平台发布每日疫情信息,澄清谣言传言。加强社会舆论引导和舆论监督,推动解决疫情防控中出现的问题。

3. 科学防控

科学防控是中国方案的根本之策。新冠病毒是新病毒,对其认识需要有个过程。从疫情暴发之初,中国就坚持遵循科学规律开展防控,注重发挥病毒学、流行病学、临床医学等领域专家的作用,及时调整和优化工作措施,不断提升防控水平。

一是及时总结推广行之有效的诊疗方案。根据疫情形势变化和评估结果,到2021年5月,先后制定及修订8版新冠肺炎诊疗方案、7版防控方案,科学规范开展病例监测、流行病学调查、可疑暴露者和密切接触者管理以及实验室检测等工作。针对重点人群、重点场所、重点单位发布15项防控技术方案、6项心理疏导工作方案,并细化形成50项防控技术指南,进一步提高疫情防控的科学性和精准性。

二是充分发挥中医药特色优势。坚持中西医结合、中西药并用,发挥中医药治未病、辨证施治、多靶点干预的独特优势,让中医药全程参与和深度介入疫情防控。中医药参与救治确诊病例的占比达到92%。[①] 筛选以金花清感颗粒、连花清瘟胶囊/颗粒、血必净注射液和清肺排毒汤、化湿败毒方、宣肺败毒方这"三药三方"为代表的针对不同类型新冠肺炎的治疗中成药和方药,临床疗效确切。

[①] 《抗击新冠肺炎疫情的中国行动》,http://www.gov.cn/zhengce/2020-06/07/content_5517737.htm,2020年3月4日访问。

三是实施科研应急攻关。遵循安全、有效、可供的原则,加快推进药物、疫苗、新型检测试剂等研发,部署启动83个应急攻关项目,组织全国优势力量开展疫情防控科技攻关,加速推进科技研发和应用。中国第一时间研发出核酸检测试剂盒,开展试验性临床治疗,加强新冠病毒临床检测血液样本和实验室检测生物样本管理。中国政府第一时间布局了灭活疫苗、重组蛋白疫苗、腺病毒载体疫苗、减毒流感病毒载体疫苗和核酸疫苗五条技术路线,同世界卫生组织、全球疫苗免疫联盟、流行病防范创新联盟等国际组织保持密切沟通与合作,加入了世界卫生组织"全球合作加速开发、生产、公平获取新冠肺炎防控新工具"倡议和"团结计划"国际多中心临床试验。

此外,运用大数据、人工智能等新技术开展防控。开展流行病学调查,建立"疫情地图"和相关数据库,搭建5G视频实时对话平台,推广个人"健康码""通信大数据行程卡",实现分区分级的精准识别、精准施策和精准防控。

4. 人民战争

人民战争是中国方案的显著特色。疫情暴发后,中国积极构建全民参与的严密防控体系,建设联防联控、群防群控防控体系,打响疫情防控人民战争、总体战、阻击战,通过非药物手段有效阻断了病毒传播链条。

一是控制传染源。针对疫情级别,实行严格的封城、分区拉网式排查措施,坚决控制传染源。以确诊患者、疑似患者、发热患者、确诊患者的密切接触者等"四类人员"为重点,实行"早发现、早报告、早隔离、早治疗"和"应收尽收、应治尽治、应检尽检、应隔尽隔"的防治方针,最大限度降低传染率。同时,全面实行各类场所体温筛查,强化医疗机构发热门诊病例监测和传染病网络直报,以社区为单元,开展地毯式排查,湖北武汉、北京新发地、辽宁大连、山东青岛、新疆乌鲁木齐、吉林通化、河北石家庄、北京大兴等地疫情突发期间,立即采取全员核酸检测,迅速开设集中收治医院、方舱医院和隔离点,集中收治感染人员。

二是切断传播途径。各省、自治区、直辖市相继启动重大突发公共卫生事件一级响应,疫情高风险地区实施严格的封闭和交通管控,阻断疫情向其他地区蔓延,例如2020年初湖北省积极防控,阻断疫情向全国及省内卫生基础设施薄弱的农村地区扩散,第一时间切断病毒传播链,防止疫情外溢蔓延。其他地区实行分区分级精准防控,保持社交距离,避免人员聚集和交叉感染,实施最严边境管控,取消非紧急非必要出国出境活动,推行居家办公、在线教学、灵活复工、错峰出行等措施,在健康监测、人员管理等方面采取了严格措施。

三是保护易感人群。抓住城乡社区防控和患者救治两个关键环节,切实提高收治率和治愈率,降低感染率和病亡率。牢牢守住社区基础防线,加强群众自治,实施社区封闭式、网格化管理,将一个个社区、村庄打造成为严密安全的"抗疫堡垒",把防控有效落实到终端和末梢。依法对重点人群进行有效管理,集中优势医疗资源和技术力量加强重症救治,加强对轻症患者及早干预治疗,实施患者免费救治,加强医疗机构感染控制和医务人员防护,保持一线医务人员战斗力。

5.综合治理

综合治理是中国方案的制度优势。面对新冠肺炎疫情的冲击,中国共产党坚持以人民为中心的执政理念,充分发挥集中力量办大事的制度特点,开展全方位的人力组织战、物资保障战、科技突击战、资源运动战,形成了统筹疫情防控和经济社会发展的强大合力。

一是开展新中国成立以来规模最大的医疗支援行动。调动全国医疗资源和力量,全力支持湖北省和武汉市医疗救治。2020年1月24日(除夕)至3月8日,全国共调集346支国家医疗队、4.26万名医务人员、900多名公共卫生人员驰援湖北,形成了疫情防控的巨大合力。同时,大力加强医疗物资生产供应和医疗支持服务,发动社会各界捐款捐物,以最快速度恢复医疗用品和生活物资生产,源源不断地把全国支援物资运送到疫情防控重点地区。

二是平衡疫情防控与经济社会民生。在毫不放松加强疫情防控的同时,稳妥有序放开经济和社会活动,加强社会安全稳定工作,做好"六稳"工作,加强民生保障工作,落实"六保"任务,有序推动复工复产复学,形成同疫情防控相适应的经济社会运行秩序。这些政策的有效落实,使得中国成为2020年主要经济体中唯一实现经济增长的国家。

三是积极开展国际交流合作。中国不仅加强自身的疫情防控,也为国际组织和其他国家提供力所能及的援助,分享经验,与国际社会开展抗疫合作。疫情发生后,中国第一时间向世界卫生组织、有关国家和地区组织主动通报疫情信息,分享新冠病毒全基因组序列信息和新冠病毒核酸检测引物探针序列信息,定期向世界卫生组织和有关国家通报疫情信息。[①] 同时,中国积极向国际社会提供人道主义援助,有序开展防疫物资出口工作,开展国际科研交流合作,共同构建人类卫生健康共同体。

归结起来,疫情治理的中国方案就是在中国共产党的统一领导下,坚持依法防控、科学防控、人民战争和综合治理,它进一步发展和完善了集中力量办大事的新型举国体制,在疫情期间显示出了强大的战斗力,彰显了鲜明的制度优势和治理特色。

四、中国实践:强组织治理及其经验

殷忧启圣,多难兴邦。新冠肺炎疫情对"中国之治"是一次大考,也是一次洗礼,为应对重大突发公共卫生事件积累了宝贵经验,但也暴露出国家公共卫生应急管理体系存在的不足。迄今为止,世界各国对疫情的治理要么依循建立在国际互助合作基础上的全球治理路径,要么依靠在各国自助基础上的治理全球路径,前者在疫情冲击下因乏善可陈而陷入困境,后者也因为资源枯竭和能力短缺而束手无策。既有的疫情治理路径之所以陷入困境,主要原因在于其过于依赖国家、法律和正式的制度,无论是坚持议行合一原则的议会制国家(比如英国、德国、日本、印度等),还是奉行分权制衡原则的总统制国家(美国、墨西哥、巴西、智利、土耳其等),也包括集总统制与议会制于一体的半总统制国家(比如法国、俄罗斯

---

① 《中国同世界卫生组织关系》,https://www.fmprc.gov.cn/web/gjhdq_676201/gjhdqzz_681964/lhg_681966/zghgzz_681970/201505/t20150525_9380048.shtml,2022年2月29日访问。

等),均过于依赖宣布国家紧急状态等强制度措施。这些国家尽管不同程度地强调了有效市场和有为政府,但疫情的治理效果普遍暴露出政府能力不足的问题。

相比之下,中国并没有采取宣布国家进入紧急状态的强制度措施,而是通过启动突发公共事件一级响应,实施依法、科学、分级、分类、动态精准防控,依靠中国共产党强大的组织动员能力,建立起新型举国体制,实现了疫情治理和经济社会发展的双成功。不难看出,中国的疫情治理并非一种强制度治理,而是一种强组织治理,中国共产党的组织体系和动员能力在其中发挥了中流砥柱的作用。具体来说,这一治理形态具有三个特征:

(一)党的领导

"中国之治"的核心要素是中国共产党的坚强领导,中国在较短时间内遏制疫情蔓延,根本原因也在于中国共产党的坚强领导。疫情来临之初往往形势难辨,缺乏立即启动法律和制度的必要条件,而一旦错过最佳防控时机后再启动强制度治理,则会导致"有效市场"之手和"有为政府"之手自缚手脚,令治理效果大打折扣。相比之下,疫情冲击下的中国并没有采取强制度措施,而是依靠中国共产党严密的组织体系和高效的运行机制,通过中国共产党强大的组织动员力,在短时间内建立横到边、纵到底的危机应对机制,有效调动起460多万个基层组织、9000万党员干部和亿万民众的巨大能量,形成全国上下令行禁止、统一行动的局面,这是治理疫情最重要的保障、最可靠的依托。

(二)人民主体

"中国之治"的力量源泉是人民战争,中国能够有效应对多轮疫情冲击而屹立不倒,主要力量来自广大人民群众的自觉配合。"国家兴亡,匹夫有责",这是中华文明的优秀文化传统,也是几千年来中华文明生生不息的根本所在。与一些国家的民众拒绝佩戴口罩、不愿保持社交距离、反对居家隔离等行为不同,14亿多中国人民自觉投入抗击疫情的人民战争,成为抗击疫情的伟大战士。疫情暴发正值春节假期,国家一声令下,全民响应,取消聚会、就地隔离、佩戴口罩、测量体温、自觉保持社交距离,坚决打赢疫情防控的人民战争、总体战、阻击战。同时,数百万医务人员白衣执甲,逆行出征,战斗在全国抗疫一线。400万名社区工作者坚守工作岗位,奋战在全国65万个城乡社区。[①] 无数的快递小哥、环卫工人、道路运输从业人员、新闻工作者、志愿者等各行各业工作者不惧风雨、敬业坚守,构筑了一道抗击新冠肺炎疫情的强大人民防线。

(三) 法治科学

"中国之治"的制胜之道是法治科学。中国能够在最短时间内分离出毒株全基因组序列、研制成功快速检测试剂盒、开发出灭活疫苗、更新诊疗方案和防控方案、实现经济增长和社会安定,依靠的是崇尚法治,相信科学。从一开始,中国就坚持科学防治、精准施策的方针,遵循科学规律开展防控,注重发挥病毒学、流行病学、临床医学等领域专家的作用,充分尊重专家意见,不断优化细化防控技术,提高疫情防控的科学性、精准性。同时,中国坚持依法防控,在医疗卫生、防疫管理、生物安全等领域紧急立法创制,严格规范执法、公正司法,引导公众依法行事。

总之,新冠肺炎疫情冲击下的"中国之治"呈现出强组织治理的特征,中国共产党领导下的强大动员体系释放出巨大能量,一些做法值得总结推广,为世界各国所镜鉴。党的领导、人民战争、法治科学是中国疫情治理的"三大法宝",也是"中国之治"的力量之源。

小结

作为一场百年大流疫,新冠肺炎疫情对整个世界产生了巨大的冲击,成为世界历史上最为严重的公共卫生危机之一。事实上,对世界各国

---

① 《抗击新冠肺炎疫情的中国行动》,http://www.gov.cn/zhengce/2020-06/07/content_5517737.htm,2020年3月4日访问。

来说,最大的问题并非疫情本身,而是应对疫情的治理之道的缺位。新冠肺炎疫情引发的经济、社会、政治乃至安全领域的次生灾害比疫情本身的危害还要大。从治理体系和治理能力的角度提出应对疫情的治理之道,才是疫情治理的治本之策。

  从理论上来说,控制新冠肺炎疫情的要害在于化解外部性问题,而既有的理论路径无外乎政府管制和市场机制两条思路,在国际社会形成了基于国家自助原则的治理全球路径和基于国际合作原则的全球治理路径。在新冠肺炎疫情冲击下,全球治理基本陷入困境,各国纷纷寻求倚靠本国力量的治理全球路径,通过完善国家治理体系来化解疫情挑战。与西方国家强调强制度治理的形态不同,中国方案更强调倚靠中国共产党的强大组织动员能力,形成了以新型举国体制为主要内容的强组织治理形态:在中国共产党的统一领导下,坚持依法防控、科学防控、人民战争和综合治理,发展和完善了集中力量办大事的新型举国体制,在疫情治理上显示出了强大的战斗力,彰显了鲜明的制度优势和治理特色。

  当然,疫情治理也暴露出中国在国家重大疫情防控体制机制、国家公共卫生应急管理体系等方面存在的明显短板,必须深入总结疫情防控和医疗救治经验教训,补短板、堵漏洞、强弱项,不断完善疫情护理的"中国之治",切实提高应对突发重大公共卫生事件的能力和水平。

第四章

中国之治：应急化外交

新冠肺炎疫情是对中国对外工作的一次大考。2020年1月30日，世界卫生组织宣布新冠肺炎疫情为"国际关注的突发公共卫生事件"，一些国家对中国采取撤侨、断航、限制入境等措施。① 随着疫情在世界范围内蔓延，一些国家甚至出现了"中国病毒论"②"中国追责论"③"中国赔偿论"④等带有种族主义和极端主义倾向的主张，中国外交面临严峻挑战。迄今为止，学界关于新冠肺炎疫情对中国外交影响的研究切入点主要涉及应急外交⑤、公共外交⑥、卫生外交⑦以及全球

---

① 《世界卫生组织将新型冠状病毒疫情列为PHEIC》，http://world.people.com.cn/n1/2020/0131/c1002-31565617.html，2021年11月20日访问。

② "Trump angers Beijing with 'Chinese virus' tweet," https://www.bbc.co.uk/news/world-asia-india-51928011，2021年11月30日访问。

③ Huileng Tan, "China 'owes us': Growing outrage over Beijing's handling of the coronavirus pandemic," https://www.cnbc.com/2020/04/24/lawsuits-outrage-over-chinas-handling-of-the-coronavirus-pandemic.html，2021年3月2日访问。

④ Luke Hawker, "China must pay Britain £351bn in coronavirus damages – report calls for UN to step in," https://www.express.co.uk/news/uk/1265235/Coronavirus-uk-news-boris-Johnson-china-compensation-fee-henry-Jackson-society，2021年3月2日访问。

⑤ 张贵洪：《新冠病毒疫情考验中国应急外交》，《环球时报》2020年2月3日，第7版。

⑥ 王义桅：《做好疫情公共外交，构建人类命运共同体》，《公共外交季刊》2020年第1期，第17—27页；陈水胜、席桂桂：《多难兴邦：抗击新冠肺炎疫情与公共外交》，《公共外交季刊》2020年第1期，第35—39页；张辉：《全球公共卫生治理中的公共外交浅析——基于中国新型冠状病毒肺炎疫情防控案例》，《公共外交季刊》2020年第1期，第40—45页。

⑦ 张清敏：《新冠肺炎疫情与全球卫生外交》，《当代世界》2020年第4期，第35—41页；赵磊：《公共卫生外交：中国特色大国外交的一面旗帜》，《学习时报》2020年5月8日，第2版。

治理①等,学者们不同程度地认为新冠肺炎疫情要求中国强化外交预警和应急体系、公共外交、全球卫生外交以及全球治理等,建立较为完善的外交应急机制。简而言之,这些要求无非是支持中国外交承担更多职责,开展更加强有力的工作。然而,如何令中国外交强起来,是一个值得深长思之的课题。

其实,新冠肺炎对中国外交的挑战并不仅仅在于一两个功能领域,而是一个全局性的结构性问题,核心是中国外交能否在紧急事态下有效化解各种压力和挑战。当世界卫生组织宣布新冠肺炎疫情为"国际关注的突发公共卫生事件"时,新冠肺炎疫情本质上也成为一个国际法的问题。之后,当中国政府宣布启动重大突发公共卫生事件一级响应,根据2007年8月30日第十届全国人民代表大会常务委员会第二十九次会议通过的《中华人民共和国突发事件应对法》,这一问题又成为一个国内法的问题。此时,无论是国际法规定还是国内法规定,新冠肺炎疫情对中国外交来说成为一个涉外法治问题。无论开展什么样的行动,都必须严格遵守法律规定,坚决做到严格执法和自觉守法。

从这个意义上来说,新冠肺炎疫情期间中国外交在性质上属于非常规状态下的应急外交,与常规状态下的外交存在完全不同的法理基础,也必然会呈现不同的特征。与常规状态下的外交相比,中国的应急外交在疫情冲击下到底发生了什么样的变化?我们应该如何评估应急外交的效果,以及如何在疫情结束后重启新常态外交?对以上问题的回答,对中国外交具有十分重要的理论与实践意义。

---

① 苏长和:《新冠疫情治理的国际政治思考》,《北京日报》2020年5月25日,第13版;晋继勇:《新冠肺炎疫情防控与全球卫生治理——以世界卫生组织改革为主线》,《外交评论(外交学院学报)》2020年第3期,第23—44页;汤蓓:《中国参与全球卫生治理的制度路径与未来选择——以跨国传染性疾病防控为例》,《当代世界》2020年第5期,第18—23页;林宏宇:《大疫呼唤大治 G20特别峰会视角下的全球治理》,《人民论坛》2020年第10期,第12—15页。

一、紧急状态与应急外交

一般来说,紧急状态是相对战时状态、常规状态而言的。常规状态指的是一种非战争的和平状态。在常规状态下,所有政治和社会活动均存在明确的法律界定和标准操作规程。战时状态(又叫战争状态)指的是当安全受到严重威胁时,一个国家向其他国家宣战和向全国发布战争动员令的一种战斗紧张形势。根据1907年海牙《关于战争开始的公约》第一条,"除非有预先的和明确无误的警告,彼此间不应开始敌对行为。警告的形式应是说明理由的宣战声明或是有条件宣战的最后通牒"①。在战争状态下,交战国之间的一切外交、经贸等关系被切断,所有的协议都宣告中止,进入一种关系彻底恶化甚至对抗的状态。

相比之下,紧急状态则是打破常规状态的非正常状态,是介于常规状态和战争状态之间的一种法律状态,即一国在面对重大自然灾害、生产安全事故、社会动荡时,政府行使紧急权力,以应对危机和维持社会秩序。"国家紧急状态"是一种法律形态,它意味着当一个国家面临已发生或者即将发生的重大突发事件,这一事件可能导致国家和社会受到重大危害或威胁时,由国家权力机关按照宪法和法律规定的权限,在全国范围或局部地区实行临时性紧急应对措施。这一紧急状态在危机结束时即解除,常规下的法律状态回归。

反观历史,紧急状态最初来源于都铎王朝时期英国王室所确立的紧急状态权力(Emergence Power)。按照英国"普通法"传统的"议会至上"原则,行政机关不得自行逾越议会设定的权限自由行动,如确有必要,只能临时请求议会授予紧急权力。②1628年的《权利请愿书》首次对这一权

---

① 《关于战争开始的公约》,https://www.icrc.org/zh/doc/resources/documents/misc/hagueconvention3-18101907.htm,2021年3月2日访问。
② 〔英〕戴维·M.沃克:《牛津法律大辞典》,光明日报出版社1988年版,第286页。

力做出明确限制,不允许运用此权力随意逮捕公民。① 1689年的《权利法案》规定只有议会可以发出戒严令。② 不难看出,紧急状态是一种为应对危急局势而出现的紧急避险的法律状态,它是国家法治建设的一个重要课题。对于缺乏法治传统的国家而言,行政权力可以随意处置,也就没有紧急状态与常规状态的明确界限。

首次正式对紧急状态进行专门明文立法的国家是法国,法国于1789年制定的《禁止聚众的戒严法》成为世界上第一部涉及紧急状态的法律。后来,法国又于1849年颁布《戒严法》,具体规定了特定的紧急状态及应对措施。③ 这一做法逐渐被大陆法系的德国、奥地利等效仿,许多国家纷纷在宪法中规定,国家元首在紧急状态下享有采取应对措施的权力,紧急状态权力逐渐从议会转向行政机构。

20世纪30年代的世界经济大萧条,刺激了英国、法国、德国、日本、美国等制定国家紧急状态法或者类似法律制度,以此作为应对危机的重要方法。如英国制定了《国内防御法》(1964),法国在1955年制定了《法国紧急状态法》,德国在1968年修改的《德意志联邦共和国基本法》中明确了紧急状态相关的法律制度,美国在1976制定了《全国紧急状态法》,俄罗斯于2002年制定了《紧急状态法》。此外,印度、巴基斯坦、土耳其等也在宪法中规定了紧急状态制度。2020年新冠肺炎疫情暴发后,日本参议院全体会议于3月13日表决通过了《新型流感等对策特别措施法(修正案)》,该法案于14日开始实施,其在2013年实施的相关法案基础上增加了新冠肺炎相关内容,并通过第三十二、三十三、三十四等多项条款对"紧急状态"相关内容进行规定。④ 据不完全统计,目前世界上至少有100个

---

① "The Petition of Right(1627)," https://www.legislation.gov.uk/aep/Cha1/3/1,2021年3月2日访问。
② "Bill of Rights(1688)," http://www.legislation.gov.uk/aep/WillandMarSess2/1/2/data.pdf,2021年3月2日访问。
③ 江必新:《紧急状态与行政法治》,《法学研究》2004年第2期,第3—16页。
④ "新型インフルエンザ等対策特別措置法(平成二十四年法律第三十一号)," https://elaws.e-gov.go.jp/search/elawsSearch/elaws_search/lsg0500/detail?lawId=424AC0000000031,2021年3月2日访问。

国家的宪法和相关法律规定了紧急状态或戒严状态、战时状态。①

新中国成立后,中国关于紧急状态的立法经历了一个曲折的过程。自 1954 年《宪法》开始,中国就明确设立了类似的紧急状态法,最初将紧急状态称为"戒严"。尽管在 1975 年《宪法》和 1978 年《宪法》中,对这一条款采取了模糊化处理,但 1982 年《宪法》及之后历次修改都对"戒严"进行了明文确认,严格规定"戒严"的决定和宣布。其中,1982 年《宪法》规定,"决定全国或者个别省、自治区、直辖市的戒严"的是全国人民代表大会常务委员会,"省、自治区、直辖市的范围内部分地区的戒严"由国务院决定,两种情形下的"戒严"决定均由国家主席宣布,而省、市、县级人民政府无权决定或宣布"戒严"。

随着改革开放的深入发展,以及面对越来越多样的自然灾害、生产安全事故和大规模传染病等的挑战,中国持续推动在突发事件方面的立法。2004 年修订的《宪法》将"戒严"表述为"紧急状态",并将这一权力赋予了全国人民代表大会常务委员会,规定其"依照法律规定决定省、自治区、直辖市的范围内部分地区进入紧急状态"。自此之后,"紧急状态"包括"戒严"又不限于"戒严",适用范围更宽,既便于应对各种紧急事态,包括防洪防震、传染病防治等,也同国际上通行的做法相一致。② 2007 年 8 月 30 日,十届全国人大常委会第二十九次会议通过了《突发事件应对法》,自 2007 年 11 月 1 日起施行。自此之后,对于那些"突然发生,造成或者可能造成严重社会危害,需要采取应急处置措施予以应对的自然灾害、事故灾难、公共卫生事件和社会安全事件。按照社会危害程度、影响范围等因素,自然灾害、事故灾难、公共卫生事件分为特别重大、重大、较大和一般四级。法律、行政法规或者国务院另有规定的,从其规定。突发事件的分级标准由国务院或者国务院确定的部门制定"。同时,该法律还规定"发生特别重大突发事件,对人民

---

① 傅达林:《紧急状态立法紧迫且必要》,《检察日报》2020 年 4 月 22 日,第 7 版。
② 《中国拟把宪法中的"戒严"修改为"紧急状态"》,http://www.chinanews.com/n/2004-03-08/26/410971.html,2021 年 3 月 2 日访问。

生命财产安全、国家安全、公共安全、环境安全或者社会秩序构成重大威胁,采取本法和其他有关法律、法规、规章规定的应急处置措施不能消除或者有效控制、减轻其严重社会危害,需要进入紧急状态的,由全国人民代表大会常务委员会或者国务院依照宪法和其他有关法律规定的权限和程序决定。紧急状态期间采取的非常措施,依照有关法律规定执行或者由全国人民代表大会常务委员会另行规定"。除此之外,中国还制定了一些相关法律,初步形成了较为完备的应对紧急状态的法律制度体系,包括《戒严法》《传染病防治法》《反恐怖主义法》《国家安全法》以及香港和澳门特别行政区的基本法及驻军法等,为应对紧急状态提供了强大的法理基础。

在中国的法律体系中,除紧急状态外,还有一种针对突发事件的应急事态,这一事态要比紧急状态的程度低一些,但同样采取与常规状态不同的应急措施。严格来说,尽管防控新冠肺炎疫情形势严峻,不少国家宣布进入"国家紧急状态"或"灾难状态",但全国人大常委会和国务院始终没有决定全国或部分地区进入法律意义上的"紧急状态",各地政府启动的"一级响应"也不属于法律意义上的"紧急状态",而是一种"应急状态"。

对比来看,"紧急状态"这一概念强调危机事态的严重性,一般多指重大政治和安全危机事态,而"应急状态"则强调危机的突发性,指应对突发性的、产生广泛后果的经济、社会等重大公共危机事态。两个概念的关系在于,如果没有妥善处理突发事件,"应急状态"则可能升级为"紧急状态"。在中文语境中,与"紧急状态""应急状态"相关的另外一个概念是"危机"。"危机"与二者相比具有更宽泛普遍的意涵,"对决策单位而言乃是突然产生的一种意外惊讶状态"[1]。以上三个概念的关系为,新冠肺炎疫情本身属于危机,由于它造成了广泛的经济与社会后果,国家为应对这一危机进入"应急状态";如若危机的负面影响持续发酵,那么国家可能会宣布进入法律意义上的"紧急状态",认定该危机已达到重大危害的程

---

[1] Charles F. Hermann, *Crisis in Foreign Policy: A Simulation Analysis*, Indianapolis: Bobbs-Merrill, 1969, p. 29.

度。从中国应对疫情的表现来看,中国没有宣布国家进入紧急状态,但事实上由于中央高度重视新冠肺炎疫情危机,为防止危机持续升级,采取了特殊政策措施,现有法律法规基本可以被认为进入了"突发事件一级响应"的非常规状态,中国外交也因此于新冠肺炎疫情危机下,在法理上具有了不同于常规时期的特殊特征。我们将这种在"应急状态"下,国家为应对危机带来的各种挑战而作出的外交决策与行为等定义为"应急外交"。

二、疫情冲击下的中国应急外交及其特征

在新冠肺炎疫情的冲击下,中国外交在法理上进入了非常规状态。概括起来说,疫情压力下的中国外交面临三大冲击。

一是疫情(Pandemic)压力。疫情最初在中国暴发,从 2020 年 3 月中下旬开始蔓延到欧美发达国家乃至整个世界,逐渐从一个地区问题转变为全球问题。为国内和国际疫情防控提供强大的外交支持,推动建立国际疫情防控的统一战线,是中国外交的重要任务。

二是舆情(Panic)压力。疫情暴发后,部分西方媒体鼓吹"东亚病夫论"[1]"疫情不透明论"[2],后来部分政客刻意污名化中国,并提出所谓的"中国病毒论"[3]"中国追责论"[4]和"中国赔偿论"[5]。直面回应各种虚假

---

[1] Walter Russell Mead, "China Is the Real Sick Man of Asia," https://www.wsj.com/amp/articles/china-is-the-real-sick-man-of-asia-11580773677,2021 年 3 月 2 日访问。

[2] "Pompeo urges China to be fully transparent on coronavirus," https://asia.nikkei.com/Politics/International-relations/Pompeo-urges-China-to-be-fully-transparent-on-coronavirus,2021 年 3 月 2 日访问。

[3] "Trump angers Beijing with 'Chinese virus' tweet," https://www.bbc.co.uk/news/world-asia-india-51928011,2021 年 3 月 2 日访问。

[4] Huileng Tan, "China ′owes us′: Growing outrage over Beijing′s handling of the coronavirus pandemic," https://www.cnbc.com/2020/04/24/lawsuits-outrage-over-chinas-handling-of-the-coronavirus-pandemic.html,2021 年 3 月 2 日访问。

[5] Luke Hawker, "China must pay Britain £351bn in coronavirus damages – report calls for UN to step in," https://www.express.co.uk/news/uk/1265235/Coronavirus-uk-news-boris-Johnson-china-compensation-fee-henry-Jackson-society,2021 年 3 月 2 日访问。

消息,化解舆情压力,外交成为舆论的"风暴眼"。世界卫生组织将这种问题定义为"信息疫情",指在病毒特点和传播规律未被完全认清、科学力有不逮时,全球情绪共振使得没有根据的猜测、流言和谎言有了传播的温床的状况。①

三是经济信心(Pessimistic)压力。受疫情打击,世界经济遭受双重压力,美国三大股指四次熔断,欧洲和整个世界金融市场激烈动荡,大宗商品价格急剧下跌,加之各国采取强力措施,国际生产链和供应链发生断裂和转移,社会失业急剧增加,这些都对中国经济造成了巨大压力。如何为复工复产和经济复苏创造国际条件,也成为中国外交不可回避的重要课题。

面对新冠肺炎疫情危机带来的上述三大外交挑战,中国在"重大突发公共卫生事件Ⅰ级响应"的法律框架内,在中央的直接领导下,开展了卓有成效的应急外交。在这一过程中,中国外交呈现出了许多不同于常规状态下的特征,这些特征概括而言主要表现在4个方面(表4-1):

表4-1 中国外交的变化

	理念	心态	机制	行动
疫情前	国家 核心利益	战略自信	归口管理	内外互动
疫情中	人类 共同利益	战略主动	应急管理	立体联动

(一)外交理念:从强调捍卫国家核心利益到维护全人类共同利益

外交理念反映着一个国家开展外交的利益取舍和价值偏好。中共十八大以来,中国推出了一些新外交理念,比如"中国梦"、"亲诚惠容"、正确义利观、新型国际关系、人类命运共同体等,这些理念均反映了中国外交"强起来"的基本变化。与十八大之前相比,中国在坚持走和平发展道路的同时,多次申明捍卫核心国家利益,并在钓鱼岛争端、南海争端等

---

① 《热评|抗击"信息疫情"不能全靠"谣言止于智者"》,http://m.news.cctv.com/2020/04/25/ARTIY9VUgYs89EvT1x8jCm0l200425.shtml,2021年3月2日访问。

问题上,明确划出红线、亮明底线,坚决把维护国家主权、安全、发展利益作为外交工作的基本出发点和落脚点,捍卫国家核心利益成为中国特色大国外交的重要组成部分。

自疫情暴发以来,中国外交理念从强调"国家核心利益"转向更加强调"人类共同利益"。疫情暴发后,中国共产党同110多个国家的240个政党发出共同呼吁,呼吁各方以人类安全健康为重,秉持人类命运共同体理念,携手加强国际抗疫合作。① 一方面,中国始终以对人民负责、对生命负责的鲜明态度,在全国范围内严控人员流动,延长春节假期,停止人员聚集性活动,决定全国企业和学校延期开工开学,迅速遏制疫情的传播蔓延,避免更多人受到感染,宁可一段时间内经济下滑甚至短期"停摆",也坚决保障人民的生命权与健康权。② 另一方面,中国坚决秉持人类命运共同体理念,坚定支持他国抗疫,不断呼吁各方齐心协力、守望相助、携手应对,共同打赢疫情防控全球阻击战,共同护佑世界和人民康宁。

国家主席习近平先后出席二十国集团领导人特别峰会与第73届世界卫生大会视频会议等,提出全力搞好疫情防控、发挥世界卫生组织作用、加大对非洲国家支持、加强全球公共卫生治理、恢复经济社会发展、加强国际合作等建议,宣布两年内提供20亿美元国际援助、与联合国合作在华设立全球人道主义应急仓库和枢纽、建立30个中非对口医院合作机制、中国新冠疫苗研发完成并投入使用后将作为全球公共产品、同二十国集团成员一道落实"暂缓最贫困国家债务偿付倡议"等中国支持全球抗疫的一系列重大举措③,显示了中国在全球抗疫中对人类命运共同体的深切关注。

除此之外,中国在自身面临压力的情况下,积极履行大国责任,尽己所能向国际社会提供人道主义援助。根据2020年6月发布的《抗击新冠肺炎疫情的中国行动》,中国在疫情期间向世界卫生组织提供2批共5000

---

① 《抗击新冠肺炎疫情的中国行动》,http://www.gov.cn/zhengce/2020-06-07/content_5517737.htm,2020年3月4日访问。
② 同上。
③ 同上。

万美元现汇援助,积极协助世界卫生组织在华采购个人防护用品和建立物资储备库,积极协助世界卫生组织"团结应对基金"在中国筹资。中国还积极开展对外医疗援助,截至 2020 年 5 月 31 日,中国共向 27 个国家派出 29 支医疗专家组,已向约 150 个国家和 4 个国际组织提供抗疫援助;指导长期派驻在 56 个国家的援外医疗队协助驻在国开展疫情防控工作,向驻在国民众和华侨华人提供技术咨询和健康教育,举办线上线下培训 400 余场;地方政府、企业和民间机构、个人通过各种渠道,向 150 多个国家、地区和国际组织捐赠抗疫物资。①

中国民众、企业及民间组织等也积极捐资援助国外抗击疫情,为全球疫情防控做出积极贡献。截至 2020 年 3 月 20 日,复星"全球援助计划"已将 3.6 万件防护物资紧急调运日本,向意大利援助 4.55 万件医护物资,向韩国援助 2.2 万件医护物资和 10 万支检测试剂,向英国援助 2300 件医护物资,以及援助法国 8.55 万件医护物资。京东平台专门设立的"中医抗疫专区"力图切实帮助更多海外用户。② 根据澎湃新闻网不完全统计,截至 2020 年 4 月 15 日,中国社会组织已然或计划开展的全球抗疫行动可覆盖六大洲的至少 150 个国家。例如,阿里巴巴公益基金会向全球近 145 个国家和地区总共捐赠超过 1 亿件应急防疫物资,其捐赠地区涵盖了除南极洲外所有大洲,包括 54 个非洲国家、28 个亚洲国家、21 个欧洲国家、25 个美洲国家、17 个大洋洲国家。与此同时,阿里巴巴公益基金会还积极与世界卫生组织合作,通过国际组织联系其他国家并转赠医疗物资,已向海外捐赠近 4000 万只医用防护口罩和 N95 口罩、600 多万套核酸检测试剂和提取试剂、80 多万套防护服和防护面罩、3000 台呼吸机,以及医用手套、护目镜、额温枪等其他医疗物资,各类物资累计达 6000 多万件,其发起创建的"全球新冠肺炎实战共享平台"(GMCC)覆盖了 230

---

① 《抗击新冠肺炎疫情的中国行动》,http://www.gov.cn/zhengce/2020-06/07/content_5517737.htm,2020 年 3 月 4 日访问。
② 韩维正:《捐赠医护物资、上线咨询平台、随援外专家组分享中国经验——全球战"疫",中企不缺席》,http://finance.people.com.cn/n1/2020/0327/c1004-31650447.html,2021 年 3 月 2 日访问。

个国家和地区,为世界各国医护人员提供了有效的诊疗经验和技术支持。① 除此之外,阿里菜鸟的辅助使救援物资迅速送达世界各地的其他联合国人道主义应急中转枢纽,或直接到达受影响的地区,为全球抗疫行动提供了仓储等物流支持,截至 2020 年 4 月 30 日,其已为全球运输医疗物资超亿件,三四月为中小企业提供货运包机近 200 架次。阿里菜鸟全球物流网络得到联合国世界粮食计划署充分认可,被认为"将在应对疫情过程中发挥十分重要的作用"②。携程集团于 2020 年 3 月 18 日宣布采购医用标准口罩 100 万枚,捐赠给日本、韩国、意大利、德国、法国、西班牙、英国、美国、加拿大等 10 国,助力当地"抗疫"。③ 腾讯于 2020 年 3 月 24 日宣布设立 1 亿美元的全球战疫基金,在 40 多天的时间里有 1500 多万件腾讯捐赠的海外战疫物资累计飞行 33 万公里,帮助意大利、英国、美国、德国、法国、厄瓜多尔、塞尔维亚、柬埔寨等 20 多个国家填补物资缺口,中国收到来自法国、英国、北美多家医疗机构和医护人员受捐方的感谢。截至 2020 年 5 月初,腾讯海外驰援的"环球线"已遍布五洲四海,且后续会向海外捐赠更多战疫物资。④ 此外,华为也通过捐赠远程视频会议系统助力柬埔寨抗疫,向日本捐赠超过 50 万只口罩。⑤ 这些民间捐赠仅仅是无数对外捐助的一部分,疫情期间中国官方和民间的帮扶行为已经超越了国界,汇聚到捍卫人类共同利益的旗帜下。

总的来说,中国在疫情期间开展应急外交,进一步强化了全人类共同

---

① 韩雨亭:《全球抗疫的中国公益力量|阿里公益如何高效完成全球捐赠》,https://www.thepaper.cn/newsDetail_forward_6961461,2021 年 3 月 2 日访问。
② 《阿里菜鸟为联合国提供服务 向全球运送抗疫救援物资》,http://www.xinhuanet.com/tech/2020-04/30/c_1125930324.htm,2021 年 3 月 2 日访问。
③ 《携程向日本等 10 个国捐赠 100 万个口罩》,http://www.dsb.cn/116327.html,2021 年 3 月 2 日访问。
④ 《腾讯 1500 万件"战疫"物资驰援海外》,https://www.sohu.com/a/393779166_118392,2021 年 3 月 2 日访问。
⑤ 《华为捐赠远程视频会议系统助力柬埔寨抗疫》,http://www.xinhuanet.com/world/2020-04/09/c_1125833457.htm,2021 年 3 月 2 日访问;《华为将向日本医疗机构等捐赠 50 万只口罩》,http://www.xinhuanet.com/info/2020-03/19/c_138895988.htm,2021 年 3 月 2 日访问。

利益,始终坚持以人为本的价值理念,把人民生命安全和身体健康摆在第一位,不断丰富和完善人类命运共同体理念,积极推进国际联防联控,在世界范围内促成反病毒的统一战线,推动在联合国、G20、WHO等多边合作框架下的抗疫合作。中国的国际形象与国际影响力也在此过程当中得到明显提升。

(二)外交心态:从战略自信到战略主动

外交心态体现一个国家开展外交的心理特征和外在气质。改革开放以来,中国外交体现出"韬光养晦"的隐忍外交特点,外交的主要任务是为国内现代化建设营造良好的国际环境。中共十八大以来,中国外交逐渐从"韬光养晦"的隐忍外交转变为"奋发有为"的积极外交,强调道路自信、理论自信、制度自信和文化自信,强调保持战略定力、战略自信、战略耐心,坚持以全球思维谋篇布局。习近平指出,当前和今后一个时期,对外工作要贯彻落实总体国家安全观,增强全国人民对中国特色社会主义的道路自信、理论自信、制度自信,维护国家长治久安。[①] 此种战略自信在发展全球伙伴关系、深化周边地区合作、推进"一带一路"国际合作、参与全球治理、处理地区热点和争端等方面都有集中体现。中国实现了从"战略被动"向"战略自信"的转变。

疫情暴发后,中国外交非但没有转向战略内顾,反而体现出了更加突出的战略主动性,从防守反击走向主动发声。与2003年应对非典疫情相比,中国在应对新冠肺炎疫情时一开始就本着公开、透明、负责任的态度,积极在世界卫生组织框架内与各方展开合作,分享抗疫经验,加强联合攻关,先后为170多个国家举办卫生专家专题视频会议,分享成熟诊疗经验和防控方案,向24个有紧急需求的国家派遣26支医疗专家组,面对面开展交流指导。[②] 同时,面对各种谣言,中国的新闻发言人在推特等社交媒体上与各方短兵相接,点名道姓地批评一些错误行为,这是外交上非

---

① 《中央外事工作会议在京举行》,《人民日报》2014年11月30日,第1版。
② 《王毅就中国外交政策和对外关系答记者问》,http://www.xinhuanet.com//mrdx/2020-05/25/c_139085704.htm,2021年3月2日访问。

常大的变化。面对西方媒体及政客在疫情期间对中国的"污名化"等行为,我国外交部发言人曾多次进行积极回击。比如,华春莹曾针对美国的"甩锅"行为连发推文回击,质问美国"自我欺骗和抹黑中国有助于应对疫情吗?",强调"挽救生命比挽救面子更重要",请美国"诚实和负责任";耿爽也在外交部例行记者会上明确表示美方企图诋毁他人,转嫁责任,寻找替罪羊的做法既不道德,也不负责,敦促美方停止对疫情政治化、对中国污名化、诋毁他国的行为。①

在官方外交层面,首脑外交发挥了重要作用。查阅新中国成立以来的外交史则不难发现,中方在外交问题上很少主动给外方打电话。然而,在疫情冲击之下,中国国家主席和国务院总理频频向各方致电,与各方保持联系畅通。习近平主席先后同近 50 位外国领导人及国际组织负责人通话或见面,积极与各方进行信息沟通和政策协调,支持和参与 G20 特别峰会,出席第 73 届世界卫生大会视频会议,并提出了一系列建议,推动全力打好新冠肺炎疫情防控全球阻击战,充分展现了大国担当。② 同时,在中央的领导下,各国家部委在疫情外交方面也发挥了重要作用,组织了覆盖各个地区的视频会议,先后同包括波兰在内的中东欧十七国举行了卫生专家视频会议,及时分享疫情防控信息和有关做法,还同包括巴西在内的拉美和加勒比国家,东盟、非洲国家等举行视频会议,就疫情防控开展交流。对此,世界卫生组织给予了中国这样的评价:"中国政府采取的果断、有力、及时措施,避免了数 10 万人感染。"③世界多数国家认为中国的经验做法为其他国家提供了有益借鉴。

另外,中国各级政府的媒体传播比以前都更加活跃,比如国务院联防联控发布会、外交部的例行记者招待会以及地方各级政府的新闻发布

---

① 《2020 年 3 月 23 日外交部发言人耿爽主持例行记者会》,https://www.fmprc.gov.cn/web/fyrbt_673021/jzhsl_673025/202003/t20200323_5418750.shtml,2022 年 2 月 21 日访问。
② 《习近平在第 73 届世界卫生大会视频会议开幕式上致辞》,《人民日报》2020 年 5 月 19 日,第 1 版。
③ 《外交部:中方无心、无暇也不屑于发起所谓"虚假信息运动"》,http://world.people.com.cn/n1/2020/0331/c1002-31656315.html,2021 年 3 月 2 日访问。

会,召开的频率都有很大提高。截至2022年2月26日,国家层面新冠肺炎疫情防控新闻发布会共举办177场,包括国务院新闻办公室新闻发布会51场,国务院联防联控机制部级发布会126场;地方层面新冠肺炎疫情防控新闻发布会举办1387场,其中北京地区197场,天津154场,上海89场,湖北123场,广东69场,重庆77场以及其他省(区、市)678场。① 其中,2020年3月13日国务院联防联控发布会就应对疫情稳定外贸、稳定外资工作进行详细汇报,3月23日就应对疫情提升国际航班货运能力稳定供应链情况进行公开,3月1日、3月16日、3月23日、3月30日、4月6日、4月13日、4月20日、4月27日均针对防控海外疫情输入进行说明,4月18日进行提升国际货运通道能力情况介绍,4月26日介绍加强医疗防控物资出口质量监管工作,4月2日与5月19日介绍国际合作与交流工作。② 自2020年1月20日至5月27日,外交部共举行82场例行记者会,对疫情有关情况进行回答。③ 湖北省政府持续通过官网、微信、微博以及APP等多种渠道,采取召开新闻发布会等多种方式公开湖北省抗击新冠肺炎疫情相关情况。自1月26日至4月27日,湖北省政府官网近乎每日都对疫情确诊、疑似人数等进行更新。④ 湖北省政府还专门在湖北政务服务网开通疫情专区,对发热门诊、定点医院、各个工作部门工作情况、防控政策、谣言破除、疾病相关科普信息、复工复产情况等进行实时更新。⑤

在公共外交方面,中国的相关外交活动也比疫情之前更加积极,一度成为国际舆论的风暴眼。除此之外,媒体在疫情引发的"舆论战"中积极

---

① 数据整理自国新网,http://www.scio.gov.cn/ztk/dtzt/42313/42976/index.htm,2022年2月26日访问。
② 数据整理自中国政府网,http://www.gov.cn/xinwen/gwylflkjz128/index.htm,2021年3月2日访问。
③ 数据整理自外交部网站,https://www.fmprc.gov.cn/web/fyrbt_673021/jzhsl_673025/default.shtml,2021年3月2日访问。
④ 数据整理自湖北省卫生健康委员会,http://wjw.hubei.gov.cn/sjkf/,2022年3月19日访问。
⑤ 数据整理自湖北政务服务网,http://zwfw.hubei.gov.cn/s/web/yqzq/index.html,2021年3月2日访问。

发挥作用。例如,人民网曾发表文章指出"政治病毒"比新冠病毒更可怕,抹黑中国只是政客们推卸防控不力责任的政治游戏等。① 不难看出,疫情期间的中国外交不仅越来越显示出战略自信,而且更加趋向于战略主动,在很多问题上主动设置议题,主动发声亮剑,一改以往被动防守的心态。

(三) 外交机制:从归口管理到应急管理

外交机制是一个国家处理外交事务的主要工作框架。长期以来,中国外交实行"归口管理"的体制机制,按业务内容和性质,实行由有外事权的各地区、各部门分别负责、指导、监督并进行综合管理,只有重大或规定的事项需报中共中央、国务院的事项由中共中央和国务院有关部门归口管理和审批。然而,疫情暴发后,从2020年1月下旬宣布启动重大突发事件一级响应开始,中国从中央到各部门都建立了疫情防控领导小组,采取了一系列不同于常规时期的特殊防控措施,其所依据的法律包括《传染病防治法》《突发事件应对法》以及国务院制定的《突发公共卫生事件应急条例》等,应急管理成为疫情期间中国外交运行的重要机制。

统一领导和统一指挥成为应急管理的重要特征,我国形成了习近平主席亲自指挥、亲自部署的疫情防控领导体系。具体来说,2020年1月25日,中共中央政治局常务委员会召开会议,决定成立中央应对新型冠状病毒感染肺炎疫情工作领导小组,在中共中央政治局常委会领导下开展工作,加强对全国疫情防控的统一领导、统一指挥,组长为中共中央政治局常委、国务院总理李克强,副组长为中共中央政治局常委王沪宁,小组成员包括丁薛祥、孙春兰、黄坤明、蔡奇、王毅、肖捷、赵克志等。② 同时,为贯彻中央应对疫情工作领导小组的全面部署,国务院启动了中央人民政府层面的多部委协调工作机制平台——国务院联防联控机制,该机

---

① 《人民网评:污名化中国的"政治病毒",无耻且无聊》,http://opinion.people.com.cn/n1/2020/0318/c223228-31638009.html,2021年3月2日访问。
② 《李克强主持召开中央应对新型冠状病毒感染肺炎疫情工作领导小组会议》,http://www.gov.cn/guowuyuan/2020-01/26/content_5472302.htm,2021年3月2日访问。

制由国家卫生健康委员会牵头,成员单位共32个部门。[1] 2020年1月20日,国务院副总理孙春兰主持召开国务院联防联控机制首次会议,联防联控工作机制下设综合、疫情防控、医疗救治、科研攻关、后勤保障、前方工作等工作组,分别由相关部委负责同志任组长,明确职责,分工协作,形成防控疫情的有效合力。[2] 此外,外交部也建立了应对疫情工作领导小组,外交部党委书记齐玉任组长,定期主持召开领导小组内部防控工作专题会议,负责落实国际交流合作和相关对外工作,外交部各部门和驻外使领馆在此框架内明确责任分工。2020年3月8日,外交部正式成立了防范境外疫情输入风险应急中心,24小时不间断运转,收集分析各类信息数据,沟通协调国内各职能部门和地方政府,联络指导各驻外使领馆,开展防控疫情输入工作。[3]

显然,中国外交在疫情防控期间已打破常规状态的归口管理体制,被纳入中央应对疫情防控领导小组(国务委员王毅为小组成员)、国务院联防联控机制(外交部党委书记齐玉为外事工作组长)的框架,构建了一个疫情防控的应急管理体系。疫情期间,中共中央政治局常委会、中央应对疫情防控领导小组、国务院联防联控机制以及外交部的应对疫情工作领导小组频繁召开工作会议、新闻发布会等,统一指挥、统筹协调,为打赢疫情防控的人民战争、总体战和阻击战提供了强有力的机制保障。

(四)外交行动:从内外互动到立体联动

外交是以和平方式处理国际关系的行为,主要实现形式是由职业外交部门代表国家进行官方持续性互动。长期以来,中国实行党管外交和

---

[1] 《全力应对新型冠状病毒感染的肺炎疫情——32个部门建立联防联控机制》,《人民日报》2020年1月22日,第10版。
[2] 《国新办举行新型冠状病毒感染的肺炎防控工作新闻发布会图文实录》,http://www.scio.gov.cn/xwfbh/xwbfbh/wqfbh/42311/42470/wz42472/Document/1672422/1672422.htm,2021年3月2日访问。
[3] 《外交部成立防范境外疫情输入风险应急中心》,https://www.mfa.gov.cn/web/wjbzhd/202003/t20200309_360670.shtml,2021年3月2日访问。

外事无小事的指导方针,外交外事工作比较敏感,相对封闭,其他部门很少能够主动参与外交外事工作。然而,随着新时代对外工作的内涵与外延不断扩展,外交外事活动的参与主体逐渐多元化,交往渠道也逐渐多样化。中共十八大以后,外交外事被重新定义,逐渐涵盖更广泛的内容。习近平主席认为,对外工作是一个系统工程,政党、政府、人大、政协、军队、地方、民间等要强化统筹协调,各有侧重,相互配合,形成党总揽全局、协调各方的对外工作大协同局面。①

为应对疫情期间的各项挑战,中国采取了一系列卫生外交措施,通过高层引领、外交协同、多方参与等立体化渠道,从原来的内外互动格局转变为立体联动的格局。中国对外工作一盘棋的格局经受了考验,受到了锻炼,中国在主动承担大国责任的同时,努力推动防控疫情的国际合作,推动构建人类命运共同体。

一是高层引领,坦诚沟通。疫情暴发后,中国高层主动沟通,通过通信通话和出席视频会议等方式,提升了与国际社会的互动频率。2020年武汉疫情期间,国家主席习近平在4个多月的时间里共与韩国、美国、法国、英国、美国等42个国家及联合国通电话约60次,其中同法国通话4次,同俄罗斯通话3次,同德国、韩国、美国、沙特、南非、英国、菲律宾、秘鲁、缅甸与印尼等通话2次。② 习近平主席给比尔·盖茨等外方友好人士回信,向韩国、伊朗、意大利、法国、德国、西班牙、塞尔维亚等多国领导人及欧盟领导人致慰问电,先后出席G20领导人应对新冠肺炎特别峰会和第73届世界卫生大会等。③ 国务院总理李克强同欧盟委员会领导人及德国等多国领导人通话并出席东盟与中日韩(10+3)抗击新冠肺炎疫情领

---

① 《坚持以新时代中国特色社会主义外交思想为指导 努力开创中国特色大国外交新局面》,《人民日报》2018年6月24日,第1版。
② 数据整理自《第一观察丨"50+1"通电话,都和这件大事有关》,http://www.xinhuanet.com/politics/leaders/2020-05/16/c_1125994633.htm;《习近平报道日历》,http://cpc.people.com.cn/GB/64192/105996/390438/index.html,2021年3月2日访问。
③ 数据整理自《中国元首外交推动全球战"疫"合作》,http://www.xinhuanet.com/world/2020-03/23/c_1210525927.htm;《习近平的战"疫"日志》,http://cpc.people.com.cn/xuexi/GB/432012/index.html,2021年3月2日访问。

导人特别会议。① 中共中央政治局委员、中央外事工作委员会办公室主任杨洁篪应约于2020年2月5日同英国内阁秘书兼首相国家安全顾问塞德维尔通电话②,于2020年1月29日、3月16日、4月15日、5月5日等多次同时任美国国务卿蓬佩奥通电话,就新冠肺炎疫情事项进行沟通。③ 总体来看,疫情期间的高层交往尽管更多采用通信通话和视频会议的形式(也有少数接待来访的活动),但其频繁程度和效率都有很大提高。

二是外交协调,磋商合作。外交部仍然是疫情期间应急外交的主力军,其通过积极与各国外交部门沟通,及时公开中国抗疫情况,保障在外华人与在华外国人相关权益,在助力别国进行抗疫等方面发挥积极作用。2020年武汉疫情期间,国务委员兼外交部长王毅先后与东盟秘书长及英国、俄罗斯、意大利、法国、日本等国外长(外相或外交大臣)进行了约100次通话。④ 外交部共召开6次应对新冠肺炎疫情工作领导小组会议⑤,并于3月20日倡议并举行了中日韩新冠肺炎问题特别外长视频会议。国务委员兼外交部长王毅于4月28日、5月13日分别出席了金砖国家应对新冠肺炎疫情特别外长会与上海合作组织成员国外长视频会议;⑥外交部三次召开外国驻华使馆(团)疫情防控通报会,专门开通面向驻华使领馆的服务热线,各个地方都通过很多不同渠道开展面向当地外国人的多语

---

① 《李克强同欧盟委员会主席冯德莱恩通电话》,《人民日报》2020年2月2日,第2版;《王毅就中国外交政策和对外关系答记者问》,http://www.xinhuanet.com/mrdx/2020-05/25/c_139085704.htm,2022年3月18日。

② 《杨洁篪同英国内阁秘书兼首相国家安全顾问通电话》,《人民日报》2020年2月5日,第3版。

③ 《杨洁篪同美国国务卿蓬佩奥通电话》,https://china.huanqiu.com/article/9CaKrnKp6SM;《杨洁篪应约同美国国务卿蓬佩奥通电话》,http://www.xinhuanet.com/politics/leaders/2020-03/16/c_1125721740.htm;《杨洁篪应约同美国国务卿蓬佩奥通电话》,http://www.xinhuanet.com/world/2020-04/15/c_1125861476.htm;《杨洁篪应约同美国国务卿蓬佩奥通电话》,http://www.xinhuanet.com/politics/2018-05/06/c_1122788785.htm,2021年3月2日访问。

④ 数据整理自外交部网站,https://www.fmprc.gov.cn/web/wjbz_673089/zyhd_673091/default_5.shtml,2021年3月2日访问。

⑤ 数据整理自外交部网站,http://new.fmprc.gov.cn/web/wjbzhd/default.shtml,2021年3月2日访问。

⑥ 同上。

种信息服务,尽最大努力保障其生活、防疫、医疗等方面的需求。另外,外交部还24小时开通全球领保与服务电话12308,随时接听海外中国公民的困难及诉求。① 同时,中国驻外使馆积极开展外交保护和公共外交,疫情期间主动联系回国无门的湖北籍、武汉籍同胞,从各地协助接回1300余名滞留海外的中国公民,驻日本使馆、外交部驻港公署也协助从"钻石公主号"邮轮上接回港澳同胞。②

三是国际救援,立体联动。除外交部和驻外使领馆外,其他部门的国际抗疫合作和救援也十分活跃。比如,中联部积极开展致信外交,截至2020年4月17日,已分别向60多个国家的110多个政党领导人致信,累计向近400个政党提供了疫情防控和诊疗方案,全面阐述了中国防控疫情的经验与做法。③ 再比如,2020年3月28日至6月12日,商务部部长钟山先后与奥地利联邦、欧盟、英国、西班牙、新加坡、匈牙利、古巴、乌兹别克斯坦、越南、韩国、白俄罗斯等国家和地区的经济相关部门领导通电话,就共同抗疫进行了沟通,并于6月4日出席了东盟与中日韩(10+3)抗击新冠肺炎疫情经贸部长特别会议。④ 另外,国家广电总局国际合作司联合中国公共外交协会,共同制作"守望相助,共同战疫"中外联合抗疫系列短视频,与中外媒体和相关人士携手,为抗击疫情加油鼓劲。选取一批优秀的抗疫主题电视和网络视听节目,进行多语种翻译配音之后,通过境外电视、网络视听平台、社交媒体账号、亚广联亚视新闻交换网等多个渠道在海外推广播出。⑤ 中国地方政府也通过国际友好城市等各种渠道向韩国、日本、伊朗、意大利、巴基斯坦、伊拉克、法国、瑞士、德国等16个国家

---

① 《外交部:全力以赴维护在海外中国公民的安全、健康和权益》,https://www.chinanews.com.cn/gn/2020/03-05/9114481.shtml,2021年3月2日访问。
② 《外交部:已接回1300余名滞留海外中国公民》,https://3w.huanqiu.com/a/67c0c8/9CaKrnKpJMi?agt=8,2021年3月2日访问。
③ 《中联部发布多语种系列动画短视频助力各国抗击疫情》,http://cpc.people.com.cn/n1/2020/0417/c164113-31677599.html,2021年3月2日访问。
④ 数据整理自商务部官网,http://www.mofcom.gov.cn/article/ae/ai/?,2021年3月2日访问。
⑤ 《国家广电总局加强疫情防控国际宣传 讲好中国抗疫故事》,http://www.xinhuanet.com/ent/2020-03-31/c_1125770128.htm?ivk_sa=1023197a,2021年3月2日访问。

的地方政府捐助各类抗疫物资。① 除此之外,国家国际发展合作署、国家卫健委、科技部等其他各部门的国际抗疫合作和援助外交也非常活跃。总体来看,疫情期间,党政军民学,东西南北中,形成了立体化联动的对外工作大格局。

三、中国应急外交的效果评估

(一) 疫情期间中国外交成效

中国于疫情期间开展的应急外交卓有成效。自疫情暴发以来,中国外交统一部署、行动迅速、联防联控、措施得力,通过电话外交、公共外交、多边外交、经验分享、对外援助和深化合作等方式,积极开展应急外交,多渠道推进国际交流与合作,共同筑牢抗疫防线,携手化解各种挑战,取得了积极成效。具体来说,主要体现在以下三个方面:

一是疫情防控外交取得了重大胜利。作为最早暴发新冠肺炎疫情的"震中"国家,中国面临着巨大的疫情防控压力,在外交上遭遇了严峻的挑战。无论是从疫情暴发早期的抗疫外交,还是从面对境外输入压力的防疫外交来看,中国疫情防控的外交努力均取得重大胜利,有力地保障了中国及世界疫情防控的需要。除各驻外使领馆积极同当地中资机构、华侨社团、留学生团体保持密切联系,提供给在外中国公民所有必要协助外,中国还通过多种形式与渠道积极参与全球疫情防控。②

其一,积极同国际社会分享疫情信息和抗疫经验。中国于疫情发生后第一时间向世界卫生组织、有关国家和地区组织主动通报疫情信息,分享新冠病毒全基因组序列信息和新冠病毒核酸检测引物探针序列信息,辅助各国开展药物开发和病毒、疫苗研究;搭建"全球冠状病毒组学数

---

① 《外交部:中国地方政府向16个国家的友好城市捐赠抗疫物资》,https://world.huanqiu.com/article/9CaKrnKq00b,2021年3月2日访问。
② 《国新办举行抗击疫情国际合作有关情况发布会》,http://www.scio.gov.cn/xwfbh/xwbfbh/wqfbh/42311/42642/index.htm,2021年3月2日访问。

据共享与分析系统""2019新型冠状病毒资源库"两个平台共享病毒相关数据,截止到2020年3月,后者已为152个国家和地区的7.6万余访客提供了数据服务,下载文件超过400万份。① 中国自2020年1月3日起还定期向世界卫生组织和有关国家通报疫情信息,多次邀请世界卫生组织官员到中国访问,到疫区查看疫情。② 据《抗击新冠肺炎疫情的中国行动》白皮书统计,中国同东盟、欧盟、非盟、亚太经合组织、加共体、上海合作组织等国际和地区组织,以及韩国、日本、俄罗斯、美国、德国等国家开展了70多次疫情防控交流活动;国家卫健委汇编诊疗和防控方案,并将其翻译成3个语种,分享给全球180多个国家、10多个国际和地区组织参照使用,还与世界卫生组织联合举办"新冠肺炎防治中国经验国际通报会";国务院新闻办公室举行了两场英文专题发布会介绍中国抗疫经验和做法;中国媒体开设"全球疫情会诊室""全球抗疫中国方案"等栏目;中国智库和专家通过多种方式开展对外交流等。③

其二,积极向国际社会提供人道主义援助。2020年3月7日,中国决定向世卫组织捐款2000万美元,4月23日中方决定在2000万美元现汇基础上再增加3000万美元现汇捐款,用于增强有关国家防疫能力、加强公共卫生体系建设等指定用途。④

其三,有序开展防疫物资出口。2020年3月1日至5月31日,中国向200个国家和地区出口防疫物资,包括706亿只口罩、3.4亿套防护服、1.15亿个护目镜、9.67万台呼吸机、2.25亿人份检测试剂盒、4029万台红外线测温仪等,有力地支持全球疫情防控。另外,2020年1月至4月,中欧班列开行数量和发送货物量同比分别增长24%和27%,累计运送

---

① 《国新办举行抗击疫情国际合作有关情况发布会》,http://www.scio.gov.cn/xwfbh/xwbfbh/wqfbh/42311/42642/index.htm,2021年3月2日访问。
② 《驻美大使崔天凯:指责游戏该结束了》,http://www.china-embassy.org/chn/zmgx/zxxx/t1776392.htm,2021年3月2日访问。
③ 《抗击新冠肺炎疫情的中国行动》,http://www.gov.cn/zhengce/2020-06/07/content_5517737.htm,2020年3月4日访问。
④ 《中国政府决定向世卫组织捐款2000万美元》,《人民日报》2020年3月8日,第3版;《耿爽:中国再捐3000万美元支持世卫组织抗击新冠肺炎》,https://3w.huanqiu.com/a/5e93e2/3xx7PbYYERq?agt=8,2021年3月2日访问。

66万件抗疫物资,这对维持国际产业链和供应链畅通、保障抗疫物资运输具有重要意义。①

其四,积极推进疫情防控国际合作。中国同有关国家、世界卫生组织以及流行病防范创新联盟(CEPI)、全球疫苗免疫联盟等组织开展科研合作,加快推进疫苗研发和药物临床试验。② 有关企业同美国 Inovio 公司等为研发 DNA 疫苗展开实质性合作,与德国 BioNTech 公司就研发 mRNA 疫苗进行实质性合作,与英国 GSK 公司合作研发重组蛋白疫苗等。③ 以上所有努力,都有力地支持了国际抗疫合作,中国在应急外交的过程中有力地保护了中国公民的安全,对全球疫情防控作出了积极贡献。

二是舆情外交顶住了强大压力。疫情发生之后,在面临疫情压力的同时,中国外交也面临着强大的舆情压力。许多西方媒体、自媒体以及政客通过刻意抹黑、乱加指责、散播阴谋论等多种手段渲染排华氛围,贬损中国国际形象。受到西方媒体等舆论的影响,"排华情绪"被煽动起来,在外华人在不同地区受到不同程度的歧视甚至面临安全威胁,嘲笑、侮辱、谩骂、歧视甚至殴打华人或亚裔人士的事件不断发生。

面对上述舆情压力,在官方积极回应之外,中国的新媒体等推动的公共外交也持续发挥作用,不断公开展示中国疫情防控信息,破除谣言、消除误解。比如,《人民日报》等传统媒体实时对外界针对我国防疫情况的谣言进行回应。另外,新媒体及网络视听机构等也利用智能推荐、情感识别、用户画像等新方法和技术,对社会热点分析建模,及时发布疫情信息,通过智能辟谣和精准流量分发实现对信息的客观报道。④ 例如,科大讯飞利用人工智能技术和产品助力疫情防控⑤;360快资讯上线"新冠肺

---

① 《中国政府决定向世卫组织捐款2000万美元》,《人民日报》2020年3月8日,第3版;《耿爽:中国再捐3000万美元支持世卫组织抗击新冠肺炎》,https://3w.huanqiu.com/a/5e93e2/3xx7PbYYERq?agt=8,2021年3月2日访问。

② 同上。

③ 《国新办举行中国抗击疫情的国际合作新闻发布会》,http://www.scio.gov.cn/xwfbh/xwbfbh/wqfbh/42311/42784/index.htm,2021年3月2日访问。

④ 《新冠肺炎疫情防控 广播电视人工智能在行动》,http://www.xinhuanet.com/ent/2020-04/01/c_1125791635.htm,2021年3月2日访问。

⑤ 《科大讯飞用人工智能推进"新基建"》,《人民日报》2020年5月26日,第17版。

炎实时疫情"专题与新型肺炎辟谣专区①;百度地图上线"疫情小区"地图与"周边疫情卡"等功能,实时聚合疫情信息②;此外,字节跳动及其旗下抖音等多个平台不断聚合并公开疫情相关重要信息等③。中国各大平台拥有众多粉丝的"大V"通过视频记录等方式实时展现中国风貌,不断破除和粉碎谣言,起到了良好的舆论引导作用,也树立了正确的价值观导向。到2020年5月中下旬,国际舆情环境渐趋好转,顶住了疫情期间的惊涛骇浪。

三是国际影响力实现了巨大提升。在疫情暴发期间,中国国际影响力显著提高,世界上大多数国家都对中国疫情防控所取得的成就表示支持。一方面,国际社会对中国抗疫举措和成效表示肯定。有近百家国外非政府组织负责人、前政要通过民间渠道肯定我国抗疫举措和成效,有130多个国家的300多个政党和政治组织共600多人次向习近平总书记和中共中央发来电函或通过发表声明、文章等表示慰问支持。④

另一方面,国际社会对中国积极承担大国责任,推动构建"人类命运共同体"表示认可。在疫情防控过程中,中国始终在力所能及的范围内为国际社会抗击疫情提供支持,积极向国际社会提供疫情信息、抗疫经验与人道主义援助,出口防控物资,与国际社会合作进行疫苗研制等,积极承担大国责任,呼吁构建"人类命运共同体",获得了国家社会的认可与肯定。比如,西班牙共产党主席森特利亚认为:"每当这种灾难波及世界时,我们会再次意识到习近平总书记提出的人类命运共同体理念恰逢其时。"⑤英国社会学家马丁·阿尔布劳认为传染病疫情等全球化危机让人

---

① 《360快资讯上线新型肺炎辟谣专区 助力维护网络安全秩序》,https://bbs.360.cn/thread-15837324-1-1.html,2021年3月2日访问。
② 《百度"疫情小区"地图覆盖超200个城市》,http://it.people.com.cn/n1/2020/0214/c1009-31586365.html,2021年3月2日访问。
③ 杨俊峰:《短视频站上新风口》,《人民日报(海外版)》2020年4月21日,第5版。
④ 《引领政党合作 助力全球抗疫》,http://www.qstheory.cn/dukan/qs/2020-04/15/c_1125858067.htm,2021年3月2日访问。
⑤ 《中国人民"正在为全人类作贡献"——抗击疫情海外观点综述(6)》,https://news.china.com/zw/news/13000776/20200305/37873854_5.html,2021年3月2日访问。

类意识到协作共享、构建人类命运共同体的必要性。① 捷克科学院哲学所全球研究中心主任赫鲁贝克说:"疫情不是一国一地的事。本次特别峰会上,习近平主席关于各国必须携手拉起最严密的联防联控网络的倡议,再次凸显了中国在全球化时代推进国际合作中发挥着重要作用。疫情需要各国充分共享信息、调配资源、互相扶持,中国在这些方面为全球树立了榜样。"②

(二)应急外交暴露出的外交短板

当然,应对疫情的过程也暴露出中国应急外交存在的短板和问题。首先,在重大突发事件一级响应的法律状态下,中国出现"泛外交化"倾向,即外交无所不在,无所不能,出现了不同程度的"外交超载"问题。

一方面,几乎所有问题都变成了外交部发言人要回答的问题。在国务院联防联控机制的框架下,几乎所有涉外问题都成为外交问题,甚至一些原本属于国内社会治理范畴但是引发一些社会争议的问题(如非洲国家在粤公民的关切问题等)也被转化为外交问题。事实上,对于一些关于疫情信息的解读和应对疫情的做法,卫生部门或者公共卫生专家、民间人士比外交发言人和政要回应更有效。4月2日,《外交学人》发表了百名中国学者联名的《致美国社会各界的公开信》,呼吁全球团结抗疫,反对疫情政治化和污名化。③ 4月3日,美国亚洲协会牵头近百位知名美国学者发表公开信给予积极回应,同样呼吁中美合作抗疫,产生了很好的效果。中国的呼吁也得到了斯洛文尼亚、波黑、埃及、俄罗斯、阿根廷、加拿大、马来西亚、澳大利亚、美国、巴拿马、伊朗等

---

① 《专访:疫情凸显构建人类命运共同体重要性——访英国知名社会学家阿尔布劳》,https://baijiahao.baidu.com/s?id=1658847352068876355&wfr=spider&for=pc,2021年3月2日访问。
② 《展现出负责任大国担当——习近平主席在二十国集团领导人应对新冠肺炎特别峰会重要讲话引发国际社会热烈反响》,《人民日报》2020年3月28日,第3版。
③ "An Open Letter to the People of the United States From 100 Chinese scholars," https://thediplomat.com/2020/04/an-open-letter-to-the-people-of-the-united-states-from-100-chinese-scholars/,2022年2月21日访问。

11个国家的政要名流的大力支持和积极响应,该号召引起了国内外巨大反响,起到了非常好的效果。①

另一方面,"外交超载"还表现为疫情期间大量海外公民和法人合法权益的保护问题,一些原本属于公共卫生、经济发展和社会稳定方面的事情也转变成为外交问题,对外交系统造成巨大压力。尤其在2020年4月以后,随着疫情在欧美乃至全世界蔓延,滞留在海外的大量中国留学生、华人华侨和中资机构,对外交保护和外交服务提出了迫切的要求,潮水般的信息涌入中国驻各国使领馆,在各国使馆微博留言板上有着大量的外交服务需求。据国务委员、外交部长王毅介绍,"外交部12308领保热线24小时运转,仅3月至4月就接听电话20多万通,平均每天3600余通"②。不难想见,每天处理3600通电话反映了外交工作量之大。

要想妥善解决好这些问题,仅靠有限的外交资源是远远不够的。在疫情期间,驻外使领馆的人力和物力资源有限,在短时间内很难及时提供有效的外交服务。据欧美一些国家使馆的外交人员反映,自疫情暴发就没有一刻休息,所有人处于连续奋战的状态。在应急管理框架内,几乎所有问题只要涉外就都让外交系统去解决。关于在突发事件情况下到底哪些议题能够纳入外交问题,哪些不要纳入外交问题,在法律上并没有明确的界定。所以,面对奔涌而来的问题,究竟哪些问题适合用外交手段解决,哪些问题不适合用外交手段解决,需要做严格的学理研究,至少应该在法理上有一个科学合理的界定。一般来说,公共卫生问题、经济合作问题、社会治理问题等,采取外交手段介入不一定是最好的,更多诉诸专业化的治理手段可能要比外交手段更好。

与"外交超载"相伴的另一个问题是外交的"泛政治化"倾向。外交是内政的延伸,故不可避免地会与国内政治联系在一起。然而,在应

---

① 《11国政要名流、美国百名学者回应中国学者公开信》,https://world.huanqiu.com/article/9CaKrnKqhhR? isappinstalled=0,2021年3月2日访问。
② 《王毅:海外中国公民一直是祖国母亲心头的牵挂》,http://www.xinhuanet.com/world/2020-05/24/c_1126026425.htm,2021年3月2日访问。

急外交过程中,外交政治化的倾向会更加严重,外交内政化导致各国抗疫出现泛政治化的倾向。随着疫情形势进一步严峻,社会心理越发脆弱,很容易引发舆情热点乃至政治争论,这一倾向在世界各国都不同程度地得到了印证。尤其在美国疫情严重的时刻,一些美国政客不负责任的"甩锅"行为将抗疫政治化和外交化,对中美关系造成十分消极的影响。一旦这些明显引发政治争论的问题被纳入外交渠道,就会刺激外交的"泛政治化"倾向,而一旦外交"泛政治化"就可能会引发外交纷争,造成外交关系紧张。

因此,一个值得研究的问题是,外交和内政之间应有一个转化的法律框架,尤其在应急管理过程中,突发事件一级响应使得外交和内政通过法律规定捆在一起,导致国内事务中好的东西和不好的东西都释放到外交领域。因此,为避免外交泛政治化,需要通过立法限制,将国内问题按照法理框架纳入外交领域中。由于疫情期间中国没有宣布进入国家紧急状态,也缺乏明确的"紧急状态外交授权法",具体政策选择的实施非常困难。

四、重启外交需要处理的若干关系

为应对新冠病毒危机,中国外交在疫情期间切换到应急外交的框架之内,采取了非常规的应急管理举措。然而,当疫情得到控制后,还需重启常规外交。不过,回归常规状态的外交必然和疫情之前的外交存在差别,中国外交将进入新常态。如何适应外交新常态,推动中国外交从应急外交向新常态外交转变,是一个重大问题。英国外交学家巴斯顿对"正常化外交"进行了论述,将国家从"关系的极其对立或不正常"到恢复正常外交关系的过程中开展的一切外交努力称为"正常化外交",并建立了一个正常化外交的模型。① 其实,外交关系从非正常状态转为正常化状态是一个很大的转变,不仅涉及官方外交关系的恢复和建立,而且涉及经

---

① 〔英〕R.P.巴斯顿:《现代外交》,赵怀普等译,世界知识出版社2002年版,第288页。

济、社会、思想、安全、外交等全方位领域的巨幅调整。具体来说,这一过程中需要把握好以下三对关系。

(一)常规外交与应急外交的关系

外交工作发挥联结国内事务和国际事务的功能,存在一些标准操作规程(SOP),其在常规状态下采用的一些习以为常的传统做法和规则在解决一些问题上有效,但在一些突发紧急事件的处理上有效性则大大降低。从中国外交在疫情前后的变化来看,尽管疫情使中国外交呈现出一些重大变化,但并没有改变中共十八大以来中国外交的本质属性、外交文化和外交结构,而是放大和突出了中国外交的特色,比如党的集中统一领导的制度优势、把人民生命安全和健康放在第一位的价值取向、联防联控和群防群控的一盘棋特色等。在这一总体形势下,中国外交承担了更多的治理使命,发挥了更多协调国内外的作用。

从更大的范围来看,外交工作也是国家治理体系的一部分,整个国家治理体系不能始终处于非常规的状态,应急外交仅解燃眉之急,长远来看外交需要纳入常规治理体系,需要从涉外法治体系建设和对外工作治理体系建设的角度进行统筹谋划,使之成为一个国家涉外工作法治体系的组成部分。比如,在外交工作实践中加强问责制、塑造持久的国际社会信任、完善法律和制度体系、参与全球治理体系和提高治理能力等问题,都是后疫情时代新常态外交的重要内容。只有在外交实践中扎实解决好类似问题,才能真正推进疫情后的正常化外交。

(二)硬着陆和软着陆的关系

从应急外交到常规外交的正常化进程,在方式上存在着硬着陆和软着陆的选择问题。硬着陆指不顾舆论抗议和引发其他领域负面反弹的危险,强行采取"急刹车"行动,其优点是立竿见影,缺点是经济和社会舆论震动较大;而软着陆则指在相对长的时期内采用连续的政策组合,比较平稳地让舆论热度降下来,循序渐进地实现外交关系与舆论的平衡,其优点是民意支持率相对牺牲较少,缺点是时间较长且受公众预期影响,变数较大。与其他国家宣布进入国家紧急状态的做法相比,中国的法律形态决定了我们通常会采取软着陆的方式,因为中国宣布启动突发事件一级响应本身就决定了会采取从一级响应到二级响应逐次降低的着陆方式,不像宣布进入国家紧急状态和结束国家紧急状态那样采取非此即彼的硬着陆方式。

不过,在推进应急外交软着陆的过程中,中国也需要综合考虑疫情、舆情和经济信心等多方面因素的影响。一个典型的例子是如何处理外国人签证限制和入境限制的问题。鉴于新冠肺炎疫情在全球范围快速蔓延,中华人民共和国外交部和国家移民管理局于2020年3月26日宣布自3月28日0时起,暂时停止外国人持目前有效来华签证和居留许可入境,对出入境人员进行了严格限制。[①] 后来,随着疫情形势的变化,中国在入境政策与疫情等级方面确定了机制性的对应治理政策,逐步将其纳入了规范化治理轨道。总之,如何综合考虑解禁与疫情防控新常态之间的关系以及如何完善入境防疫检测机制等,都是需要进一步研究的重大问题。

与此相关的问题是如何妥善解决海外侨民和留学生在疫情蔓延压力下面临的由入境限制和断航造成的机票贵和"回国难"问题,中国在海外的大量中资机构、华人华侨和留学生在疫情冲击下面临严峻的安全挑战,这就需要政府周密部署,制定妥善的政策措施。总之,如何根据疫情发展形势、国内外舆情和中国经济发展需要进行科学论证和模拟演练,对签证和出入境政策做出调整,是应急外交软着陆的重要课题。

(三) 应急外交与预防外交的关系

一般来说,应急外交主要处理突发紧急的危机事件,一旦局势缓和或危局稍歇,在应急期间采取的特别措施就会逐步取消。然而,疫情防控暴露的外交能力短板表明,在制度漏洞和能力短板补上之前,一些应急外交

---

① 《国务院联防联控机制就依法防控境外疫情输入最新情况举行发布会》,http://www.mot.gov.cn/2020wangshangzhibo/yqfk13/,2021年3月2日访问。

举措还将持续一段时间,有一些在疫情防控期间为实践证明的好经验和好做法还需要通过制度化的方式来巩固。同时,应急外交还应着眼于未来风险,通过做好预案防患于未然。尤其在风险识别和资源调配上,中国需要适应形势发展需要,及时制定相关可行性方案,开展预防性外交。

预防性外交是一种和平的非强制性的外交行为,时效性强,对信心的依赖程度高,需要在外交磋商和协商一致的基础上进行,要特别重视解决政治意愿问题、合法性与合规性问题、能力建设问题、资源统筹调度问题、预案及其有效性问题和社会可承受性等问题。[①] 如何将应急外交与预防性外交在实践中有效结合,实现外交正常化基础上的可持续外交,也是需要高度重视的课题。

小结

2020年的新冠肺炎疫情是一场具有深远影响的突发公共卫生危机。为更好地控制疫情,中国针对非常规状态采取了特殊措施。为应对疫情冲击带来的疫情、舆情与经济信心三大挑战,中国外交呈现出应急外交的若干特征,主要包括在理念上更加强调人类共同利益,在心态上更加强调战略主动,在机制上更加强调应急管理的联防联控和群防群控,在行动上更加强调立体联动和内外一盘棋意识等。疫情期间中国的应急外交取得了积极效果,有效推动了全球抗疫,缓解了舆情压力,提升了中国的国际影响力。

自新中国成立以来,中国外交多次受到重大危急时刻的挑战,但真正将外交纳入应急管理体系却是2003年非典疫情之后的事情。尤其随着一系列法律和应急管理体制机制的建立,中国学者越来越重视思考中国是否缺乏处理传统问题和非传统问题结合在一起的新型突发事件的有效观念与手段的问题,2020年的新冠肺炎疫情则进一步推动了应急外交的进程。从应急外交的实践来看,中国亟待在法律上确立应急外交和常规

---

① 〔英〕R.P.巴斯顿:《现代外交》,赵怀普等译,世界知识出版社2002年版,第236页。

外交之间的切换机制,应加快应急外交相关立法,加强日常模拟演练和能力培训,竭力避免外交因应急而失控。

展望未来,新冠肺炎疫情危机既是困难也是机遇,若处理得当有力,可化危为机,或推进国家治理体系和治理能力现代化,则中国国力、国运都将更胜一筹。因此,中国需加强对疫情冲击与中国对外工作的研究,尤其是尽快加强对疫情后的新常态外交及其应急预案和应急治理的相关研究,积极总结疫情防控各个环节的外交挑战与应对经验,加强外交工作实践中的问责制,严谨完善相关涉外法律与制度体系,充分把握疫情期间讲好中国故事、提升国际影响力和塑造国际社会信任的有效方法,推进外交领域治理体系和治理能力现代化建设,为中国特色大国外交奠定坚实的治理之基。

第五章

中国之治:双循环

习近平总书记提出要加快形成以国内大循环为主体、国内国际双循环相互促进的新发展格局。这是基于世界百年未有之大变局和中华民族伟大复兴战略全局作出的重大战略判断。如何从这一战略判断出发,调整新发展阶段的中国经济外交,既是一个重大理论课题,也是一个重大战略课题。事实上,之所以强调双循环,本质上还牵扯到外部性的问题。随着中国经济进入新发展阶段,如何化解中国经济产生的外部性问题,实现中国经济与世界经济共同发展,是中国经济外交的重要任务。在经济学关于外部性理论分析的基础上,本章通过考察双循环新发展格局下中国经济外部性的新现实和新挑战,提出只有推动中国经济外交实现从"单循环"到"双循环"的转型,才能实现中国"双循环"可持续发展。

一、中国经济的外部性问题

近年来,随着中国经济规模的持续扩大和国际竞争力的不断上升,中国经济与世界经济的联动性、敏感性和脆弱性同步加强,产生了复杂的外部性。一些持"中国威胁论"的学者坚持中国经济崛起的负外部性[1],而

---

[1] John J. Mearsheimer, "The gathering storm: China's challenge to US power in Asia," *Chinese Journal of International Politics*, Vol. 3, No. 4, 2010, pp. 381–396; Christopher Walker, "What Is 'Sharp Power'?" *Journal of Democracy*, Vol. 29, No. 3, 2018, pp. 9–23; "Office of Trade & Manufacturing Policy Report: 'How China's Economic Aggression Threatens the Technologies and Intellectual Property of the United States and the World'," https://(转下页)

一些持"中国机遇论"的学者则坚持中国经济崛起的正外部性①。无论如何,中国经济的外部性问题毫无疑问已成为一个与中国外交有关的重要问题。

其实,外部性是经济领域中的一个普遍现象,其最早可以追溯到英国经济学家马歇尔在其经典著作《经济学原理》一书中所提出的"外部经济"概念。它主要是指某个经济实体的行为使他人受益(正外部性)或受损(负外部性),却不会因之得到补偿或付出代价。②

任何国家在谋求本国经济增长的同时,必然会不同程度地产生外部性问题。回顾新中国成立七十多年来中国经济的发展历程,从内外比重关系来看,中国经济发展主要经历了三个阶段:

第一阶段是独立自主的"内循环"阶段(1949—1978)。这一时期,为了恢复战后的生产生活,应对西方世界的经济封锁,中国主要采用以"内循环"为主,独立自主、自力更生的经济发展模式。

第二阶段是积极融入国际大循环的阶段(1979—2019)。这一时期,我国抓住了新一轮全球化的机遇,积极融入多边贸易体系,参与国际分工,制定了"依赖国际大循环开启国内市场化改革,构建内部市场化大循环"的外向型发展战略,促成了中国经济持续高速增长的奇迹。③

(接上页)trumpwhitehouse. archives. gov/briefings-statements/office-trade-manufacturing-policy-report-chinas-economic-aggression-threatens-technologies-intellectual-property-united-states-world/; J. S. Nye Jr. ,"How Sharp Power Threatens Soft Power: The Right and Wrong Ways to Respond to Authoritarian Influence, " https://www. foreignaffairs. com/articles/china/2018-01-24/how-sharp-power-threatens-soft-power,2021年11月20日访问。

① Dragan Pavlićević, "'China Threat' and 'China Opportunity': Politics of Dreams and Fears in China-Central and Eastern European Relations," *Journal of Contemporary China*, Vol. 27, No. 113, 2018, pp. 688-702; Justin Yifu Lin, "China's Rise and Opportunity for Structural Transformation in Africa, " *Journal of African Economies*, Vol. 27, 2018, pp. i15-i28; Nicholas R. Lardy, "The Economic Rise of China: Threat or Opportunity?" https://www. clevelandfed. org/en/newsroom-and-events/publications/economic-commentary/economic-commentary-archives/2003-economic-commentaries/ec-20030801-the-economic-rise-of-china-threat-or-opportunity. aspx,2021年2月21日访问。

② 〔英〕马歇尔:《经济学原理》,朱攀峰译,北京出版社2007年版,第72页。

③ 刘元春:《正确认识和把握双循环新发展格局》,《学习时报》2020年9月9日,第A3版。

第三阶段是加快构建国内国际双循环的阶段(2020年至今)。2020年7月30日,中共中央政治局会议明确提出双循环新发展格局,即"构建以国内大循环为主体、国内国际双循环相互促进的新发展格局"。双循环新发展格局的提出,既是我国未来一个时期引领经济高质量发展的战略方针,也是党中央把握世界百年未有之大变局和中华民族伟大复兴战略全局而作出的重大战略判断。

事实上,之所以作出双循环的发展格局调整,核心原因是为应对世界经济对中国经济产生的外部性影响,通过发展战略格局的矫正减少世界经济给中国经济造成的负外部性,提升中国经济发展的正外部性。因此,从外部性的角度考察中国发展格局调整及其对中国经济外交的影响,具有重要意义。

二、理论分析:外部性及其解决

(一)外部性的内涵

外部性(Externality)是经济学研究的一个经典问题,解决外部性问题是政府这只"看得见的手"在市场经济中发挥作用的关键着力点。一般而言,主流经济学教科书对外部性的定义为:"一人的行为对旁观者福利的影响。"[①]如果这种影响是有利的,就称为正外部性(如教育、消防、基建等);如果这种影响是不利的,就称为负外部性(如环境污染、犯罪等)。

外部性所带来的最大问题就是"市场失灵",按照既有的市场逻辑无法解决市场竞争造成的问题。尽管"古典经济学之父"亚当·斯密在其1776年著作《国富论》中就将市场比作一只"看不见的手",认为其可以自发实现资源的有效配置[②],然而,后续的研究者勒纳(Lerner)、兰格

[①] 〔美〕曼昆:《经济学原理》(第7版·微观经济学分册),梁小民等译,北京大学出版社2015年版,第1页。

[②] 〔英〕亚当·斯密:《国民财富的性质和原因的研究》,王亚南、郭大力译,商务印书馆1983年版,第21页。

(Lange)和阿罗(Arrow)等提出了著名的福利经济学第一定理,即市场机制能自发达到帕累托最优的资源配置结果,并认为该定理的成立基于三个前提条件:其一,市场充分竞争;其二,没有信息不对称;其三,没有外部性。① 上述三个条件中任意一条不能满足,都会导致市场失灵。对于具有外部性的商品和服务,如果完全依赖市场机制,就会造成供给过度或不足,偏离社会最优的水平,造成效率损失。最典型的例子就是,如果没有政府干预,工厂会大量排放污染,新的技术研发将无人提供支持,交通网络等基础设施也将年久失修。

(二)外部性的干预方式

为解决外部性带来的市场失灵问题,实现资源的有效配置,经济学研究认为需要政府这只"看得见的手"进行干预,具体来说,主要有以下四类干预方式:

第一,行政命令与管制政策。政府可以用非市场化的手段来提供具有正外部性的产品和服务,或用行政管制的方法来管理负外部性,这一推论已被众多经济学者论证,并推广至国际关系领域。早在1776年,亚当·斯密就提出政府应提供"便利社会商业,促进人民教育的公共设施和工程"②。凯恩斯也认为公共事业应由政府投资并经营,"还有一类日趋重要的投资,由政府从事,由政府负担风险。从事此类投资时,政府只想到对于未来社会之好处,至于商业上利益如何,则在所不计"③。萨缪尔森提出"公共产品理论",用模型论证了由于存在"搭便车"问题,故公共产品须由政府生产并提供的观点。④ 后来,金德尔伯格将公共产品理论引入

---

① 〔美〕史蒂夫·N. 杜尔劳夫、劳伦斯·E. 布卢姆主编:《新帕尔格雷夫经济学大辞典》(第八卷),贾拥民等译,经济科学出版社2016年版,第644页。
② 〔英〕亚当·斯密:《国民财富的性质和原因的研究》,王亚南、郭大力译,商务印书馆1983年版,第415页。
③ 〔英〕凯恩斯:《就业利息和货币通论》,徐毓枬译,商务印书馆1983年版,第138—139页。
④ Paul A. Samuelson, "The Pure Theory of Public Expenditure," *Review of Economics and Statistics*, Vol. 36, No. 4, 1954, pp. 387-389.

国际关系领域,认为国际经济体系的稳定运转也需要由某个国家来提供公共产品。① 吉尔平在其基础上发展出霸权稳定论,其中的关键结论之一就是霸权国有责任提供公共产品并承担成本,这些公共产品包括建立国家间的平等原则、自由开放贸易体制和稳定的国际货币以及国际安全环境。② 上述理论又被用于指导建立二战后的国际秩序,如成立了像联合国安理会、国际原子能机构、世界贸易组织等一系列具有监督管理国际事务职能的国际组织,这些机构一定程度上起到了维护国际秩序、提供全球公共产品的作用,从而化解国际交往过程中的外部性问题。

第二,征收矫正税或补贴。政府可以通过对具有负外部性的物品征税和给予有正外部性的物品以补贴来使外部性内在化,帮助资源得到更高效、公平的配置。该理论最早由英国经济学家庇古提出,他认为导致市场配置资源失效的是经济当事人的私人成本与社会成本不一致,从而私人的最优导致社会的非最优。因此,纠正外部性的方案是政府通过征税或者补贴来矫正经济当事人的私人成本,引导私人决策者将外部性的影响纳入自己的成本收益考量,这种矫正外部性的方法也被称为"庇古税"方案。③ 该方法在国际关系领域也得到了广泛的应用,例如在对外贸易过程中,一国对本国出口产品的大量补贴不但会影响本国企业的生产决策,还会影响该产品在国际市场的价格和供需关系,从而有可能对进口国的特定产业造成较大冲击。为解决这一问题,WTO 的《反倾销协定》和《补贴与反补贴措施协定》都规定,当一个经济体对其出口产品进行倾销或补贴,并对进口方的相关产业造成损害时,进口方可以对其征收反倾销或反补贴税。这本质上也是用矫正税的方式来解决倾销或补贴所带来的外部性问题。

---

① Charles P. Kindleberger, "International Public Goods without International Government," *American Economic Review*, Vol. 76, No. 1, 1986, pp. 1–13.

② 〔美〕罗伯特·吉尔平:《国际关系政治经济学》,杨宇光等译,经济科学出版社 1989 年版,第 90 页。

③ 〔英〕庇古:《福利经济学》,朱泱等译,商务印书馆 2006 年版,第 35 页。

第三,利益各方签订合约或形成联盟。根据合作博弈理论,如果能让外部性关联的各方形成一个具有抵消作用的联盟,便可将相互影响的多个经济行为者合并为共同行为主体,从而有效避免"搭便车"问题。在合作博弈中,参与各方可以通过签订合约的方式,对违反合约者进行惩罚(置信威胁),从机制设计层面保证参与者履行契约。[①] 国际关系研究中的同盟理论也部分借鉴了这一思想,即国家之间通过订立攻守同盟的契约,使非合作博弈转化为合作博弈。该方法今天已被国际社会广泛使用,各类双边、多边谈判与协定就是通过签订合约或形成联盟的方式解决国际事务中的外部性问题的典型代表。

第四,为外部性创造一个交易市场。政府可以通过创造一个市场,让利益各方低成本地对外部性进行协商交易,利用市场的力量实现对外部性定价,解决外部性问题。该理论最早由美国经济学家科斯在1960年发表的《社会成本问题》一文中提出(后人称为"科斯定理"),他认为如果私人各方可以无成本地就资源配置进行协商,那么无论最初权利如何分配,各方总能达成一种社会最优的协议,从而解决外部性问题。[②] 该方法克服了"庇古税"中影子价格难以准确估计的问题,政府通过界定产权、降低交易成本、减少信息不对称等方式,用市场的手段解决市场失灵的问题。然而,这种方式有一个重要前提,就是交易成本为零。相反,如果利益方过多,协调成本过高,此时靠市场的力量达成有效协议的可能性极低。利用科斯定理解决国际社会外部性的最典型案例就是碳交易市场。2005年《京都议定书》正式生效后,为了实现全球节能减排的目标,世界形成了若干个区域型的碳交易市场,如欧盟排放交易体系,该市场在控制排放总量目标的基础上,允许企业间以货币交换的方式出售或购买排放权指标,通过把二氧化碳排放权作为一种流通商品,实现对其市场定价,解决外部性问题。

[①] Lloyd S. Shapley, "A Value for N-Person Games," *Contributions to the Theory of Games*, Vol. 2, No. 28, 1953, pp. 307-317.

[②] Ronald H. Coase, "The Problem of Social Cost," *The Journal of Law & Economics*, Vol. 3, 1960, pp. 1-44.

除上述经济学中讨论较多的解决方法,政治学、社会学、伦理学等学科领域也有不少化解外部性问题的探讨。例如,在社会学和伦理学领域,一些学者强调通过道德约束限制具有负外部性的行为,依靠公益慈善等提供具有正外部性的商品和服务等;政治学领域则将化解外部性问题的方法归结为国家公共政策干预和外交介入,通过政治和外交手段实现对外部性问题的校正;在外交学和国际关系领域,很多学者强调通过经济外交来介入,解决一个国家的经济外部性问题。

双循环新发展格局不但会带来国内经济发展模式的调整,也会给中国参与国际经济合作的方式带来重大改变。鉴于中国当前已成为世界第二大经济体、制造业第一大国、货物贸易第一大国,中国自身参与国际经济方式的变化必然会给世界其他国家带来一定的外部性,这些外部性中有正向影响、有负向影响,有的可以凭借市场的力量自发解决,有的则要依赖政府干预,通过外交途径来沟通化解。基于上述理论分析可以初步得出结论:从"十四五"期间推动构建双循环新发展格局来看,除了必要的经济手段外,外交手段尤其是经济外交手段必须做出相应的调整。

三、"双循环"及其外部性

双循环新发展格局的提出,是对近年来国际国内经济形势变化的总体判断和战略调整。改革开放40多年来,中国已经成长为全球第二大经济体,也成为全球经济增长最大的贡献者,人均GDP即将跨入高收入国家门槛,已基本实现全面建成小康社会的奋斗目标。在这种背景下,传统的"两头在外、大进大出"的发展模式也需要进行调整。

世界百年未有之大变局和新冠肺炎疫情双重叠加的背景之下,未来的全球经济大概率会进入持续低迷期。根据世界银行2021年1月发布的《全球经济展望》,2020年全球经济萎缩了4.3%,是第二次世界大战以来程度最深的经济衰退,其中发达经济体经济活动收缩了5.4%,除中国之外的新兴市场和发展中经济体收缩了5%。① 国际货币基金组织在《世界经济展望》中也预测后疫情时代全球经济复苏仍面临巨大挑战,特别是各国的复苏势头将出现明显不同,部分发达和新兴市场经济体将出现巨大的负产出缺口和高失业率,全球经济恢复道阻且长。② 新冠肺炎疫情暴发后,主要经济体纷纷出台提升本土产业链"自主性"的政策,加剧了已有的逆全球化趋势。

总的来说,后疫情时代全球经济面临着巨大的不确定性,这也给中国经济带来了外部性。双循环新发展格局就是为了回应国内国际发展的新现实,也是引领未来一个时期中国经济建设的战略方针。

基于中国作为当今世界第二大经济体的实力和中国经济与世界经济的互动水平,双循环新发展格局不但会带来国内经济发展的战略调整,也会影响到我国参与国际经济合作的方式,产生比较大的外部性影响。总的来看,在双循环的新发展格局下,中国经济的外部性主要体现在以下三个方面:

(一) 中国贸易投资外部性

中国经济对外依存度将持续下降,与其他国家的经济联系将被重塑。构建新发展格局要"坚持扩大内需这个战略基点"③,这是对过去外需驱动的经济发展模式的调整。尽管我国已多年稳居世界货物贸易第一大国和对外投资第二大国,但事实上早在2008年金融危机后,中国对外依存度就开始呈持续下降趋势,这种状况主要体现在市场、资金和技术三个方面。

---

① 《全球经济预计2021年增长4%;疫苗部署与投资是维持复苏势头的关键》,https://www.shihang.org/zh/news/press-release/2021/01/05/global-economy-to-expand-by-4-percent-in-2021-vaccine-deployment-and-investment-key-to-sustaining-the-recovery,2021年3月2日访问。

② 《世界经济展望》,https://www.imf.org/zh/Publications/WEO/Issues/2021/01/26/2021-world-economic-outlook-update,2021年3月2日访问。

③ 《中国共产党第十九届中央委员会第五次全体会议公报》,2020年10月29日,新华网,http://www.xinhuanet.com/politics/2020-10/29/c_1126674147.htm,2021年3月2日访问。

从市场来看,中国对海外市场的依赖程度近十年来已明显下降。根据世界银行数据,我国商品和服务贸易额占GDP比重已从2006年的64%下降至了2019年的32%,对国际市场的依赖度明显下降(见图5-1)。从资金来看,我国实际使用外资额近年来一直维持在1300亿美元左右,占GDP的1%,对外资的依赖度总体呈下降趋势(见图5-2)。从技术来看,改革开放以来各级政府都在积极招商引资,通过"以市场换技术"的方式建立了很多合资企业和产业园区,作为引进国外技术、实现产业升级的抓手。双循环新发展格局要求我们"实现依靠创新驱动的内涵型增长"①,提高我们的自主研发能力,降低在关键领域对国外的技术依赖。

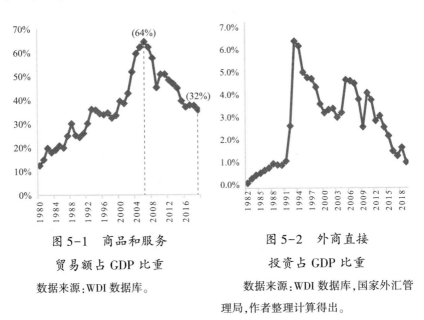

图 5-1 商品和服务贸易额占 GDP 比重

数据来源:WDI 数据库。

图 5-2 外商直接投资占 GDP 比重

数据来源:WDI 数据库,国家外汇管理局,作者整理计算得出。

不难看出,双循环新发展格局下我国对外经济第一个表现就是对外需的依赖程度仍将持续下降,这不但是历史上各国从中等收入国家向高收入国家演进的一般规律,更是实现中国经济未来增量提质目标的重要

---

① 习近平:《在经济社会领域专家座谈会上的讲话》,《人民日报》2020年8月25日,第2版。

保障。从对外经济的角度而言,这也将重塑中国和其他国家的经济联系,由之前深度参与全球分工、产业链高度交融,转向打造新的国际分工合作模式。

(二) 中国技术外部性

中国坚持高质量发展,与其他国家在技术和标准领域的竞争会趋于激烈。新发展格局要求"实现高质量发展,必须实现依靠创新驱动的内涵型增长。我们更要大力提升自主创新能力,尽快突破关键核心技术"①。这主要基于国内和国际两方面的原因。

从国内因素来看,当前中国经济正处于工业化的中后期、城镇化的中期和产业转型升级的关键期,和发达国家相比,中国的很多行业领域仍呈现资本密集度低、技术含量低、行业集中度低的特征,产业结构方面还有较大的调整空间,亟须进一步转型升级(见图5-3)。② 从国际因素来看,当前以人工智能、通信技术、生命科学等为代表的新一轮科技革命,很可能导致国际经济大洗牌。在这种背景下,中国经济进一步提质增量成为未来一段时期经济工作的重点目标。

在经济全球化浪潮的冲击下,资源和要素在世界范围进行优化配置,导致整个世界市场的分工结构、技术结构和利益结构相对稳固,也形成了日益明确的"技术鸿沟""发展鸿沟"等问题。很长一段时间以来,中国处于国际供应链和价值链的中下游,中国本土企业"走出去"的主要方式是海外并购投资,将外资企业"引进来"的方式是吸引它们到中国建立生产线、设立合资企业等,中国成为"世界工厂"和供货方。

在新发展格局下,企业的发展模式将发生变化,过去强调海外并购、创办合资企业,在未来将更加强调培育国内的自主品牌走向世界,参与国际竞争,提升中国品牌影响力。《中共中央、国务院关于推进贸易高质量

---

① 习近平:《在经济社会领域专家座谈会上的讲话》,《人民日报》2020年8月25日,第2版。
② 《保安全、稳民生、谋长远:全球疫情下的经济形势分析战略报告》,http://www.accept.tsinghua.edu.cn/2020/1113/c22a253/page.htm,2022年3月22日访问。

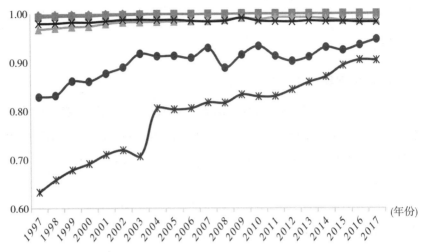

图 5-3 中国与美、英、日、德、印五国产业结构相似系数

（以美国 2017 年数据为基准）

数据来源：WDI 数据库。

发展的指导意见》（以下简称《意见》）中明确提出："鼓励行业龙头企业提高国际化经营水平，逐步融入全球供应链、产业链、价值链，形成在全球范围内配置要素资源、布局市场网络的能力。支持推动中小企业转型升级，聚焦主业，走'专精特新'国际化道路。"对自主创新能力的重视和一系列重大科技强国战略措施的出台，会推动中国向国际产业链和价值链的中高端迈进，客观上会促使中国与发达国家进行技术竞争、市场竞争、规则竞争等，产生激烈的利益结构碰撞的问题，特别是在移动通信、数字经济、自动驾驶、区块链等新兴领域，中国与世界其他国家在技术及其标准领域中的竞争会日益激烈，不排除发达国家对我国实行常态化技术封锁和压制的可能性。

(三) 中国治理外部性

中国推进高水平的对外开放，参与全球经济治理的广度和深度将不断扩大。双循环新发展格局要求"以高水平的对外开放打造国际合作和竞争新优势"①。这种"高水平"对应到贸易投资方面就是从过去比较强调总量的增长转换为在未来新发展格局中更多关注质量的提升和竞争优势的确立。尽管从规模来看我国已经多年稳居世界货物贸易第一大国和对外投资第二大国,但从贸易和投资结构来看仍有较大的优化调整空间,在全球价值链中的地位仍需进一步提升。以知识产权使用费的贸易额为例,2019年我国进口344亿美元,出口仅66亿美元,远低于美国同期的进口427亿美元,出口1174亿美元。

在新发展格局下,我国的对外贸易和投资将更加关注质量的提升和结构的优化,正如《意见》中所提出的"到2022年,贸易结构更加优化,贸易效益显著提升,贸易实力进一步增强,建立贸易高质量发展的指标、政策、统计、绩效评价体系"。这本质上反映了国内产业结构的转型升级与在全球价值链位置的提升,表现为对外贸易中高质量、高技术、高附加值产品和服务占比的上升。

同时,高水平对外开放也要求我们更深层次地参与全球治理,面对后疫情时代的逆全球化浪潮,以及国际合作不足的现实,"要积极参与全球经济治理体系改革,推动完善更加公平合理的国际经济治理体系"②。特别是2020年新冠肺炎疫情加速了世界格局的变化,对全球经济治理产生了巨大的冲击,在经济外交领域中呈现出两个新现实:

一是新冠肺炎疫情带来的国际合作不足的新现实。在这场全球性的突发公共卫生事件面前,本应是各国密切配合、精诚合作,但事实上主要大国却忙于"甩锅"推诿,相互抹黑,甚至煽动排外情绪。从抗疫方式来看,不同国家采用了不同甚至对立的策略,现有全球治理体系合作不足的短板也被充分暴露。

二是欧美国家"退群"带来的全球治理供给不足的新现实。新冠肺炎疫情加剧了近年来盛行的逆全球化浪潮,以美国为首的西方国家接连"退群",公然破坏现有国际秩序,曾经的国际秩序的建立者、主导者现在成了

---

① 习近平:《在经济社会领域专家座谈会上的讲话》,《人民日报》2020年8月25日,第2版。
② 同上。

最大的破坏者,全球化面临严峻挑战,全球治理赤字和不稳定不确定因素骤增。

中共十八大以来,中国积极推进中国特色大国外交,推动建立新型国际关系和人类命运共同体的理念,提出了"一带一路"国际合作倡议、共商共建共享的全球治理观等一系列新思想新理念新战略,成功举办"一带一路"国际合作高峰论坛、二十国集团领导人杭州峰会等"主场外交"活动,推动建立了亚洲基础设施投资银行和丝路基金等国际公共产品,"人类命运共同体"理念等一大批中国方案被写入联合国等国际组织文件,中国的国际影响力不断提升。

伴随着中国日益走入世界舞台中央,国际社会短期内不可避免会表现出一些不适应和排斥情绪。皮尤研究中心2020年10月公布的民调结果显示,新冠肺炎疫情发生后,英国、美国、德国等发达国家中的民众对中国的好感度降到了十多年来的最低点(见图5-4)。在可预见的未来,中国参与全球治理的深度和广度仍将持续拓展,国际社会的不适应和排斥情绪仍将持续存在,中国面临的国际环境仍旧不容乐观。如何有效化解这类外部性,是中国参与全球经济治理的重要课题。

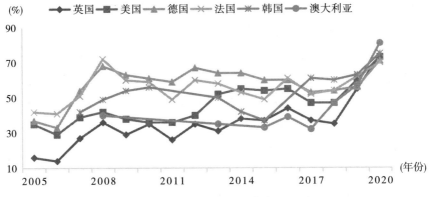

图5-4 皮尤研究中心民调对中国持消极评价的比例(%)

数据来源:Laura Silver and Kat Devlin, et al., "Unfavorable Views of China Reach Historic Highs in Many Countries," https://www.pewresearch.org/global/2020/10/06/unfavorable-views-of-china-reach-historic-highs-in-many-countries/,2021年3月2日访问。

简言之,双循环新发展格局不但会带来中国自身经济发展模式的调整,也会给世界其他国家带来以下三类外部性:一是中国经济对外依存度将持续下降,与其他国家的经济联系将被重塑;二是中国坚持高质量发展,与其他国家在技术和标准领域的竞争会趋于激烈;三是中国推进高水平的对外开放,参与全球经济治理的广度和深度也会不断拓展。为落实好新发展格局的要求,实现中国经济高质量发展和"两个一百年"奋斗目标,必须妥善布局,及时调整在经济外交领域的战略和策略,为双循环新发展格局营造良好的国际环境。

四、中国经济外交的转型

经济外交的一个重要职能是解决好国家在对外经济中所面临的外部性问题,为国内经济发展营造更好的外部环境。从改革开放以来中国的经济外交发展中不难看出,不同时期的经济外交也随着我国对外经济关系的发展演进在不断调整。李巍将我国改革开放以来的经济外交划分为四个阶段:第一阶段,改革开放初期。为了打破经济孤立,中国采取了接触性外交,并开始逐渐了解国际经济体系中的基本规则。第二阶段,20世纪90年代。在这一阶段,中国采取了融入性经济外交,以经济合作作为"敲门砖",先同日本、欧共体、加拿大、美国等西方国家和国际组织加强交流,参与融入区域性经济合作(如1991年加入APEC,1997年加入东盟与中日韩领导人会议)。第三阶段,21世纪的第一个10年。中国采取了参与性经济外交,以加入WTO为标志,积极参与国际经济秩序与机制的建设,在区域层次推动自由贸易区(FTA)建设,经济外交相关成果显著。第四阶段,2008年金融危机以后,中国开始了领导性经济外交,努力推动多哈回合谈判取得进展,积极推进人民币国际化进程,全面提出并实施"一带一路"倡议,主导成立亚投行、新开行等国际组织。[1]

---

[1] 李巍:《改革开放以来中国经济外交的逻辑》,《当代世界》2018年第6期,第22—26页。

因此,在双循环新发展格局构建过程中,中国也需要推动经济外交的"双循环",既要积极应对世界经济对中国经济造成的外部性问题,也要积极化解中国经济给其他国家带来的外部性,为中国经济发展营造良好的国际环境。中国在经济外交领域的战略与策略也要相应进行调整。具体来说,主要有以下三个方面。

(一)外部性之一:应对对外依存度减弱的经济外交

新发展格局带来的第一类外部性问题就是中国经济对外依存度将持续下降,与其他国家的经济联系将被重塑。具体来说,改革开放40多年以来,中国的经济发展是建立在和国际上跨国公司互利共赢的基础上的,跨国公司一直是中国对外开放过程中最重要的推动者、参与者和受益者;在发展的过程中,各级政府纷纷出台一系列"超国民待遇"的优惠政策吸引跨国公司去当地投资,一大批本土企业家主动为跨国公司提供优质的配套服务,中国迅速增长的国内大市场也为跨国企业带来了丰厚的利润回报。然而,在双循环新发展格局下,中国同国外跨国公司的关系也要发生调整,将由原来的招商引资、用市场换技术、差异化竞争等方式,转换为培育国内自主品牌,与其他跨国公司在技术和市场上直接竞争。换句话说,过去本土企业和跨国公司是"在合作中学习,在合作中竞争",未来将更多变为"在竞争中合作"。

同时,改革开放的过程也是中国经济不断学习、转型升级的过程,企业家、劳动者和政府官员都在学习,学习先进的知识技术和管理经验。正如前总理朱镕基所说:"没有竞争,就没有进步。没有开放,先进的管理经验、经营方式、技术手段怎么能进得来呢?"[①]在新发展格局下,尽管中国对外依存度在下降,但中国对外开放的态度和决心不变,仍会积极主动参与到国际竞争合作中,正如习近平总书记在经济社会领域专家座谈会上的讲话中所提到的:"新发展格局决不是封闭的国内循环,而是开放的国内国际双循环。我国在世界经济中的地位将持续上升,同世界经济的联

---

① 《朱镕基讲话实录》(第2卷),人民出版社2011年版,第300页。

系会更加紧密,为其他国家提供的市场机会将更加广阔,成为吸引国际商品和要素资源的巨大引力场。"①为实现这一目标,中国需要在经济外交领域做出如下调整:

第一,加强以我为主的经济外交。背靠中国国内大市场,改变被动反应型的经济外交,加强基于中国经济发展需要的积极主动型经济外交,不断提出新思路、新平台和新办法。比如,依托海南国际自由港探索建立经济外交的开放高地,举办重大国际经济活动,推动世界产业园区联盟建设,将三沙建设成为类似维尔京群岛、开曼群岛那样的海外注册中心,抢占国际经济外交的制高点。

第二,调整经济外交的战略,实现从市场开拓战略向内需扩张型战略转变。立足中国中等收入群体快速成长的实际,积极开展内需主导的经济外交,培育中国国际竞争新优势。为实现该目标,就必须在贸易、汇率、税收等领域进行配套的政策调整。调整的方向是从以贸易投资为主导向以资本金融为主导转变,重点支持轻资产合作项目发展,减少"卡脖子"问题发生。

第三,出台相应措施,鼓励对外交流合作。改革开放40多年的发展经验告诉我们,学习是经济不断升级的关键,对外开放是最低成本的学习方式。因此,未来中国经济要想真正领跑世界,实现"两个一百年"奋斗目标,就必须主动对外开放,积极参与国际竞争合作,学习国际上先进的技术和管理经验。

(二)外部性之二:化解国际技术竞争的经济外交

新发展格局带来的第二类外部性问题就是,伴随着中国坚持高质量发展,与其他国家在技术和标准领域的竞争会趋于激烈,不排除发达国家对我国实行常态化技术封锁和压制的可能性。事实上这一过程已经开始,从2018年开始的中美贸易摩擦中就不难发现,高科技领域一直都是

---

① 习近平:《在经济社会领域专家座谈会上的讲话》,《人民日报》2020年8月25日,第2版。

一个重要战场:在学术交流方面,美国方面采取了包括阻碍赴美留学、减少签证时间、打击和审查华裔科学家等措施;在科技企业方面,美国通过切断供应链、进行出口管制、限制海外市场扩张、处以巨额罚款等方式,对以中兴、华为、抖音、微信为代表的高科技企业或平台进行制裁。除此之外,白宫还出台了 STEM Push 的五年计划,大力支持科学、技术、工程和数学领域的人才培养[①]。

可以预见,未来随着双循环新发展格局下中国对核心技术、自主研发领域的不断重视,中国同主要国家在基础科学、人工智能、生物医药等高新技术领域的竞争将更为激烈。为解决这一问题,中国需要在经济外交领域做出如下调整:

第一,加强经济外交的宏观规划和战略指导。中国经济规模优势已经显现,要通过加强经济外交战略的战略谋划,将中国的资源和规模优势转化为战略优势和制度话语权优势,不断开辟中国经济外交的新空间。尤其是在"十四五"期间,要集中解决国内能源、芯片等领域面临的紧迫问题,调整经济外交的布局,在今后一段时期内确立某些领域的战略优势。其中,要积极推动国有企业向国有资本改革,引导市场化的中外合作的供应链公司,必要时允许外资和民间资本在其中扮演主导角色,解放民间资本和外资在经济外交中的独特优势。

第二,加强关键领域的高素质人才储备。国家在关键领域的竞争归根到底还是人才的竞争,中国有着世界上人数最多的理工科毕业生,这是中国经济不断转型升级的重要保障,未来应继续鼓励科技领域的国际交流合作,大力培养和引进国际一流的人才和科研团队。同时,要大力加强国家重点实验室的布局建设,使之成为高精尖人才的储备库和孵化器,成为中国创新发展和创新外交的主力军。

第三,加强多边经济外交。要用好"一带一路"国际合作平台、金砖国家合作机制、新兴市场国家的市场。继续加强同发达国家在技术、人才领

---

① Lauren Camera,"White House Outlines Five-Year STEM Push,"https://www.us-news.com/news/education-news/articles/2018-12-03/white-house-outlines-five-year-stem-push,2022 年 2 月 29 日访问。

域的交流合作,打造后疫情时代区域经济外交新模式。尤其是继续推进多边自由贸易区和区域经济合作框架建设,在更大的范围和更高的平台上缔造中国国际合作竞争新优势。

(三) 外部性之三:深化全球治理的经济外交

新发展格局带来的第三类外部性问题就是,伴随着中国推进高水平的对外开放,参与全球经济治理的广度和深度会不断拓展,东西方在价值观层面的差异会更加凸显。改革开放以来,邓小平一直倡导在经济外交领域,搁置意识形态方面的争论,"各国人民在资本主义制度下所发展的科学和技术,所积累的各种有益的知识和经验,都是我们必须继承和学习的"①。1985年4月,邓小平在会见美国汽车工会代表团和美国工会领导人访华团时明确表示:"在来往中,把意识形态问题撇开,根本不去管它,就讲友谊,谈可以合作的东西。"②过去,我们出口鞋帽、合资汽车、代工产品时,可以在商言商,搁置意识形态领域的分歧,但随着中国的发展和世界的变化,将来更多像中兴、华为这样的科技企业,像抖音、微信这样的软件应用将走向世界。伴随着中国日益走近世界舞台中央,参与全球治理深度和广度的拓展,我们也不得不去面对和回应西方国家在价值领域的不解和质疑。在这种背景下,如何消除西方社会对中国在知识产权保护、数据安全、隐私保护等方面的担忧,赢得各方的理解和信任,成为亟待解决的重要问题之一。

以数字贸易为例,尽管从技术发展来看,我国已处于世界较为领先地位(仅次于美国),在全球排名前10位的互联网巨头中有7家来自美国、3家来自中国,且我国电子商务交易额全球占比超过了40%。但在价值观层面,美欧发达国家却普遍认为中国存在较高的数字贸易壁垒。美国贸易代表办公室(USTR)发布的《2019年国家贸易评估报告》,将印度、欧

---

① 《邓小平文选》(第2卷),人民出版社1994年版,第167—168页。
② 《邓小平思想年谱(1985年)》,http://cpc.people.com.cn/GB/33839/34943/34980/2632706.html,2020年11月26日访问。

盟、印度尼西亚、中国和越南列为在数字贸易领域壁垒最严重的五个经济体。① 欧洲国际政治经济中心(ECIPE)发布的《全球数字贸易限制指数报告》测度了全球64个国家对于数字贸易的限制,认为中国是全球对于数字贸易限制最高的国家。②

未来,中国要想进一步提升贸易数字化水平,参与全球数字经济和数字贸易规则制定,就一定要在国内立法、对外宣传、经济外交等多个领域同时发力,在价值观层面消除西方国家和民众的误解。为实现这一目标,中国需要在经济外交领域做出如下调整:

第一,讲好中国故事,讲出中国道理,消除国际舆论误解。对外要讲清中华文化的包容性和中国永不称霸的决心,讲清中国市场化改革的成果,积极宣传近年来我国在信息安全、知识产权保护等领域作出的努力。通过对外宣传塑造良好的国际形象,为对外经济发展创造良好的国际氛围。

第二,加快在关键领域的国内立法和国际合作。客观上讲,中国在知识产权保护、数据隐私安全保护等领域同西方发达国家相比仍有差距,在很多领域出现了立法严重滞后于技术发展的问题,这已然成为阻碍相关企业、技术走向世界的重要障碍,客观上也引起了部分国家的误解和猜忌。建议加大在这些关键领域的国内立法,为国际合作创造更广阔的空间。

第三,加强中美在全球治理中的大国合作。受新冠肺炎疫情的冲击,全球治理陷入困境,国际合作势头减弱,各国内顾倾向十分明显。在此背景下,基于"少边主义"的大国合作变得极为重要。中国和美国是当今世界仅有的两个经济总量超过10万亿美元的经济大国,只要中美在一些全球议题上开展合作,全球治理就有了可靠的基础。随着拜登当选美国总统,且其政策原则强调多边主义和国际合作,中国应积极推动与美

---

① "2019 National Trade Estimate Report on Foreign Trade Barriers,"https://ustr.gov/sites/default/files/2019_National_Trade_Estimate_Report.pdf,2022年2月29日访问。

② "Digital Trade Restrictiveness Index,"https://globalgovernanceprogramme.eui.eu/wp-content/uploads/2019/09/Digital-Trade-Restrictiveness-Index.pdf,2022年2月29日访问。

国新一届政府的合作，围绕疫情防控、气候变化、经济复苏和国际组织改革等议题积极互动，通过参与和引领全球经济治理变革化解"双循环"产生的外部性问题，维护和巩固和平稳定的国际环境。

小结

中共十九届五中全会公报明确提出，中国要"加快构建以国内大循环为主体、国内国际双循环相互促进的新发展格局"。这既是党中央面对世界百年未有之大变局和中华民族伟大复兴的战略全局作出的重大战略判断，也是我国未来一个时期引领经济高质量发展的战略方针。新发展格局的影响是广泛的：从领域来看，其不仅会带来经济发展战略的重大调整，也会影响到宣传、外交等领域；从范围来看，其不但会影响到我国国内发展模式，也会改变我国参与国际合作的方式。因此，如何从"双循环"这一战略判断出发，及时调整新发展阶段的中国经济外交的战略和策略，既是一个重大的理论课题，也是一个重大的战略课题。

"双循环"的本质是化解中国经济外部性问题的方案。随着中国日益走近世界舞台中心，中国经济与世界经济的联动性、敏感性和脆弱性都迅速增强。中国加快构建新发展格局，是考虑到对世界经济、对中国经济产生的外部性，而中国提出"双循环"也会对世界经济产生外部性影响。只有找到妥善解决外部性的经济治理之道，中国经济与世界经济才能实现共同发展。

基于学界对解决外部性问题的理论研究和对双循环新发展格局下中国经济外部性新现实和新挑战的分析，中国在今后较长一段时期内，应未雨绸缪，加强战略筹划，针对在新发展格局下中国经济产生新的外部性，坚持高质量发展方向，开展以我为主、多方联动的经济外交，大力推进经济外交转型，积极参与和引领全球经济治理，为实现"十四五"规划和2035年远景目标创造有利条件。

第六章

中国之治:在线教育

新冠肺炎疫情暴发后,疫情防控成为当务之急,尤其是在宣布进入紧急状态或启动突发公共事件应急响应后,一系列限制措施比如"封城"、社区封闭、大规模核酸检测、大数据追踪溯源、居家隔离、保持社交距离等启用,对经济社会各个领域的工作都产生直接影响。特别是人群聚集的窗口服务行业,比如超市、餐饮、交通、医疗、教育、娱乐、公安、消防、社区服务等,都必须严格遵守防疫规定,经济增长缓慢和社会停摆成为新冠肺炎疫情全球大流行在世界各国造成的共同后果。

新冠肺炎疫情发生后,在中国共产党领导下,我国始终坚持把人民群众生命安全和身体健康放在第一位,按照"坚定信心、同舟共济、科学防治、精准施策"总要求,打响抗击疫情的人民战争、总体战、阻击战,全面开展疫情防控工作。在教育领域,2020 年 1 月 26 日,国务院办公厅印发通知决定延长 2020 年春节假期,各地大专院校、中小学、幼儿园推迟开学。[①] 随后,教育部发出"停课不停教、停课不停学"的要求[②],全国各地各类学校成建制推进线上教学,并根据疫情形势分批分次复学复课,2020 年上半年普遍采取线上教学的方式,下半年采取线上线下融合式教学的方式,圆满完成了各项教学任务,交出了一份教育抗疫的"中国方案",大大提高了中国教育的国际竞争力。

[①] 《国务院办公厅关于延长 2020 年春节假期的通知》,http://www.gov.cn/zhengce/content/2020-01/27/content_5472352.htm,2021 年 2 月 25 日访问。

[②] 《延期开学后,孩子"宅家"咋学习?教育部:利用网络平台,"停课不停学"》,http://www.moe.gov.cn/jyb_xwfb/gzdt_gzdt/s5987/202001/t20200129_416993.html,2021 年 2 月 25 日访问。

一、治理之基与教育强国

教育兴则国家兴,教育强则国家强。高等教育发展水平是一个国家发展水平和发展潜力的重要标志。反观历史,近代以来,几乎每一个强大国家的崛起,都伴随着一大批与其国际地位相适应的一流大学的兴起,甚至大学的崛起是国家崛起的前奏和先声。比如剑桥大学与牛津大学对于英帝国兴起的思想支持,哈佛大学、普林斯顿大学等美国一流大学对于美国在世界舞台上崛起的显著影响,甚至于京都大学、东京大学对于日本发展,首尔国立大学、高丽大学对于韩国发展,新加坡国立大学对于新加坡发展等,都昭示了大学不仅是一个国家软实力的来源,更是一个国家全面崛起的重要支柱。

建设教育强国是中华民族伟大复兴的基础工程。提升高等教育的国际竞争力是建设社会主义现代化强国的重要内容和基础工作。改革开放以来,中国十分重视教育发展,提出了科教兴国战略、人才强国战略和创新驱动发展战略,把教育放在优先发展的战略位置上,已经建成了世界上最大规模的教育体系,国际竞争力也快速提升。然而,中国高等教育还存在发展不平衡不充分的问题,与国际先进水平还有不少差距,仍然存在大而不强的问题。"当前,我国高等教育办学规模和年毕业人数已居世界首位,但规模扩张并不意味着质量和效益增长,走内涵式发展道路是我国高等教育发展的必由之路。"[①]

新冠肺炎疫情暴发以来,中国高等教育体系认真贯彻中央疫情防控总要求,大规模推进在线教育,走出了一条内涵式高质量发展的新路。表面看来,疫情对高等教育的冲击是一种巨大压力,但事实上疫情带来了信息技术对高等教育的重新武装,在惊心动魄的抗疫大战中,网络信息技术发挥了重大作用,各个大学在疫情防控期间大规模、成建制开展在线教育教学,不仅是对教育系统应对重大突发公共卫生事件能力的一次检验,而

---

① 习近平:《在北京大学师生座谈会上的讲话》,《人民日报》2018年5月3日,第2版。

且对运用信息化手段推进教育教学改革具有重大意义。尽管自20世纪90年代以来,中国就积极推进网络信息技术在教育中的应用,但发展一直非常缓慢,没有形成气候。然而,此次新冠肺炎疫情的冲击,从根本上改变了中国高等教育的形态,"停课不停学"的要求给线下学校按下暂停键,却给在线教育按下快进键,促使中国高等教育领域发生了一场全国性的"倒逼式"革命,"不互联无教育"成为眼下的真实写照。随着进入统筹疫情防控和经济社会发展的新常态,优化在线教育平台,推进在线教育的高质量发展,变压力为动力,在危机中育新机,不断提升中国高等教育的国际竞争力,是摆在我们面前的一个重大战略课题。从这个意义上来说,在线教育绝非仅仅是针对新冠肺炎疫情的应急之举,很可能引领中国高等教育步入一个崭新的时代。

二、理论分析:高等教育国际竞争力及其指标体系

国际竞争力是中国高等教育高质量发展的重要标志。自20世纪90年代中期以来,中国先后实施了"211工程""985工程"等重点建设项目,极大地提升了我国高等教育的综合实力和国际竞争力。中共十八大以来,为进一步提升我国高等教育的综合实力和国际竞争力,我国制定了《统筹推进世界一流大学和一流学科建设总体方案》,坚持中国特色、世界一流,建设世界一流大学和一流学科,为实现"两个一百年"奋斗目标和中华民族伟大复兴的中国梦提供有力支撑。[1] 在"双一流"建设背景下,一批中国大学在发展规划中提出了"双一流"建设目标,把提升大学国际竞争力摆到更加突出的战略位置。

(一) 高等教育国际竞争力的内涵

竞争力最初是一个企业经营概念,来自美国哈佛商学院教授迈克

---

[1] 《国务院关于印发统筹推进世界一流大学和一流学科建设总体方案的通知》,http://www.gov.cn/zhengce/content/2015-11/05/content_10269.htm,2021年2月25日访问。

尔·波特的《竞争优势》。在波特看来,竞争力是指一个企业或国家在某些方面比其他的企业或国家更能带来利润或效益的优势。① 因此,竞争力是一种参与者双方或多方在角逐或比较中体现出来的综合能力,是一种通过竞争才能测量的相对指标。后来,这一概念被广泛运用到社会各个领域。

作为知识创新和高层次人才培养的载体,高等教育的国际竞争力对于国家的竞争优势具有重大战略意义。近年来,越来越多的学者、大学和教育管理部门开始强调大学国际竞争力、高等教育国际竞争力问题。然而,迄今为止,关于高等教育国际竞争力的概念内涵还没有达成共识,尤其是如何识别和区分整体意义上的高等教育国际竞争力和大学个体意义上的国际竞争力。比如,有的学者将大学国际竞争力理解为不同大学的比较办学优势和参与国际竞争的基本能力②;有的学者则强调不同大学竞争获取国际资源的能力③;还有的学者将两者结合起来理解,将大学国际竞争力理解为资源与能力的结合④。所有这些界定均强调中外大学的比较竞争优势,区别不过于对不同指标及其比重存在不同理解。

综合国内外学界对高等教育国际竞争力的研究,结合高等教育的职能定位、角色定位和战略定位,我们将其界定为一国高等教育体系在履行人才培养、科学研究、社会服务、文化传承创新和国际交流合作等职能的过程中,相对其他国家的高等教育体系所展现出的竞争优势和领先优势的集合。毫无疑问,尽管不少学者倾向于将大学国际竞争力的提升看作对标国际排名靠前的大学、向国际先进标准看齐的长期战略,但一国高等教育的国际竞争是众多竞争要素共同作用的结果,诸要素相互联系、相互影响形成合力,对它的评价需要的是一个内涵丰富的综合性评价体系,单

---

① 〔美〕迈克尔·波特:《竞争优势》,陈小悦译,华夏出版社 2005 年版,第 139 页。
② 赵冬梅:《研究型大学国际竞争力评价标准体系研究》,上海交通大学硕士学位论文,2011 年 12 月,第 28 页。
③ 吕芳:《我国研究型大学国际竞争力评价浅析》,《课程教育研究》2012 年第 3 期,第 36 页。
④ 王琪、冯倬琳、刘念才主编:《面向创新型国家的研究型大学国际竞争力研究》,中国人民大学出版社 2012 年版,第 29 页。

一指标的一流不等于整体的一流。当一个国家的高等教育达到一定规模后,内涵式高质量发展就是提升其国际竞争力的必由之路。

(二)高等教育国际竞争力的指标体系

目前,衡量高等教育国际竞争力,主要参考的是世界大学排名,受到广泛关注且影响力较大的世界大学排名有英国泰晤士高等教育世界大学排名(THE)、英国QS世界大学排名、美国U.S.News世界大学排名、中国软科世界大学学术排名(ARWU)以及教育部学位与研究生教育发展中心(简称学位中心)组织开展的中国大学学科评估排名。上述排名采用的指标普遍考虑的是高等教育投入、高等教育发展水平和高等教育贡献等因素。泰晤士的评价指标包括教学(学习环境)、研究(论文发表数量、收入和声誉)、论文引用(研究影响)、国际化程度(工作人员、学生和研究)、产业收入(知识转移)。[①] QS的评价指标包括学术领域的同行评价、全球雇主声誉、师生比例、单位教职的论文引用数、国际教职工比例、国际学生比例。[②] U.S.News的评价指标包括全球学术声誉、地区学术声誉、论文发表、图书、会议、论文引用、国际协作等13个指标。[③] 软科评价指标包括人才培养、科学研究、师资质量和学校资源。[④] 中国大学学科评估则关注人才培养、师资队伍、科学研究和社会服务四个重要指标。上述五项大学排名尽管指标不同,但均通过可量化的、具有国际可比性的客观指标对全世界范围内重点大学的学术能力和学术表现进行评价和比较,提炼出大学国际竞争力的基本评价标准和构成要素。

[①] "THE World University Rankings 2020:Methodology," https://www.timeshighereducation.com/world-university-rankings/world-university-rankings-2020-methodology,2022年2月29日访问。

[②] "QS World University Rankings 2021," https://www.topuniversities.com/university-rankings/world-university-rankings/2021,2022年2月29日访问。

[③] Robert Morse and Ari Castonguay, "How U.S. News Calculated the Best Global Universities Rankings," https://www.usnews.com/education/best-global-universities/articles/methodology,2022年3月22日访问。

[④] 《排名方法-2020中国两岸四地大学排名》,https://www.shanghairanking.cn/methodology/rtugc/2020,2022年3月1日访问。

同时,中国大学的国际竞争力要体现中国特色和世界一流的统一。2014年5月4日,习近平总书记在北京大学师生座谈会上发表讲话,对办好中国特色世界一流大学提出了新要求:"世界上不会有第二个哈佛、牛津、斯坦福、麻省理工、剑桥,但会有第一个北大、清华、浙大、复旦、南大等中国著名学府。我们要认真吸收世界上先进的办学治学经验,更要遵循教育规律,扎根中国大地办大学。"①2017年2月中共中央、国务院印发《关于加强和改进新形势下高校思想政治工作的意见》,强调高校肩负着人才培养、科学研究、社会服务、文化传承创新、国际交流合作的重要使命。② 结合高等教育的五项职能和世界大学排名的具体指标,可以将大学国际竞争力分解为人才培养、科学研究、师资队伍、国际合作和社会声誉五个基本要素:

一是人才培养。人才培养是大学最基础的职能,也是大学国际核心竞争力。是否对最优秀的生源有强大吸引力,以及能否培养出一流的拔尖创新人才,是一所大学是否具有高水平国际竞争力的重要衡量标准。QS、ARWU、THE 世界大学排名分别赋予该要素 20%、11.2%和12.75%的权重③,学位中心的学科评估将人才培养放在首位④。

二是科学研究。科学研究是大学国际竞争力的核心要素,在 QS、ARWU、THE 等世界大学排名中的权重为 20%、44.4%、44.5%。⑤ 一般来

---

① 习近平:《青年要自觉践行社会主义核心价值观——在北京大学师生座谈会上的讲话》,《人民日报》2014年5月5日,第2版。
② 《中共中央 国务院印发〈关于加强和改进新形势下高校思想政治工作的意见〉》,http://www.xinhuanet.com/2017-02/27/c_1120538762.htm,2021年2月25日访问。
③ "QS World University Rankings 2021," https://www.topuniversities.com/university-rankings/world-university-rankings/2021;"ShanghaiRanking's Academic Ranking of World Universities Methodology 2021," https://www.shanghairanking.com/methodology/arwu/2021;"THE World University Rankings 2020: Methodology," https://www.timeshighereducation.com/world-university-rankings/world-university-rankings-2020-methodology, 2022年2月29日访问。
④ 《强化人才培养中心地位 坚决破除"五唯"顽疾 教育部将启动第五轮学科评估工作》,http://www.moe.gov.cn/jyb_xwfb/s5147/202011/t20201104_498146.html,2021年2月25日访问。
⑤ "QS World University Rankings 2021," https://www.topuniversities.com/university-rankings/world-university-rankings/2021;"THE World University Rankings 2020: Methodology," https://www.timeshighereducation.com/world-university-rankings/world-university-rankings-2020-methodology,2022年2月29日访问。

说,科学研究指标主要关注重大课题、标志性成果(论文或著作)、科研获奖、实验室和研究平台等因素。尤其是能否在国际顶刊比如 Nature、Science 以及行业旗舰期刊发表论文,或者能否获得专业学会的大奖,对于大学的国际竞争力具有相当大的影响。

三是师资队伍。师资队伍是文化传承创新的主要载体,具有国际水准的高水平师资队伍对于人才培养和科学研究也是非常重要的影响因素。其中,学术带头人、首席专家、具有国际影响力的科研团队是提升大学国际竞争力的关键要素。除此之外,一个学校的校风校训、校园文化等软性因素也对国际竞争力具有一定影响。

四是国际合作。国际合作是大学国际竞争力的直接体现,环顾世界,大学的国际化已经成为不可阻挡的历史趋势,形形色色的国际合作办学、教师互访、学生交换、国际学术会议、国际合作研发平台、大规模开放在线课程(MOOC)、国际校区、双学位等如火如荼。因此,QS、THE 等世界大学排名分别赋予该要素 10%和 5%的权重。

五是社会声誉。社会声誉是一种纯主观性的、综合性的考察要素,需要长期的积累和沉淀。社会声誉体现着高等教育的社会贡献,包括高校对人才培养、科学研究、社会服务、文化传承与创新、国际交流合作的贡献。一般来说,这一贡献通过声誉调查来确认,QS、THE 等世界大学排名都非常看重大学声誉要素,分别赋予该要素 50%和 33%的权重。

三、中国方案:中国特色的在线教育

作为人类文明的引领者,大学承载了人类社会对克服一切挑战的希望。面对新冠肺炎疫情的冲击,采用在线方式进行远程教学成为世界各国的共同选择,这一变局重塑了世界教育地图。据 UNESCO 统计,世界 191 个国家超过 15 亿名大中小学生停课或不同程度的教育中断,占比 90.2%。[①] 全球

[①] 《教科文组织:新冠疫情催生远程学习 但数字鸿沟令人担忧》,https://news.un.org/zh/story/2020/04/1055622,2021 年 2 月 25 日访问。

有8.26亿学生(占停课学生总人数的50%左右)因缺乏上网条件而无法参与在线学习。截至2020年10月底,全球仍有31个国家处于全国范围的停学状态,仍有超过5.8亿学生(占全球学生总数的33.1%)因新冠肺炎疫情的影响无法返校复课,全球只有2/3的高校通过迅速向在线教学过渡保障了教学,1/4的高校在找到其他的远程教学的解决方法前,不得不封校停学。这些遇到困难的学校集中在亚非的发展中国家,只有65%的中低收入国家和不到25%的低收入国家建立了远程学习平台。①

疫情冲击是对全人类的一场大考,教育是人类心灵对心灵的唤醒,大学则是人类文明回应挑战的最好见证。为应对疫情挑战,中国在以习近平同志为核心的党中央的坚强领导下,超前布局,精准施策,积极发展在线教育,提出了"停课不停教、停课不停学"的中国方案,将"教"与"学"从校园转移到线上,实施"云端"课堂教育,取得了显著效果。

(一)加强顶层设计

发展在线教育,顶层设计是根本。相比许多国家由各个学校自行决定的做法,中国在线教育的最大特征是加强顶层设计。事实上,中国在线教育发端于20世纪末。在互联网普及的浪潮中,教育部从1998年开始先后批准清华大学、北京邮电大学、浙江大学和湖南大学等68所高校为全国现代远程教育试点院校②,新东方网校等民营教育机构也于2000年上线运行。然而,受各种条件影响,中国在线教育发展一直比较缓慢。2013年,随着MOOC(大规模开放在线课程)平台的兴起,在线教育开始发力,主要集中在学前教育、K12教育、高等教育以及职业培训四个板块。其中,份额最大的是高等教育市场,一般指网络学历教育市场。爱课程"中国大学MOOC"、"学堂在线"等慕课平台正式上线。2020年,我国高校有3.4万余门慕课上线,5.4亿人次参与,8200万人次学生获得学

---

① 《全球教育检测报告摘要 包容与教育:覆盖全面,缺一不可(2020)》,https://unesdoc.unesco.org/ark:/48223/pf0000373721,2021年11月20日访问。
② 武丽志、丁新:《中国现代远程教育评估(认证)的实践与发展》,《中国远程教育》2008年第10期,第54—57页。

分,慕课数量和应用规模均居世界第一。①

2020年新冠肺炎疫情的暴发,推动在线教育进入了全新的发展阶段。2020年2月4日,针对疫情对高校正常开学和课堂教学造成的影响,教育部对做好普通高等学校线上教学提出了原则性要求和指导意见,并公布了为高校开展在线教学提供服务和支持的在线课程平台名单。② 根据教育部的统一安排,在线教育采取政府主导、高校主体、社会参与的方式,充分利用上线的慕课和省、校两级优质在线课程教学资源,在慕课平台和实验资源平台的服务支持带动下,依托各级各类在线课程平台、校内网络学习空间等,积极开展线上授课和线上学习等在线教学活动,共同实施并保障高校在疫情防控期间的在线教学,实现"停课不停教、停课不停学"。

教育部加强统筹协调的职能,强化政策激励与引导,建设信息灵通的"教育指挥服务中心"。针对疫情造成的冲击,教育部积极出台相关政策,与各级教育行政管理部门一起帮助高校制定在线教学组织与管理方案,整合公共服务平台和省级课程平台资源与服务信息,指导所辖高校在线教学组织与管理。同时,针对在线教学中出现的新问题,及时加强相关政策调整,制定在线课程学习学分互认与转化政策,强化对课程内容、教学过程和平台运行的监管,采取安全有效的手段,防范和制止有害信息传播,保障在线教学运行安全。

(二)打造在线平台

发展在线教育,平台建设是基础。为此,教育部组织37家国内知名在线课程和技术平台免费开放3万余门慕课和2000多门虚拟仿真实验教学课程,提供在线学习解决方案。同时,全天候开放国家虚拟仿真实验教学项目共享平台,免费提供2000余门虚拟仿真实验课程资源,并提供

---

① 《中国慕课数量及应用规模已居世界第一》,http://www.xinhuanet.com/2020-12/12/c_1126851919.htm,2021年2月25日访问。
② 《教育部应对新型冠状病毒感染肺炎疫情工作领导小组办公室关于在疫情防控期间做好普通高等学校在线教学组织与管理工作的指导意见》,http://www.moe.gov.cn/srcsite/A08/s7056/202002/t20200205_418138.html,2021年2月25日访问。

在线实验教学支撑和教学考核管理。发挥"国家精品在线开放课程"示范引领作用,要求课程负责人和团队上线提供全程教学服务,带动全国慕课教师团队开展线上教学服务。

然而,随着大规模在线教育的开展,慕课、国家精品在线开放课程和虚拟仿真实验教学课程根本满足不了教学的需要。面对海量的在线教育需求,各个高校自主研发使用的在线教育平台纷纷退居二线,腾讯会议、ZOOM、钉钉等第三方在线会议软件成为在线教育的主力平台。为此,教育部倡导社会力量举办的在线课程平台免费提供优质课程资源和技术支持服务,动员企业力量提供在线教学保障,先后有近200个平台为高校师生提供技术支撑和资源选择。同时,倡导更多在线教育机构面向全国高校和社会公众免费开放优质在线课程,鼓励一些技术保障能力强的高校在线课程平台与地方教育行政部门、疫情严重地区高校乃至更大范围高校建立联系,开设共享课程和"克隆班",为高校制定丰富多样的在线教学解决方案,为教师提供教学平台及软件支持服务,助其自主开展在线教学,为高校选择资源和技术服务提供便利。2020年疫情期间,全国共1400多所普通高校开展在线教学,近百万名教师开设在线课程,参加在线学习的学生达11.8亿人次。在未来相当长的一段时间内,包括线上教育与线下教育的融合化在线教育将从应对疫情的非常规教育转变为大学的新常态教育。

(三)开放教学资源

发展在线教育,教学资源是支柱。巧妇难为无米之炊。传统的线下教育主要依赖政府和学校开发的图书馆、实验室、教材、教参、教师等资源。推进在线教育后,教学资源形态发生很大变化,除了开放传统的公共资源外,开放型、多样性和个性化的资源成为在线教育的主要资源,教学资源更加分散和多样化,教师日益成为开发和整合教学资源的数字教师。

2020年7月,国家发改委等13部门公布了《关于支持新业态新模式健康发展 激活消费市场带动扩大就业的意见》,提到要大力发展融合化在线教育,允许购买并适当使用符合条件的社会化、市场化优秀在线课程资源,探索纳入部分教育阶段的日常教学体系,并在部分学校先行先试。为此,积极加强教师在线授课技术和方法培训,鼓励教师充分利用好教育部在线教学课程资源平台的优质课程资源,开展教学内容改革和教学模式与方法创新,并将在线教学、组织线上讨论、辅导答疑、作业批改等计入工作量,纳入绩效管理。2020年4月,中国开通了国际网络教育学院(简称 IIOE)平台,向全球开放优质的在线课程和培训资源,在第一次培训中为来自亚非13个国家的近400名大学教授和教学工作人员,第二次培训中为来自25个亚非国家的396名学员提供了应急抗疫在线教学支持。① 截至2020年11月,IIOE 平台已成为中国提供英文专业课程最多的高等网络教育平台,也是联合国教科文组织中最大的在线教育平台。

同时,在线教育需要加强与众多社会伙伴的紧密合作,包括腾讯会议、ZOOM、华为、科大讯飞、伟东云教育、创显科教、极客学院在内的诸多企业在中国高等教育的数字化转型中发挥着举足轻重的作用。在此过程中,还需要加强教学资源的知识产权保护。疫情期间,教育部组织了37家在线课程平台和技术平台率先面向全国高校免费开放在线课程,并提供在线学习解决方案和技术支持,带动了110余家社会和高校平台主动参与,免费开放包括1291门国家精品在线开放课程和401门国家虚拟仿真实验课程在内的在线课程2.4万余门,覆盖了本科12个学科门类、专科高职18个专业大类,为高校在线教学提供了强大的条件保障。②

(四)灵活自主学习

发展在线教育,自主学习是中心。随着学习空间在线化,个性化学习将成为普遍形态,这要求尊重学生个性差异,以学习者的兴趣与需要为中心,以每个学生能力与个性的最大发展为目标。2020年2月28日,《中共

---

① 《国际网络教育学院举办专题在线培训应对新冠肺炎全球危机》,http://119.29.230.22/ichei/cn/? p=2852,2021年11月20日访问。
② 《全国高校疫情期间在线教学实践取得成效 教育部将启动高校在线教学英文版国际平台建设项目》,http://www.moe.gov.cn/jyb_xwfb/gzdt_gzdt/s5987/202004/t20200410_442294.html,2021年2月25日访问。

教育部党组关于统筹做好教育系统新冠肺炎疫情防控和教育改革发展工作的通知》要求，高校要结合本校实际情况，针对不同专业、不同年级、不同课程类型特点，制定一校一策、一校多策的在线教学方案，并根据实施情况认真评估效果，及时进行动态调整，实现特殊时期线上教学与开学后教学有效衔接。

同时，教育部要求高校探索允许学生在疫情防控期间跨校选修线上优质课程，灵活调整教学安排，增加学生自主学习时间。充分发挥教学指导委员会教学指导的功能，支持以慕课主讲教师为主的线上教学、"慕课主讲教师+慕课课程工作组"为主的跨校协同教学、"慕课主讲教师+本地教师"的协作式跨校教学、借助慕课作为参考课支持本校教师校内在线授课教学等多种形式的协同教学，指导高校选好课、用好课、讲好课。许多高校教师积极调整教学模式，利用在线教学平台技术，围绕"以学为主"开展教学活动，引入探究式、讨论式、合作式学习方式，让学生成为知识的联结者、创造者与建构者，培养学生自主学习、主动探究、解决复杂问题的能力。

(五) 质量实质等效

发展在线教育，质量控制是保障。为保证在线学习与线下课堂教学质量实质等效，积极推动教学评价改革，2020年6月，中央全面深化改革委员会第十四次会议审议通过了《深化新时代教育评价改革总体方案》。该方案提出要改进结果评价，强化过程评价，探索增值评价，健全综合评价，从根本上解决教育评价指挥棒问题。支持高等院校探索在线测验等多样化成绩考核评价方法，严格课程资源质量要求、在线教学课堂纪律和考试纪律要求，充分利用大数据等新工具探索质量控制的新办法。支持高等院校充分发挥学位委员会的质量控制和审核把关作用，改革创新成果评价办法。各课程平台要完善线上教学保障措施，强化课程上线审查和运营管理，确保网络安全和运行稳定。

面对新冠肺炎疫情的冲击，中国第一次在全国范围内大规模、成建制开展在线教育教学，这是对教育系统应对重大突发公共卫生事件能力的一次检验,对运用信息化手段推进教育教学改革具有重大意义。总体来看,在线教育并不仅仅是把课堂搬到了线上,而是创造了一种新的模式,那就是在线教育与线下教育互动发展的融合教育模式,其规模之大、范围之广堪称前所未有,直接掀起了一场几乎波及所有高校的"课堂革命"。

四、中国实践:不改变课堂的教育革命

新冠肺炎疫情发生以来,中国高校通过实施大规模在线教学成功应对危机,实现了延期开学、如期上课,提交了一份圆满的教育答卷,大大提升了中国高等教育的国际竞争力。2020年4月3日至14日,教育部高校教学信息化与教学方法创新指导委员会和教育部教育信息化战略研究基地(华中)受教育部高教司委托,开展了覆盖全国近600万名高校师生的在线教学情况调研。结果显示,大部分教师对在线教学持肯定态度,超过80%的教师对在自己的课堂顺利开展在线教学抱有信心,并愿意在疫情后继续开展在线教学或混合式教学。①

(一)增强了中国在线教育的国际竞争力

长期以来,尽管中国的在线教育也有一定发展基础,但始终跟随欧美发达国家脚步,并且进展缓慢。此次新冠肺炎疫情期间,绝大多数高校师生都采取了线上教学模式或线上和线下融合教学模式,开创了包括MOOC教学、录播教学、直播教学、远程指导教学4种基本形态与传统教学融合发展的大规模在线教学,是一次史无前例的伟大教育创新实践,大大加快了中国高等教育信息化教学改革的前进步伐。可以预见,线上和线下结合的混合教学、大规模在线教学等模式将成为后疫情时代中国高等教育的新常态。

---

① 《杨宗凯:以信息化促进高等教育国际化》,https://cit.bnu.edu.cn/kyzx/zjgd1/94324.html,2021年2月25日访问。

疫情期间,中国高等教育发挥技术优势,创新教育和学习方式,以技术推动教育创新变革,构建新的教育支撑体系,形成了在线教育的"中国方案",在线教育正在为中国高等教育打开国际竞争力"弯道超车"的"机会之窗"。联合国教科文组织向全球发布远程教学解决方案,推荐了疫情期间世界范围内可免费获取的 27 个学习应用程序和平台①,中国的爱课程网等多个平台位列其中,而以"爱课程"和"学堂在线"两个课程平台成为首批入选高校在线教学国际平台建设项目的平台,已经向全世界各国大学生和全世界学习者免费开放,中国的在线教育走在了世界前列。

第四次工业革命大浪袭来,教育数字化和智能化是大势所趋。目前,中国的教育信息化正处于向智能时代飞跃的关键节点。其中,新兴信息技术的发展成为未来国际竞争的关键,世界各国都将大数据、云计算、人工智能等技术作为未来国家竞争力提升的关键,以期在新一轮科技革命中占据制高点。高校是新兴信息技术运用的战场,也是新兴信息技术原始创新的主阵地,需要高校在前沿基础理论、关键共性技术、人才队伍建设等方面提供支持,促进数学、计算机科学、物理、生物以及社会科学的交叉融合。从这个意义上来说,在线教育将会加快信息技术与高等教育的融合,加快人工智能、虚拟现实、大数据、区块链等新兴信息技术在高等教育中的运用,实现优质教育资源的共享和个性化、精准化教育支持并行不悖。"十四五"期间,随着在线教学的全面探索与实践,我国高等教育形态将发生历史性变革,这将加快提升中国高等教育的国际竞争力。

(二) 开启了中国高等教育国际化的新时代

在全球化日新月异的时代背景下,国际化成为世界各国高等教育的一个必然趋势,也是高等教育国际竞争力的重要体现。然而,受到地理因素、政府政策、国际竞争等因素的影响,中国高等教育国际化发展规模

---

① 《我国高校将为各国大学生提供线上课程》,http://www.xinhuanet.com/2020-04/10/c_1125839976.htm,2021 年 2 月 25 日访问。

一直受到限制。在线教育的发展打破了高校物理空间的围墙,为高校国际化发展开辟了全新网络空间。

网络无国界,在线教育推动了高等教育的"在地国际化"。疫情期间,各个高校充分发挥信息技术优势,主动探索高等教育"在地国际化",在更大的范围内关注新冠肺炎疫情对国际合作的影响,积极探索形成教育国际化新格局。比如疫情期间中国慕课"出海",不仅为全球抗击疫情作出重要贡献,也成为以信息化促进中国高等教育国际化发展的一个重要契机。随着在线教育成为中国高等教育的一个新常态,可以充分利用互联网技术和移动通信技术,促进学术讲座、短期课程、国际论坛等在无人员跨国流动的情况下有效实现,并实现在更大范围内的教育优质资源重组,为推动中国高等教育国际化开辟新的广阔空间。

在线教育有助于打造以我为主的留学教育。新冠肺炎疫情全球大流行深刻改变了国际留学教育的格局,欧美发达国家日益严峻的疫情防控形势,不仅导致中国适龄人口出国留学的意愿降低,而且令一些国外一流大学的优质生源开始向中国大学流动,并推动了中外合作办学蓬勃发展。随着在线教育质量的提升,学生可以实现"留学不出国",教师可以实现"交流不出户",中国有机会建设以我为主的国际留学教育,打造更具国际竞争力的留学教育,努力建成全球主要留学中心和世界杰出青年向往的留学目的地,吸引海外顶尖人才来华留学,培养未来全球精英,推动中国高等教育的国际化进入一个新时代。

(三)引领了世界范围内的一场新的教育革命

教育是心灵对心灵的唤醒,没有教育的民族,是没有希望的民族。反观历史,人类对教育的探索历来不是循规蹈矩的产物,而是心灵革命的结果。历史上先后发生了两次教育革命。第一次教育革命是高等教育从无到有的革命。自人类文明诞生以来,教育最初是被少数人垄断的。据考证,世界上最古老的集高等教育与学术研究为一体的思想学术文化中心是建立于公元前387年的希腊柏拉图学园和建立于公元前374年(春秋战国时期)的中国稷下学宫①,点亮了人类社会"轴心时代"的文明曙光,这是实现了高等教育从无到有的第一场革命。第二次教育革命是高等教育从"学在官府"转变为"学在大学"的革命。中世纪后,大学兴起,在权力中心之外出现了知识中心和思想中心。1088年,意大利建立了第一所正规大学——博罗尼亚大学②,开启了大学的先河。随后,欧洲各地陆续出现了各种类型的大学,尤其是十八、十九世纪以后,经过启蒙运动和理性主义革命的洗礼,以德国洪堡创办的柏林大学为代表,高等教育进入了大学时代。千百年来,大学一直披荆斩棘,引领人类文明的潮流和方向。

进入21世纪以来,网络信息技术飞速发展,在线教育日新月异。除了大学之外,硅谷、智库次第兴起,在知识和思想创新上,大学正在受到前所未有的挑战。近几年来,尽管各方都在推进在线教育,但始终没有迈出实质性步伐。在线教育始终是高等教育的附属品和装饰物,难以登堂入室而成为主流,高等教育也始终没有走出"课堂教学""书院运作"的象牙塔。值此新冠肺炎疫情的危急时刻,在线教育全覆盖前所未有地进入一所大学的中心舞台,甚至占据了绝对的领导地位。试想今后一旦发展完善,步入正轨,其对中国高等教育乃至世界高等教育的旗帜引领效应将是不可估量的。"学在线上"的新教育形态将对招生、培养、管理产生全方位的冲击。

总体来看,在线教育实践正在推动未来大学形成"一体两翼"的格局,其中,推动大学治理体系和治理能力现代化是大学教育发展的主体,一只翅膀是线下教育(Offline Education),它承继了传统大学教育的基本框架,另一只翅膀是在线教育(Online Education),它开创了未来大学教育的崭新框架。对未来大学来说,走内涵式高质量发展的道路,实现线上教育与线下教育有机互动和比翼齐飞,是未来教育发展的大趋势,也是世界大学应对新时代挑战的"世界方案"。

---

① 任英:《中国古代学术争鸣的几点启示》,《教育现代化》2017年第46期,第323页。
② 李树英:《未来的大学和大学的未来:大学发展的国际前瞻》,《大学教育科学》2018年第3期,第20页。

(四)提升了中国特色社会主义的国际竞争力

中国的高等教育是中国特色社会主义的高等教育,中国高等教育的国际竞争力根本上是中国特色社会主义的国际竞争力。2016年,习近平在全国高校思想政治工作会议上强调,我国有独特的历史、独特的文化、独特的国情,决定了我国必须走自己的高等教育发展道路,扎实办好中国特色社会主义高校。① 因此,我国高等教育发展方向要同我国发展的现实目标和未来方向紧密联系在一起,为人民服务,为中国共产党治国理政服务,为巩固和发展中国特色社会主义制度服务,为改革开放和社会主义现代化建设服务。2018年9月10日,全国教育大会召开,明确了中国特色社会主义大学的办学道路,包括在指导思想上,坚持马克思主义指导地位;在基本制度上,实行党委领导下的校长负责制;在价值诉求上,强调办人民满意的高等教育;在人才培养上,强调培养社会主义建设者和接班人。② 这一中国特色的办学道路,是中国特色社会主义道路在教育领域的丰富和展开。

中国是一个拥有14亿多人口的超大规模国家,普及高等教育是中国特色社会主义的一个内在要求。1949年,我国共有普通高等学校205所,在学总规模不足12万人,毛入学率0.26%③;2019年,共有普通高等学校2 688所,在学总规模4 002万人,毛入学率51.6%④。据此统计,这70年间,我国普通高等学校数量增长了12倍,在学总规模增长了341倍,高等教育毛入学率增长了51.34个百分点,从高等教育精英化、大众化阶段进入普及化阶段,我国成为世界上最大规模的高等教育大国。然

---

① 张烁、鞠鹏:《习近平在全国高校思想政治工作会议上强调 把思想政治工作贯穿教育教学全过程 开创我国高等教育事业发展新局面》,《人民日报》2016年12月9日,第1版。
② 《习近平出席全国教育大会并发表重要讲话》,http://www.gov.cn/xinwen/2018-09/10/content_5320835.htm,2021年2月25日访问。
③ 《扎根中国大地 奋进强国征程——新中国70年高等教育改革发展历程》,http://www.moe.gov.cn/jyb_xwfb/s5147/201909/t20190924_400593.html,2021年2月25日访问。
④ 《2019年全国教育事业发展统计公报》,http://www.moe.gov.cn/jyb_sjzl/sjzl_fztjgb/202005/t20200520_456751.html,2021年2月25日访问。

而,长期以来,我国高等教育面临的一个核心问题是教学资源有限,技术落后,高等教育发展不平衡不充分,教育不够公平。中国坚持走中国特色社会主义道路,就必须坚持高等教育现代化的社会主义方向,坚持教育公益性原则,把教育公平作为国家基本教育政策,大力推进教育体制改革创新。

疫情期间开展的大规模在线教育,规模之大、范围之广、程度之深,前所未有,不仅是世界高等教育史上的首次探索,也是全球范围内的重要实验,极大地推动了中国高等教育"学习革命"。现代信息技术全面进入教与学过程,"互联网+教育""智能+教育"日益成为中国高等教育的新常态,涵盖了线上、线下、线上线下混合、虚拟仿真和社会实践五类"金课"。这一"学习革命"对中国高等教育的发展是极大的激励,使得人人皆学、处处能学、时时可学成为可能。截止至2020年12月,我国慕课数量和应用规模位居世界第一,上线慕课数量增至3.2万门,学习人数达4.9亿人次,在校生获得慕课学分人数1.4亿人次。2020年春季学期,所有高校全部实施在线教学,108万教师开出课程合计1719万门次,在线学习学生共计35亿人次。[①] 只要发挥在线教学优势,加大基础设施"新基建",促进优质教学资源共建共享,在更大的世界范围内助力其他地区和广大发展中国家提升教育质量,中国特色社会主义一流大学的国际竞争力就会越来越明显。

小结

当今世界正经历百年未有之大变局。尤其是以数字化和智能化为主要标志的第四次工业革命,使得科技创新对经济社会发展的支撑作用更加凸显,已经成为国与国之间争夺生存权、发展权和话语权的焦点与核心,高等教育的国际竞争力直接决定着国家的核心竞争力。长期以来,中

---

① 《我国高等教育在学总人数达4002万 慕课数量居世界第一》,http://www.moe.gov.cn/fbh/live/2020/52717/mtbd/202012/t20201204_503482.html,2021年2月25日访问。

国高等教育发展迅速,在规模上已经成为当今世界最大的高等教育体系。然而,中国高等教育仍然存在大而不强的问题,与先进国家还存在一定的差距,推动中国高等教育内涵式高质量发展,是建设教育强国的必由之路。

国际竞争力是中国高等教育高质量发展的重要标志。从理论上来讲,一国高等教育的国际竞争力是众多竞争要素共同作用的结果,诸要素相互联系、相互影响形成合力,主要包括人才培养、科学研究、师资队伍、国际合作和社会声誉五个基本要素。新冠肺炎疫情暴发后,为应对疫情挑战,在以习近平同志为核心的党中央的坚强领导下,中国积极发展在线教育,提出了"停课不停教、停课不停学"的中国方案,将"教"与"学"从校园转移到线上,实施"云端"课堂教育,掀起了一场几乎波及所有高校的"课堂革命",大大提升了中国高等教育的国际竞争力。这不仅使中国高等教育数字化转型走在了世界的前列,还推动了中国高等教育的一场革命,开启了高等教育国际合作的新时代,更重要的是增强了中国特色社会主义的国际竞争力。2020年9月22日,习近平总书记在教育文化卫生体育领域专家代表座谈会上发表重要讲话,强调要总结应对新冠肺炎疫情以来大规模在线教育的经验,利用信息技术更新教育理念、变革教育模式。① 展望未来,中国高等教育要总结疫情期间在线教育的经验,深化教育体制改革,不断开辟中国高等教育内涵式高质量发展的新境界。

---

① 习近平:《在教育文化卫生体育领域专家代表座谈会上的讲话》,《人民日报》2020年9月23日,第2版。

第七章

中国之治:人类卫生健康共同体

新冠肺炎疫情是近百年来人类遭遇的影响范围最广的全球性大流行病,已经构成对人类生命安全和健康的全球性威胁,导致全球生产链和供应链的断裂和转移,对整个世界政治经济都产生了难以估量的深远影响,是人类社会面临的真正的全球意义上的危机。面对全球大流行病这一严重危机,人类社会处于何去何从的十字路口。是关闭国门,脱钩自处,重新退回到封闭隔绝的孤岛?还是团结合作,守望相助,共同筑起世界反病毒统一战线?新冠肺炎带来的严重危机,迫切要求各国做出新的选择和新的回答。

一、中国的国际秩序改革观

进入 21 世纪以来,由于全球化发展和非西方国家的群体性崛起,长期居于主导地位的西方自由制度主义共识正在面临着严峻挑战。很明显,非西方国家在提供全球公共产品的时候并不愿意将西方标准带入全球化的 21 世纪。[①] 其中,作为一个有着几千年文明历史的国家,中国在国际舞台上快速崛起,而中国与国际秩序的关系也成为学者关

---

① Nick Bisley, *Great Powers in the Changing International Order*, Boulder: Lynne Rienner, 2012, p.181.

注的热点。①

在一些悲观的人看来,中国的发展犹如一个万花筒,一些人鼓吹中国即将走向崩溃。② 而更多的学者则认为中国的持续崛起将给世界其他地方造成巨大的威胁,比如芝加哥大学教授约翰·米尔斯海默(John Mearsheimer)认为,中国经济的崛起必然导致中国的扩张,并会像美国那样行动,从而引起中美的利益冲突。③ 加州大学圣迭戈分校的谢淑丽教授则不完全同意米尔斯海默的意见,然而,她是从中国国内政治的视角进行观察,认为中国由于制度及其他历史原因,尽管经济发展使其国际地位显著提高,已具备超级大国的实力,但国内长期积累的一些问题并未得到有效解决,随时都有可能演变成大规模危机,从而威胁政治的稳定,即中国是"脆弱的超级大国",始终把维持国内秩序放到第一位。④

相比之下,更多的学者认为中国会挑战国际秩序,而且会按照自己的规则改造国际秩序,比如约翰·艾肯伯瑞(John Ikenberry)认为,中国的崛起将是21世纪的伟大事件之一,对东亚地区乃至未来在世界范围内产生深远的影响。⑤ 美国前国务卿康多莉扎·赖斯(Condoleezza Rice)甚至认为,中国模式与美国以及其他相信同样民主价值的西方国家所秉持的民

---

① Alastair Iain Johnston, "Is China a Status Quo Power?" *International Security*, Vol. 27, No. 4, 2003, pp. 5–56; David C. Kang, "Why China's Rise Will Be Peaceful: Hierarchy and Stability in the East Asia Region," *Perspectives on Politics*, Vol. 3, No. 3, 2005, pp. 551–554; Gungwu Wang and Yongnian Zheng, eds., *China and the New International Order*, London: Routledge, 2008, pp. 1–2; Edward S. Steinfeld, *Playing Our Game: Why China's Rise Doesn't Threaten the West*, Oxford: Oxford University Press, 2010, p. 16.

② 最初是布热津斯基,后来是章家敦,最近的一个例子是沈大伟。参阅〔美〕兹·布热津斯基:《大失败——二十世纪共产主义的兴亡》,军事科学院外国军事研究部译,军事科学出版社1989年版,第273-278页;Gordon G. Chang, *The Coming Collapse of China*, New York: Random House, 2001, p. 290;何洪泽:《美国炒作"中国崩溃论"》,《环球时报》2002年6月6日,第1版。

③ 〔美〕约翰·米尔斯海默:《大国政治的悲剧》,王义桅、唐小松译,上海人民出版社2003年版,第543—544页。

④ Susan Shirk, *China: Fragile Superpower*, London and New York: Oxford University Press, 2010, pp. 6-8.

⑤ John Ikenberry, "The Rise of China and the Future of the West," *Foreign Affairs*, Vol. 87, No. 1, 2008, pp. 23-37.

主发展模式背道而驰,中国的崛起必然会冲击西方自由民主价值在世界上的吸引力。① 英国左翼思想家马丁·雅克(Martin Jacques)则认为,中国及亚洲具有文明上的特殊性,并且将在不断的发展中走上与西方不同的现代化道路,中国的崛起将会改变全球规则,中国将会统治世界。②

其实,早在20世纪70年代,中国就意识到建立国际政治经济新秩序的问题。邓小平在出席联合国大会时向世界宣布中国支持第三世界国家关于推动建立国际政治经济新秩序的主张。③ 改革开放以来,这一问题始终作为中国外交的一个重要问题,1988年邓小平同志在会见外宾时,提出了建立国际政治新秩序问题。④ 进入20世纪90年代,虽然在争取加入WTO时,中国一度更多的是顺从现有秩序,但中国并没有从根本上放弃改革国际秩序的追求。时任国家主席江泽民在2000年出席联合国千年首脑会议的时候,就从国际关系民主化和发展模式多样化的角度,提出了中国对于国际新秩序的设想。⑤ 后来,时任国家主席胡锦涛在出席联合国大会时,明确提出了"和谐世界"的主张,中国国内学界也展开了一系列讨论,但主流声音认为这一目标过于理想,在外交中很难推行。⑥ 在中共十八大报告中,胡锦涛提出要在国际关系中弘扬平等互信、包容互鉴、合作共赢的精神,共同维护国际公平正义,强调"推动国际秩序和国际体系朝着公正合理的方向发展"。但是,对于中国究竟要建立一种什么样的国际秩序,以及中国如何推动国际秩序向着公正合理的方向发展,学界还缺乏深入的研究和令人信服的解释。

2012年中共十八大召开以来,以习近平为核心的党的新一代领导集体明确提出,当今世界正经历百年未有之变局。所以,参与和引领全球治

---

① Condoleezza Rice, "Rethinking the National Interest: American Realism for a New World," *Foreign Affairs*, Vol. 87, No. 4, 2008, pp. 2-14, 16-26.
② Suisheng Zhao, "Whither the China Model: Revisiting the Debate," *Journal of Contemporary China*, Vol. 26, No. 103, 2017, pp. 1-17.
③ 《邓小平团长在联合国大会第六届特别会议上的发言》,《人民日报》1974年4月11日,第1版。
④ 《邓小平文选》(第3卷),人民出版社1993年版,第282—283页。
⑤ 《江泽民文选》(第3卷),人民出版社2006年版,第107—112页。
⑥ 《胡锦涛文选》(第2卷),人民出版社2016年版,第350—356页。

理变革成为习近平外交思想和中国特色大国外交的重要内容。在外交行动上,中国提出了"一带一路"倡议,主导成立亚洲基础设施投资银行、丝路基金、金砖国家新开发银行和应急储备基金等,通过提供一系列国际公共产品,让现有的国际制度产生了竞争性的压力。所有这一切最终都指向同一个问题,那就是中国究竟持一种什么样的秩序观,此种秩序观随着中国的不断崛起,将在多大程度上改变现有的国际秩序。自疫情暴发以来,中国始终秉持人类命运共同体理念,本着依法、公开、透明、负责任的态度,第一时间向国际社会通报疫情信息,毫无保留同各方分享防控和救治经验。毫无疑问,中国倡导人类命运共同体理念,致力于推动全球治理体系与治理能力现代化。在新冠肺炎疫情冲击下,如何以人类命运共同体理念为指导,推动世界秩序的重建,是一个攸关世界全局的重大战略课题。

二、理论分析:新冠肺炎疫情与国际秩序

国际秩序是如何可能的?这一问题是自民族国家产生以来国际关系的一个核心问题。在历史上,先后确立了威斯特伐利亚体系、维也纳体系、凡尔赛-华盛顿体系、雅尔塔体系等一系列国际政治经济秩序,所有这些国际秩序都是以主权国家为基础的,由大国主导确立的,有着明显的缺陷和不足。尤其是进入21世纪以来,恐怖主义、全球金融危机、新兴经济体群体性崛起、全球气候变化和新冠肺炎疫情全球大流行等表明,现有国际秩序正在出现能力不足的危机。其中,新冠肺炎疫情全球大流行更是引发了国际学界对中国崛起和未来国际秩序走向的浓厚兴趣:中国究竟是继续参与现有国际秩序,还是另起炉灶,建设一种不同于现有秩序的国际新秩序?如何调适中国秩序与国际秩序的关系,成为新时期中国外交的一个核心问题。

(一)国际秩序及其决定因素

从词典含义来看,秩序就是指有条理、不混乱、整齐而有规则的状

况,它是与无序、混乱相对应的,但其具体释义往往随着其目的和为谁服务而变化。无论如何,秩序都反映着一种对"确立和维持规则"的期待。所谓国际秩序,是指某一时期国际社会中的行为主体,围绕社会公共事务管理而确立起来的社会规范和价值体系。这一观念起源于中世纪的欧洲。当时的罗马皇帝、教皇和各世俗君主国之间争权夺利,战乱频仍,人们渴望建立一种为世人普遍遵守的秩序。[①] 但是,国际秩序却是民族国家产生之后的产物,其产生与资本主义的发展和中世纪体系的崩溃密切相关。自威斯特伐利亚体系建立以来,民族-主权国家成为国际社会最有影响力的行为主体,国际社会处于无政府状态之下,每一个主权国家都宣称拥有对内最高、对外独立的权力,国际秩序就成为处理国家与国家之间关系所遵循的游戏规则和价值体系。从国际秩序的内涵来看,国际秩序受到三个因素的影响:

一是权力结构,亦即国际战略力量对比格局及其权势分布,它决定着国际秩序的基本性质。赫德利·布尔(Hedley Bull)认为,国际秩序指的是国际行为的格局或布局,它追求国家社会基本、主要或普遍的目标,包括维持国际体系和国家社会本身的生存、维护国家的独立或者外部主权、维护和平以及对会导致死亡或者身体伤害的暴力行为加以限制、信守承诺、根据财产规则使得所有权具有稳定性等。[②]

二是规范体系,主要是一些为各方所共享的原则、准则、规则和决策程序,它决定着国际秩序的主要内容。诚如劳伦斯·芬克尔斯坦(Lawrence Finkelstein)所言,国际秩序是管理国际社会所有或者几乎所有成员多领域具体事务的广泛的制度框架。[③] 对于秩序而言,其本质问题是由谁

[①] 当时意大利诗人但丁在《论世界帝国》中系统阐述了其世界秩序的理论。在14世纪初的意大利,但丁指出,内部分裂必然导致国家毁灭与社会动荡,要结束内乱,实现和平,就必须改变教权干预王权的局面,实现政教分离,由一个强有力的君主来统治国家。参阅〔意〕但丁:《论世界帝国》,朱虹译,商务印书馆1985年版,第13页。

[②] 〔英〕赫德利·布尔:《无政府社会:世界政治秩序研究》,张小明译,世界知识出版社2003年版,第13—15页。

[③] Lawrence Finkelstein, "What is Global Governance," *Global Governance*, Vol. 1, No. 3, 1995, p. 369.

来制定规则,制定何种规则,如何创建、维护、发展这些规则,以及该秩序在何种环境下得以转变。①

三是价值观念,主要是社会各行为体在一定历史发展阶段所持有的价值原则,特别是在社会性资源分配时所坚持的标准和依据。自威斯特伐利亚和会以来,传统国际秩序的价值基石在于,以国家利益为核心,奉行主权平等、不干涉内政等一系列价值原则。② 尽管国际社会经历了维也纳体系、凡尔赛-华盛顿体系和雅尔塔体系,但由欧美发达国家主导的国家间秩序并没有发生根本性的变化,仍然是以欧美发达国家的价值观、伦理观、政治观和法学理论为核心,在主权国家基础上建立的,是受国家法原则和国际关系准则调控的势力平衡秩序。亨利·基辛格在《世界秩序》一书中所强调的也就是这一秩序。

秩序观就是一国对建立什么样的国际秩序的观点和看法。近代以来,西方国家主导的以主权国家为基础建立的势力平衡秩序正在遭受严峻的挑战。近年来,欧美发达国家退出国际组织现象日益增多。③ 关于中国的秩序观问题,一个持续的争论是中国究竟是一个挑战现状的国家还是一个维护现状的国家。④ 对于一些学者来说,中国自20世纪90年代以来一系列从双边外交到多边外交的转型表明,中国是一个维护现状的国家,中国更可能会选择与现有国际秩序合作,而非颠覆现有国际秩序。⑤ 而另外一些学者则倾向于认为中国将破坏现有国际秩序,按照自己的面貌再造一个新的国际秩序,其中有人认为中国战略文化的传统或国内政治

---

① 〔日〕星野昭吉:《全球政治学——全球化过程中的变动、冲突、治理与和平》,刘小林、张胜军译,新华出版社2000年版,第51页。
② Hedley Bull, *The Anarchical Society: A Study of Order in World Politics*, London: McMillan Press, 1977, p.42.
③ Randall Schweller, "The Problem of International Order Revisited," *International Security*, Vol.26, No.1, 2001, p.162.
④ Alastair Iain Johnston, "Is China a Status Quo Power?" *International Security*, Vol.27, No.4, 2003, pp.5-56.
⑤ Gungwu Wang and Yongnian Zheng, eds., *China and the New International Order*, London: Routledge, 2008, p.54.

的需要使中国产生了修改国际秩序的冲动。① 因此,根据学者们分析的中国对西方主导的现有国际秩序的态度,可以将已有的对中国秩序观的研究划分为三个学术流派:革命派、接轨派和传统派。

持第一种观点的是革命派。这种观点认为,中国是一个中国共产党领导的社会主义国家,这一国家性质决定了它和现有资本主义国家主导的国际秩序存在着不可调和的矛盾,阶级斗争将在很长一段时期内继续存在,"美帝国主义亡我之心不死",必须"丢掉幻想,准备斗争"。文化纵横杂志社社长杨平强调,西方国家主导的国际社会不光有经济实力,背后还有一套法权体系,有一套话语权,中国没有一套话语体系,光靠经济实力打不过人家,因为在别人眼里,我们只是经济动物。② 北京航空航天大学的王湘穗认为,当今世界实际上是西方五百年整个资本主义体系构成的世界,中国需要制定系统的战略,不应该仅仅包括经济的,或者是文化的,还该有货币的、金融的、外交的、法律的,甚至是军事的更完整的设计,要有主动的对于全球治理模式的设计。③ 总之,在革命派看来,现有国际秩序是一个坏的秩序,对其应当采取彻底革命的立场,建立中国共产党主导的社会主义秩序。

持第二种观点的是接轨派。这种观点认为,现有的国际秩序总体上对中国有利,中国没有必要推翻现有国际秩序。因此,中国需要与现有国际秩序接轨,并进行改革,以推动国际秩序向更加公正合理的方向发展。苏长和、任晓等上海学派学者把"费孝通规则"作为"共生体系"的内在价值,并主张采取包容式改进、结伴互信、国际行政合作等短期策略,强调西方秩序和中国秩序可以形成一个"共生体系",应该寻求建立一种共生的

---

① 〔英〕马丁·雅克:《当中国统治世界:中国的崛起和西方世界的衰落》,张莉、刘曲译,中信出版社 2010 年版,第 249—251 页;Alastair Iain Johnston, *Cultural Realism: Strategic Culture and Grand Strategy in Chinese History*, Princeton: Princeton University Press, 1998, pp. 253-258。

② 《"中国的世界秩序想象与全球战略规划"研讨会》,http://www.21bcr.com/zhongguodeshijiezhixuxiangxiangyuquanqiuzhanlueguihuayantaohui/,2021 年 11 月 20 日访问。

③ 王湘穗:《美式全球化的终结与世界体系的未来》,《政治经济学评论》2014 年第 3 期,第 16—35 页。

秩序,而非彼此替代的秩序,苏长和认为应该建构自身的话语体系,推动中国模式的国际秩序。① 更多的学者同意中国已经成为现有国际秩序的重要成员,而现有国际秩序存在着不公正不合理的问题,应该推动建立更加公正合理的国际政治经济新秩序。② 不过,可惜的是,学者们将更多的精力放在了应该建立新秩序的问题上,而对于如何建立新秩序缺乏实质性的讨论,只有章百家谈到中国只有改变自己,才能影响世界的问题。③

持第三种观点的是传统派。这种观点认为,中国是一个有着五千年历史的文明古国,有着割不断的历史传承;甚至有人认为,随着中国的崛起,我们应该复兴中国传统文明,实现所谓的"第二次文艺复兴"。比如复旦大学的张维为认为,中国崛起是一个"文明型国家"的崛起,这种崛起不仅在物质财富上,而且在制度安排和文化理念上,一定是超越西方和西方模式的,并一定会深刻地影响世界未来的格局和秩序,主张"王道",反对"霸道"。④ 外交学院教授苏浩从地缘政治、国际关系的角度讨论了西方国家对东方文明的冲击,并首次提出"第二次文艺复兴"新概念。西方的蓝色文明和东方的黄色文明相互交融,为中华文明复兴开启了一个新的思路。⑤ 中国人民大学的王义桅认为,中国应该从文明的高度,以"中国梦"实现"世界梦",当中华文明走向海洋,才能塑造包容自己历史、包容西方的全新文明,为世界探索超越西方的发展模式与文明形态。⑥ 还有

---

① 苏长和:《共生型国际体系的可能——在一个多极世界中如何构建新型大国关系》,《世界经济与政治》2013年第9期,第4—22页;任晓:《论东亚"共生体系"原理——对外关系思想和制度研究之一》,《世界经济与政治》2013年第7期,第4—22页。
② 刘清才:《改革开放以来中国国际秩序理论的发展与创新》,《吉林大学社会科学学报》2008年第4期,第79—84,159—160页;于贵明:《论建立公正合理的国际新秩序》,《前沿》2002年第4期,第68—70页。
③ 章百家:《改变自己、影响世界———20世纪中国外交基本线索刍议》,《中国社会科学》2002年第1期,第4—19页。
④ 张维为:《中国震撼:一个"文明型国家"的崛起》,上海人民出版社2011年版,第63—78页。
⑤ 苏浩:《第二次文艺复兴》,http://culture.ifeng.com/whrd/detail_2012_12/21/20399900_0.shtml,2021年2月26日访问。
⑥ 王义桅:《再造中国:领导型国家的文明担当》,上海人民出版社2017年版,第1—19页。

一些学者强调中国古代国际政治思想中存在大量的政治智慧,应该将这些政治智慧进行创造性转化,使之成为缔造未来世界秩序的一种参考摹本。①

上述三种观点尽管各有理据,但在方法论上都存在着比较大的问题,那就是几乎所有的研究都是要么基于某种先入为主的立场,比如阶级斗争立场、现实主义立场、自由主义立场和文明主义立场,夸大中国秩序与世界秩序的差异和矛盾,从应然的角度分析中国崛起对世界秩序的影响,而非从实然的角度考察中国的国际秩序观及其对国际秩序的影响。从经验研究的方法论出发,考察中国与世界秩序的关系,就是考察在中国实力持续上升带来国际权力结构重整的背景下,中国的国内制度体系和价值观念与世界制度体系和价值观念之间的互动关系,尤其是从案例研究着手,分析中国国际秩序观是如何形成的,将向何处发展,以及中国实力的上升可能对世界秩序产生的影响。

(二) 新冠肺炎疫情与国际秩序变革

新冠肺炎疫情表明,当今世界正在经历百年未有之大变局。在这一大变局中,国际关系发生了根本性变化,国际关系的行为体正在从领土型国家向你中有我、我中有你的"全球化的国家"(Globalized state)转变,国际关系的内容也正在从汉斯·摩根索(Hans J. Morgenthau)所强调的国家间"争夺权力与寻求和平的斗争"的"国家间政治"向"寻求合作与竞争话语权"的"网络间政治"转变。在这一转型过程中,国际关系不仅是国家与国家之间的关系,更是多元社会行为体之间的社会关系甚至人际关系,国际关系正在回归民族国家产生之前的权威重叠、忠诚多元的所谓"新中世纪主义秩序"。在这一转型中,政治学的解释力在下降,社会学、经济学、人类学等学科的解释力在上升,整个世界正在面临新的世界

---

① 阎学通、叶自成、时殷弘等近年来都在古代国际思想方面的研究上投入了巨大的精力,希望能够获得对未来世界秩序建设的启示。阎学通等:《王霸天下思想及启迪》,世界知识出版社 2009 年版,第 290—291 页;叶自成、龙泉霖:《华夏主义:华夏体系 500 年的大智慧》,人民出版社 2013 年版,第 1—23 页。

秩序重建的任务。

冷战结束后,随着世界格局多极化、经济全球化、国际关系民主化和发展模式多样化等进程的发展,近代以来西方国家主导的以主权国家为基础建立的势力平衡秩序正在遭受严峻的挑战。尤其是在新冠肺炎疫情的冲击下,当前国际秩序正在经受严峻的挑战,国际秩序正在向世界秩序转型,国际秩序正在出现新一轮"礼崩乐坏",核心问题是全球治理体系与治理能力现代化。新冠肺炎疫情期间,从国际力量对比、国际规范变革和价值观念重塑三个角度来看,国际秩序变革已经是大势所趋。

首先,新冠肺炎疫情加速了国际力量对比的变化,整个世界资源正在进行新一轮的配置。新冠肺炎发展蔓延的态势表明,亚太地区在中国的示范引领下,普遍接受了中国的抗疫经验,包括日本、韩国、东盟在内的很多国家和地区在应对疫情方面成效显著,复工复产和经济恢复也比较迅速,区域合作进一步加快。相比之下,欧洲和美国的抗疫形势非常严峻,美国、巴西、墨西哥、秘鲁等西半球国家,疫情已经呈现蔓延扩大的趋势,重创了欧美国家的经济和就业。新冠肺炎疫情冲击下各国的政治经济表现,疫情进一步加速了国际力量对比"东升西降"的态势,世界舞台的中心越来越从欧洲-大西洋两岸转移到亚洲-太平洋地区。世界银行的研究表明,长远来看,到2050年左右,世界将重新回到1500年之前那样由中国和印度这样的大国引领世界经济的态势。① 新冠肺炎疫情的持续蔓延,将可能从长远角度影响国际力量对比的变化,进而加速国家权力转移。

其次,新冠肺炎疫情进一步推动了国际规范的社会化趋势,非国家行为体和中小国家在世界舞台上的影响力迅速上升。新冠肺炎疫情期间,不仅国家提供国际公共产品的意愿和能力有限,国际组织也普遍显示出了后劲不足的疲态,反而是跨国公司、非政府组织甚至个人借助互联网的平台,在抗疫实践中发挥着越来越大的作用。疫情促使一系列跨国公

---

① 《世行前行长:中印2050年左右取代美日经济地位》,http://www.chinanews.com/cj/cj-plgd/news/2009/05-13/1690778.shtml,2021年2月26日访问。

司、非政府组织、民族、宗教等非国家行为体介入国际事务,整个世界逐渐突破以主权国家为主导的格局,无论是在国内事务,还是在国际事务上,主权国家都无法回避来自非国家行为体的挑战,呈现为一荣俱荣、一损俱损的命运共同体。对置身于命运共同体的众多行为体来说,其参与全球事务所追求的目标已经不再仅仅是权力和利益,而是日益多样化了。长期为国际社会所奉行的原则、准则、规范和惯例正在被突破,比如美国宣布断供世界卫生组织,在疫情期间回避国际责任,不断采取"甩锅""病毒标签化""种族主义"等政治化措施,公然挑战二战后确立的国际秩序等。新冠肺炎疫情期间美国的表现,更加印证了其破坏国际秩序的战略意图,也从另一个侧面表明当今国际规范转型已经成为大势所趋。

最后,在价值观念上,近代以来形成的西方价值至上的理念已经难以为继,非西方价值正在显示出其巨大的活力。构建世界新秩序涉及的一个很大的问题就是,西方的现代化价值与非西方传统价值,亦即"第二次文艺复兴"的问题。第一次文艺复兴是针对中世纪秩序的危机,用希腊精神(理性精神)和罗马美德(爱共和国)来缔造新秩序。第二次文艺复兴是针对主权国家秩序的危机,即目前的恐怖主义、全球金融危机、非西方群体性崛起等问题。法国学者皮凯蒂(Thomas Piketty)的《21世纪资本论》尽管在方法论上存在问题,但书中提出的问题是很值得思考的,亦即西方近代以来的全球化体系存在着根深蒂固的弊端。美国学者弗朗西斯·福山(Francis Yoshihiro Fukuyama)提出的政治衰败的问题也是一个深层次的问题:美国政治体系存在着严重的政治衰败问题,如果不进行大规模的改革,很难突破现有的困境。因此,我们应跳出西方的框架,推动非西方文化智慧的创造性转化与创新性发展。当前理论界关注的一个核心问题是西方秩序和非西方秩序的问题,两者之间的关系可能是我们需要认真思考的。疫情中中国的表现表明,中国始终将人民的生命安全和身体健康放在第一位,其抗疫制度和方法显示出了强大的制度优势,中国价值得到西方承认是迟早的事。

总体来看,新冠肺炎疫情加快了国际秩序的变革速度,疫情所引发的全球性大流行病的挑战、舆情的挑战和经济景气的挑战,对国际力量对比、国际规范体系和国际价值观念都产生了深刻的影响。在这一过程之中,世界秩序重建成为一个不可回避的重大问题。中国提出的人类命运共同体理念是指导世界秩序重建的重要指南,中国在应对疫情过程中的杰出表现更加凸显了这一理念的巨大优势和实践能力。

三、中国方案:人类卫生健康共同体的内涵与意义

面对来势汹汹的疫情,世界各国都在苦苦寻求应对方案。自新冠肺炎疫情暴发以来,中国在坚决遏制国内疫情蔓延势头的同时,也高度重视国际抗疫合作,在不同国际场合倡议共建人类卫生健康共同体,呼吁加强国际公共卫生合作。人类卫生健康共同体是中国提出的构建全球卫生健康秩序的"中国方案"。

(一)人类卫生健康共同体的提出

人类卫生健康共同体是习近平提出的国际卫生健康秩序方案。面对新冠肺炎疫情的严峻挑战,习近平首先通过双边外交场合向各国领导人倡议人类卫生健康共同体。2020年3月20日,习近平主席在致电法国总统马克龙时首次提出"人类卫生健康共同体"的理念,明确表示中国愿同法方共同推进疫情防控国际合作,支持联合国及世界卫生组织在完善全球公共卫生治理中发挥核心作用,打造人类卫生健康共同体。[①] 此后,习近平通过电话外交向多国领导人就新冠肺炎疫情致慰问电时提出了"打造人类卫生健康共同体"的倡议与主张,得到了各国领导人的积极响应。

习近平在多个国际场合系统阐述了人类卫生健康共同体的理念,内涵越来越丰富,系统越来越成熟。2020年3月,习近平在G20领导人特别峰会上呼吁世界各国团结合作战胜疫情,并表示愿同有关国家共同分享疫情防控有益做法。"中方秉持人类命运共同体理念,愿同各国分享防控有益做法,开展药物和疫苗联合研发,并向出现疫情扩散的国家提供力所

[①] 《习近平向法国总统马克龙致慰问电》,《人民日报》2020年3月22日,第1版。

能及的援助。"①此时,习近平提出了坚决打好新冠肺炎疫情防控全球阻击战、有效开展国际联防联控、积极支持国际组织发挥作用、加强国际宏观经济政策协调等加强国际合作的倡议,充实和完善了人类卫生健康共同体的内涵。

2020年5月,习近平在第73届世界卫生大会视频会议上发表题为"团结合作战胜疫情 共同构建人类卫生健康共同体"的致辞,首次在国际场合明确提出共同构建人类卫生健康共同体的创造性合作构想,提出了全力搞好疫情防控、发挥世卫组织领导作用、加大对非洲国家支持、加强全球公共卫生治理、恢复经济社会发展、加强国际合作等建议,得到了国际社会的广泛关注和赞赏。此后,习近平在中非团结抗疫特别峰会、中国-东盟博览会、二十国集团领导人第十五次峰会等一系列国际场合和不同领域进一步阐述人类卫生健康共同体的内涵,并将人类卫生健康共同体与人类命运共同体结合起来,形成了系统成熟的指导理念。②

(二)人类卫生健康共同体的内涵

人类卫生健康共同体是中国提出的关于全球健康治理秩序的一种理念,与《联合国宪章》和《2030年可持续发展议程》价值契合、理念相通,且具有鲜明的中国特色。共筑人类卫生健康共同体的宗旨,就是要以合作的方式共同维护和促进包括中国人民在内的全人类的生命健康安全与健康可持续发展。具体来说,主要包括三个方面:

一是生命至上的人类价值观。没有人民的生命安全和健康,就没有健康的人力资源,经济社会发展就失去了根基和意义。重大传染性疾病是全人类的敌人。新冠肺炎疫情给人民生命安全和身体健康带来巨大威

---

① 《习近平出席二十国集团领导人应对新冠肺炎特别峰会并发表重要讲话》,http://m.xinhuanet.com/2020-03/27/c_1125773845.htm,2022年3月17日访问。
② 黄敬文、丁海涛:《习近平主持中非团结抗疫特别峰会并发表主旨讲话》,《人民日报》2020年6月18日,第1版;《习近平在第十七届中国-东盟博览会和中国-东盟商务与投资峰会开幕式上致辞》,《人民日报》2020年11月28日,第1版;贾平凡:《G20峰会,中国为世界注入强大信心(环球热点)》,《人民日报(海外版)》2020年11月26日,第6版。

胁,给全球公共卫生安全带来巨大挑战。坚持高擎人类卫生健康共同体旗帜,把人类生命安全与健康放在国际抗疫合作的第一位,坚持生命至上,人类优先,共同守卫人类的生命健康。

二是卫健结合的综合安全观。综合安全观是指用全局的、联系的、系统的思维来思考政治、经济、文化、社会、军事,以及科技、生态、粮食、能源等一系列安全问题,通过科学统筹,运用多种手段,发挥整体合力,保证国家的总体安全。在中国文化中,呵护生命最初是用"养生"的概念,近代以来受日本和西方的影响,逐渐由个体之"养生"向社会(公众)之"卫生"转变,卫生即"卫全其生",本质上是一个安全概念。而健康则来自中医之"治未病"的养生和康养文化,本质上是一个发展概念。秉持人类卫生健康共同体的理念,就是要树立全面的综合卫生安全观,统筹安全与发展两件大事,既守卫人类的安全,也促进全球的健康。

三是守望相助的共同利益观。病毒无国界,病毒不讲意识形态,也不分国家种族,是人类的共同敌人。面对疫情,各国命运与共,污蔑攻击、"甩锅"推责都弥补不了失去的时间,国际社会只有守望相助,团结合作,才能战而胜之。因此,在疫情面前,世界各国应携手拉起最严密的联防联控网络,加强互学互鉴,一同积极抗击疫情,共筑人类卫生健康共同体。

(三)人类卫生健康共同体是人类命运共同体的实现形式

人类卫生健康共同体是人类命运共同体在卫生健康领域的实现形式,是为深化全球卫生合作提供的重要国际公共产品。事实上,在人类命运共同体理念指导下,中国提出了"一带一路"国际合作倡议,其中就包括建设"健康丝绸之路",强调中国与共建"一带一路"国家和有关国际组织一道,深化卫生政策协调,发展"一带一路"医院合作与发展联盟,建设中医药海外中心,实施中国-东盟公共卫生人才培养百人计划、中非公共卫生合作计划等项目,为促进民心相通、增进各国民众健康福祉作出突出贡献。人类卫生健康共同体是"健康丝绸之路"在世界更大范围的展开,其基本理念、内在逻辑、核心精神与人类命运共同体都是一致的。

人类命运共同体思想的主旨在于通过弘扬和平、发展、合作、共赢理念,弥合不同国家、不同民族和不同宗教之间的隔阂、纷争和冲突,建设更包容、更美好的世界。这一理念是对近代以来的西方现代化理念的道路创新、理论创新、制度创新和文化创新,是共同利益、共同价值与共同治理的统一,涵盖政治、发展、安全、文明和生态等众多领域。① 在这一思想指导下,中国已经在各个层面将人类命运共同体的理念转化为行动。在全球治理层面,习近平倡导建立网络空间命运共同体、核安全共同体、海洋命运共同体和人类卫生健康共同体。在双边层面,习近平推动与巴基斯坦、柬埔寨、老挝、越南、缅甸、哈萨克斯坦等国家建立利益命运共同体。在地区层面,中国推动构建周边命运共同体、亚洲命运共同体、亚太命运共同体、中国–东盟命运共同体、上海合作组织命运共同体、中非命运共同体、中阿利益共同体和命运共同体等,人类命运共同体的理念已经深入人心,取得了积极进展。

四、中国实践:人类卫生健康共同体的建设路径

面对新冠肺炎疫情的严峻挑战,中国不仅在世界舞台上积极倡导人类卫生健康共同体,而且身体力行践行共建人类卫生健康共同体,逐步形成了多元有序、立体化的卫生健康国际合作新格局。尤其是在应对新冠肺炎疫情期间,中国以共筑人类卫生健康共同体为己任,携手世界,共克时艰,直至取得抗击疫情的最终胜利。

(一) 开展卫生外交,深化国际抗疫合作

2020年新冠肺炎疫情暴发后,中国秉持人类命运共同体理念,坚持以公开、透明和负责任的态度,积极开展卫生外交,全力服务国内疫情防控和复工复产,与各国人民同舟共济、并肩抗疫。中国共产党同110多个国

---

① 习近平:《携手构建合作共赢新伙伴、同心打造人类命运共同体》,《人民日报》2015年9月29日,第2版。

家的240个政党发出共同呼吁,呼吁各方以人类安全健康为重,秉持人类命运共同体理念,携手加强国际抗疫合作。①

积极开展首脑外交。疫情发生后,习近平主席先后与外国领导人和国际组织负责人多次进行"电话外交",出席G20领导人特别峰会、世界卫生大会、中非团结抗疫特别峰会、中国-东盟博览会等众多视频会议,与各方进行信息沟通和政策协调,分享抗疫经验,呼吁各方树立人类命运共同体意识,加强双多边合作,支持国际组织发挥作用,携手应对疫情挑战。李克强总理也同多国领导人通电话,并出席东盟与中日韩(10+3)抗击新冠肺炎疫情领导人特别会议,为东亚地区抗疫合作注入重要动力。

深化国际抗疫合作。疫情发生以来,中国重视并积极开展政策沟通和国际合作,推动举行中国-东盟关于新冠肺炎问题特别外长会、澜湄合作第五次外长会、中日韩新冠肺炎问题特别外长视频会议,同韩国等周边国家成立联防联控合作机制,开设了向所有国家开放的新冠肺炎疫情防控网上知识中心,加强政策沟通。同时,举办专家视频会议,交流疫情防控经验。国务委员兼外交部长王毅在2021年新年致辞中强调,"当疫情席卷世界,中国同世卫组织和国际社会密切合作,开展了史上最大规模的紧急人道主义行动,向150多个国家、13个国际组织提供援助,共同汇聚起全球抗疫的磅礴伟力。"②许多国家都认为,中国的抗疫外交有情有义、有声有色,中国的经验做法为其他国家提供了有益借鉴,为世界和平与发展作出新的重要贡献。

(二)恪守多边主义,提供更多国际公共产品

作为负责任大国,中国始终坚持多边主义原则,支持世界卫生组织发挥领导作用,积极推进和参与卫生健康领域国际合作,健全完善惠及全人

---

① 《抗击新冠肺炎疫情的中国行动》,http://www.gov.cn/zhengce/2020-06/07/content_5517737.htm,2020年3月4日访问。
② 《王毅国务委员兼外交部长新年视频致辞》,https://www.fmprc.gov.cn/ziliao_674904/zt_674979/dnzt_674981/qtzt/kjgzbdfyyq_699171/202102/t20210207_9279079.shtml,2022年1月28日访问。

类、高效可持续的全球公共卫生体系,为促进全球公共卫生治理,推动构建人类卫生健康共同体作出更大贡献。

高举多边主义旗帜。相比疫情期间一些国家的"退群"、"甩锅"、断供等单边主义行径,中国恪守多边主义原则,一如既往地支持世界卫生组织发挥领导作用,同二十国集团各方保持密切沟通,推动完善以联合国为核心的全球治理体系。同时,中国积极参加中非合作论坛、亚太经合组织、二十国集团和金砖国家合作机制等区域多边合作机制下的卫生医疗合作,大力推进"一带一路"卫生合作,共建"健康丝绸之路",签署了《中华人民共和国政府与世界卫生组织关于"一带一路"卫生领域合作的谅解备忘录》及其执行计划①,举办了"16+1"卫生部长论坛、中阿卫生合作论坛、中国-东盟卫生合作论坛,推动构建更加公正合理的国际卫生治理体系。

提供国际公共产品。中国积极承担国际责任,为国际社会提供更多公共产品。习近平主席在第73届世界卫生大会、G20领导人特别峰会和中非团结抗疫特别峰会等场合宣布了一系列支持举措,包括两年内提供20亿美元国际援助、与联合国合作在华设立全球人道主义应急仓库和枢纽、建立30个中非对口医院合作机制、中国新冠疫苗研发完成并投入使用后将作为全球公共产品、同二十国集团成员一道落实"暂缓最贫困国家债务偿付倡议"等。② 同时,中方同世卫组织、全球疫苗免疫联盟、流行病防范创新联盟等国际组织保持密切沟通与合作,加入了世卫组织"全球合作加速开发、生产、公平获取新冠肺炎防控新工具"倡议和"团结计划"国际多中心临床试验、"新冠肺炎疫苗实施计划"③,以促进疫苗公平分

---

① 《〈中华人民共和国政府与世界卫生组织关于"一带一路"卫生领域合作的执行计划〉在京签署》,http://www.nhc.gov.cn/wjw/ttyw/201705/0afb7bb59f0c4800ac41bfc385aaafe7.shtml,2021年2月26日访问。

② 《习近平出席二十国集团领导人应对新冠肺炎特别峰会并发表重要讲话》,http://m.xinhuanet.com/2020-03/27/c_1125773845.htm,2022年3月17日访问;黄敬文、丁海涛:《习近平主持中非团结抗疫特别峰会并发表主旨讲话》,《人民日报》2020年6月18日,第1版。

③ 《王毅:中国以实际行动促进疫苗公平分配》,https://www.fmprc.gov.cn/web/wjbzhd/t1854608.shtml,2021年2月26日访问。

配,确保为发展中国家提供疫苗,同时带动更多有能力的国家支持"实施计划"。2020年4月中旬,全球首个新型冠状病毒灭活疫苗(Vero细胞)研发成功,获批进入临床试验。① 新冠肺炎疫情暴发以来,中国开展了新中国成立以来最大规模的人道主义救援行动,不仅向120多个国家和国际组织提供了超过了22亿剂新冠肺炎疫苗,而且还帮助一些发展中国家建设疫苗生产线,提高自主应对疫情能力。这是中国履行承诺推动疫苗成为全球公共产品的一个重要举措。

(三)加强对外援助,增强发展中国家自主发展能力

加强对发展中国家的援助特别是医疗援助,是中国外交的一个重要传统。自1963年向阿尔及利亚派出第一支援外医疗队以来,中国先后向71个国家和地区派遣援外医疗队员共计2.6万人次,诊治患者近2.8亿人次。② 2014年,面对西非国家暴发的埃博拉疫情,中国政府第一时间向有关国家和国际组织提供援助,先后分5次提供总计7.5亿元人民币的现汇和物资援助,并派遣1200多名医疗和公共卫生专家组成医疗专家组,提供生物实验室等紧急救护设备和设施,开展了新中国成立以来由中方主导的最大的一次全球卫生行动。③ 此外,中国还向菲律宾、尼泊尔和安哥拉等国派遣医疗专家,参与了多国疫情防控和灾后医疗救援工作。2016年,中国国际应急医疗队(上海)成为第一批通过世界卫生组织认证评估的国际应急医疗队。④

积极向国际社会提供人道主义援助。中国在自身疫情防控仍然面临

---

① 《国药集团中国生物武汉所新型冠状病毒灭活疫苗获临床试验许可》,http://www.xinhuanet.com/health/2020-04/14/c_1125852835.htm,2021年4月16日访问。
② 《中国援外医疗五十五载:大爱无疆谱就壮丽诗篇》,http://big5.xinhuanet.com/gate/big5/www.xinhuanet.com/politics/2018-12/17/c_1123866640.htm,2021年4月16日访问。
③ 《中国援助西非抗击埃博拉 物资现汇已近7.5亿元》,http://world.people.com.cn/n/2014/1031/c1002-25942380.html,2021年4月16日访问。
④ 《中国国际应急医疗队(上海)成为首批通过世界卫生组织认证评估的国际应急医疗队》,http://health.people.com.cn/n1/2016/0525/c398004-28378725.html,2021年2月26日访问。

巨大压力的情况下,先后为140多个国家和国际组织提供援助,既包括疫情较为严重的国家,也包括公共卫生体系和防疫能力较为薄弱的国家,还包括欧盟、非盟、东盟等国际组织。尤其是对意大利、塞尔维亚、柬埔寨、巴基斯坦、伊朗、伊拉克、老挝、委内瑞拉、菲律宾、缅甸、哈萨克斯坦、俄罗斯等一些疫情严重的国家,中国采取医疗物资援助和医疗技术援助两种形式,不仅为这些国家提供检测试剂、口罩、防护服、隔离眼罩、额温枪、医用手套鞋套以及呼吸机等抗疫设备,还派出抗疫医疗专家组,协助这些国家的疫情防控决策和技术方案制定,为其医护和公共卫生人员的能力建设以及具体工作提供了咨询指导和培训。

增强发展中国家自主发展能力。本着量力而行、尽力而为的原则,中国重视援助广大发展中国家消除贫困、改善民生、谋求发展,在南南合作框架下和力所能及的范围内援助发展中国家形成自主发展能力。疫情期间,中国同二十国集团成员一道落实"暂缓最贫困国家债务偿付倡议",支持非洲疾控中心在疫情防控中发挥技术核心作用,根据有关国家疫情严重程度和医疗卫生条件、有关国家提出的具体援助需求和我国自身所具备的能力,综合考虑并妥善制订援助方案。

(四)讲好中国故事,分享中国智慧和中国经验

新冠肺炎疫情是对全人类的挑战,针对疫情期间出现的一些将病毒与特定国家挂钩、污名化和疫情政治化的行径,中国进行了有力回击,通过参加国际视频会议、举办例行记者会、发布政府白皮书、参与国际交流会议等渠道,呼吁国际社会摒弃偏见和傲慢的态度,抵制自私自利、"甩锅"推责的行为,反对污名化和疫情政治化,顶住了舆情压力,赢得了国际社会的理解和支持。

讲好中国抗疫故事。中国第一时间向世界卫生组织、有关国家和地区组织主动通报疫情信息,分享新冠病毒全基因组序列信息和新冠病毒核酸检测引物探针序列信息,定期向世界卫生组织和有关国家通报疫情信息,为全球防疫提供了基础性支持。国家卫生健康委汇编了诊疗和防控方案并翻译成3个语种,分享给全球180多个国家、10多个国际和地区组织参照使用,并与世界卫生组织联合举办"防治新冠肺炎中国经验国际通报会",提高抗疫透明度。

分享中国抗疫经验。中国与东盟、欧盟、非盟、亚太经合组织、加共体、上海合作组织等国际和地区组织,以及韩国、日本、俄罗斯、美国、德国等国家,开展70多次疫情防控交流活动,向世界分享中国抗疫经验。据不完全统计,中国专家在英文学术期刊上发表论文1100多篇,在《柳叶刀》等国际上有重大影响的学术期刊上发表文章近100篇;中国政府组织专家毫无保留地向全球180个国家、10多个国际和地区组织分享经过中国实践检验的新冠肺炎防控、诊疗方案和技术经验。

小结

共建人类卫生健康共同体是中国为应对新冠肺炎疫情全球大流行而提出的全球治理方案,反映着中国对未来世界秩序的愿景和追求,是"中国之世"的重要体现。人类卫生健康共同体是人类命运共同体的具体实现形式,是对现有国际秩序的发展和完善。与建立在国家中心主义原则基础上的现有国际秩序不同,人类卫生健康共同体是建立在人类中心主义原则基础上的世界秩序,其要点是生命至上的人类价值观、卫健结合的综合安全观、守望相助的共同利益观,为应对疫情挑战提供了新的秩序方案。

中国不仅是人类卫生健康共同体理念的倡导者,也是共建人类卫生健康共同体的积极践行者。在应对新冠肺炎疫情期间,中国开展卫生外交,积极参与全球健康治理,大力加强对外援助,主动分享中国智慧和中国经验,探索构建人类卫生健康共同体的路径,逐步形成了多元有序、立体化的国际卫生健康合作新格局。时下,新冠病毒仍在全球传播蔓延,整个世界仍然面对着十分严峻的困难和挑战,只有秉持人类命运共同体理念,积极推动建构人类卫生健康共同体,才能战胜各种困难和挑战,建设更加繁荣美好的世界。

第八章

中国之治：使命型政党

现代化的国家需要现代化的政党。在世界各国的现代化历程中，现代化运动的成败在很大程度上取决于是否拥有具有坚定的和正确的现代化取向的强有力的现代化政党，这是现代化运动的基本逻辑。党的十九届五中全会提出，到2035年基本实现社会主义现代化远景目标，这意味着中国到2035年要在经济、政治、社会、文化和生态文明等各个领域都达到中等发达国家的水平，不仅基本确立了现代化的物质基础，而且基本实现了国家治理体系和治理能力现代化。毫无疑问，基本实现社会主义现代化的目标是一项极其艰巨的重大工程，需要打造一个更加强有力的现代化政党。

中国特色社会主义的最本质特征是中国共产党领导，中国特色社会主义制度的最大优势是中国共产党领导。在实现中华民族伟大复兴的历史进程中，为人民谋幸福，为民族谋复兴，为世界谋大同，是中国共产党的历史责任。社会主义现代化目标要彻底实现，除了中国共产党之外，没有任何一个别的政党能够担负这一历史重任。在这一历史进程中，如果没有一个全国范围的、广大群众性的、思想上政治上组织上完全巩固的、马克思主义的中国共产党，这样的任务是不可能完成的。

一、使命型政党

政党对中国来说是一个西方的舶来品，但中国共产党却与西方意义上的政党有着本质的不同。英语中的"政党"（party）一词，源自拉丁文的"pars"或"partire"，意为划分或分割。最先进入英语的词汇形式是

part,意为社会的一部分。17世纪后,part演化成party,意为某种政治组织,常与派系(fraction)混用。根据英国政治思想家埃德蒙·伯克(Edmund Burke)的定义,政党是大家基于一致同意的某些特殊原则,并通过共同奋斗来促进国家利益而团结起来的人民团体。① 现代政党是工业革命以来社会化大生产的产物,没有现代化的工业大生产,就没有现代意义上的政党。法国政治社会学家迪韦尔热(Maurice Duverger)根据政党产生的方式,将政党划分为内生党和外生党。内生党是由议会内部议员联合起来形成的,比如英国的保守党与工党。外生党是由统治集团外的政治力量对统治集团发起挑战并要求在议会中取得自己的席位而产生的。显然,西方学者在理解政党的时候,只重视政党的外部特征,更强调一般的利益纽带,回避政党的阶级实质。西方学界一般将无产阶级政党称为"列宁主义政党",也是仅仅关注无产阶级政党的组织特征,不重视其思想本质。

　　与资产阶级政党理论不同,马克思主义的政党理论认为,政党是阶级的组织,是阶级斗争发展到一定阶段的产物,政党的首要任务就是组织本阶级的成员进行阶级斗争。在对无产阶级政党的界定中,马克思主义的指导地位是最重要的。在马克思看来,现代工人运动如果没有先进思想的指导,其前途顶多是工联主义,而非社会主义和共产主义。因此,无产阶级政党是马克思主义与工人运动相结合的产物,是由最有威信、最有影响、最有经验的领袖集团依靠使命和信念驱动建立起来的政治团体。与资产阶级政党重视维护既有利益格局的利益型政党性质不同,无产阶级政党注重为实现远大理想而奋斗,无产阶级政党是使命型政党。"全世界无产者,联合起来",为实现全人类的解放而奋斗是无产阶级政党的使命。与资产阶级政党通过释放个人对利益的强大欲望来驱动现代化不同,无产阶级政党更强调"关键少数"的坚定信念驱动现代化的磅礴力量。

　　作为一个用马克思主义武装起来的无产阶级政党,中国共产党就是一个承担民族复兴使命的政党。1840年之后,中华民族就生活在屈辱感

---

① 陈志瑞、石斌编:《埃蒙德·伯克读本》,中央编译出版社2006年版,第73页。

之中,当时中国社会面临两大危机:一是主权危机,即帝国主义列强对中国的武装侵略和对中国内部事务肆意干涉;二是政权危机,即极端腐败的中国封建政权在外敌压力下日趋分崩离析。① 中国近代社会的现实状况,决定了实现中华民族伟大复兴一开始就必须承担双重任务:一是为推翻帝国主义压迫、争得主权而进行的民族革命;二是为推翻封建地主压迫、争得政权而进行的民主革命。在这两个任务中,"最主要的任务是推翻帝国主义的民族革命"②。中国任何一支政治力量在追求自己的政治目标时,都不能不充分考虑这一政治现实所提出的民族使命。因此,实现中华民族伟大复兴是近代以来中华民族最伟大的梦想。中国共产党一经成立,就把实现共产主义作为党的最高理想和最终目标,义无反顾地肩负起实现中华民族伟大复兴的历史使命。为了实现这一使命,中国共产党领导中国人民历经长达28年的革命斗争、30年的社会主义革命与建设以及44年的改革开放,实现了从站起来到富起来,并迎来强起来的光明前景。只有社会主义才能救中国,只有中国特色社会主义才能发展中国,只有中国共产党的领导才能实现中华民族的伟大复兴,这是历史和时代得出的坚定结论。

二、中国共产党的新使命

近代以来的中国历史表明,中华民族伟大复兴的领导任务,担负在中国无产阶级的政党——中国共产党的肩上,离开了中国共产党的领导,任何复兴都不能成功。习近平强调,只有不忘初心、牢记使命、永远奋斗,才能让中国共产党永远年轻。党的十九届五中全会明确了到2035年基本实现社会主义现代化的目标,确定了新时代中国共产党的新使命。具体来说,基本实现社会主义现代化的新使命包含国家富强、民族振兴、人民

---

① 这一点,可以从中国逐步半殖民化的进程中看出。特别是在北洋政府统治时期,国内派系林立,国家分裂为好几个军阀集团,这些军阀派系在中国展开了一次又一次的混战。
② 《毛泽东选集》(第2卷),人民出版社1991年版,第637页。

幸福三重历史使命。

(一) 国家富强与中国共产党

基本实现社会主义现代化,首先意味着要实现国家富强。国家富强就是要全面建成小康社会,并在此基础上建设富强、民主、文明、和谐、美丽的社会主义现代化强国。落后就要挨打,强大才能伟大。中华民族在历史上创造了灿烂的中华文明,为人类作出了卓越贡献。然而,近代以来,国家积贫积弱,战乱频仍,山河破碎,民不聊生。近代以来的深刻历史教训表明,一个国家要想巍然屹立于世界民族之林,就必须富国强兵,直面竞争。正是历经艰难困苦,中华民族才对复兴有如此深切的渴望。基本实现社会主义现代化,意味着中国要牢固确立创新驱动发展的战略,在经济、政治、文化、社会和生态文明等各个领域都赶上甚至超过中等发达国家,中国要走在世界前列。因此,中国实现的现代化是国家富强的现代化,是新技术武装起来的现代化。保持中国共产党作为中国工人阶级先锋队和中国人民及中华民族先锋队的重要地位,把中国共产党建设成为走在时代前列、引领世界发展的强大政党,是基本实现社会主义现代化的题中之义,也是新时代中国共产党的历史使命。

(二) 民族振兴与中国共产党

基本实现社会主义现代化,还意味着民族振兴。民族振兴就是要使中华民族更加坚强有力地自立于世界民族之林,为人类作出新的更大贡献。中国实现的现代化是整个人类社会现代化的一部分,中国共产党不仅是为中国人民的幸福事业而奋斗的政党,也是为人类进步事业而奋斗的政党。在基本实现社会主义现代化之后,中国共产党如何为构建人类命运共同体而奋斗,也是一个不容回避的重要课题。中国当下正处于将起未起、将强未强的历史交汇期,这是中国日益走近世界舞台中央、不断为人类作出更大贡献的时代。在这个新时代,中国与世界的关系发生深刻变化,中国与国际社会的互联互动空前紧密。在中国与世界联系日益深入的同时,外部世界对中国的挑战也日益显现,成为影响国内改革发展稳定大局的重要因素。"安而不忘危,存而不忘亡,治而不忘乱。"面对波谲云诡的国际环境,我们要看到各种威胁和挑战的联动效应明显,各类矛盾和风险挑战相互交织、相互作用,并要做到统筹发展与安全,增强忧患意识,防范风险挑战,力争不出现重大风险或在出现重大风险时扛得住、过得去。总之,面对2035年基本实现社会主义现代化的新使命,中国共产党必须承担起为人类进步事业而奋斗的责任,统筹国内国际两个大局,坚持和平发展道路,推动构建人类命运共同体。

(三)人民幸福与中国共产党

基本实现社会主义现代化,最根本的是实现人民幸福、共同富裕。人民幸福,就是要坚持以人民为中心,增进人民福祉,促进人的全面发展,朝着共同富裕的方向稳步前进。实现社会现代化并不难,资本主义走出了一条成功的现代化道路。然而,迄今为止,其他一切社会道路都没有找到实现共同富裕的方案,资本主义在现代化的过程中充满了血和肮脏的东西,其现代化是两极分化的现代化。尽管二战后资本主义国家实施了福利计划,但仍旧没有解决共同富裕的问题。中国将要实现的现代化是社会主义的现代化,是人民的现代化,是共产党领导的现代化。保证中国共产党为人民服务根本宗旨的政治属性和红色基因,是保障现代化之社会主义性质的根本所在。在领导社会主义现代化的过程之中,中国共产党是为人民服务的党;在基本实现现代化之后,中国共产党仍然必须是为人民服务的党。带领人民创造美好生活、实现共同富裕,是中国共产党矢志不渝的奋斗目标,中国共产党时刻不忘初心,始终把实现好、维护好、发展好最广大人民群众的根本利益作为最高标准,不断提高保障和改善民生水平,不断促进社会公平正义,着力使全体人民享有更加幸福安康的生活,着力在实现全体人民共同富裕上取得实实在在的新进展。

党的十九大报告指出:不忘初心,方得始终。中国共产党人的初心和使命,就是为中国人民谋幸福,为中华民族谋复兴。这个初心和使命是激励中国共产党人不断前进的根本动力。基本实现社会主义现代化的目标要求,明确了中国共产党践行初心使命的基本方向。要始终高举习近平新时代中国特色社会主义思想的伟大旗帜,在以习近平同志为核心的党中央领导下,团结全国各族人民,争取一切可以争取的力量支持,为基本实现社会主义现代化而奋斗,这是新时代中国共产党的使命所在。

三、维护中央权威

"党政军民学,东西南北中,党是领导一切的。"办好中国的事情,关键在党。无论面对什么样的惊涛骇浪,只要坚持党的集中统一领导,民族复兴就筑牢了抵抗风险的强大堤坝。中国共产党的历史实践和中华人民共和国的历史实践均表明,办好中国的事情,关键在党。要达到基本实现社会主义现代化的远景目标,治理好9000万成员的大党、14亿人口的大国,党的团结和集中统一至关重要,维护党中央权威至关重要。

(一)维护权威,关键是维护中央权威

维护国家权威,核心是维护中国共产党的权威,独立自主地发展中国特色社会主义。习近平强调,要坚持中国共产党领导和中国特色社会主义,坚持我国的发展道路、社会制度、文化传统、价值观念。"在中国这样一个有着5000多年文明史、13亿多人口的大国推进改革发展,没有可以奉为金科玉律的教科书,也没有可以对中国人民颐指气使的教师爷。"①

"大就要有大的样子。"②2016年12月26日,习近平主持召开中共中央政治局民主生活会时指出,"党的历史、新中国发展的历史都告诉我们:要治理好我们这个大党、治理好我们这个大国,保证党的团结和集中统

---

① 《习近平:在庆祝改革开放40周年大会上的讲话》,《人民日报》2018年12月19日,第2版。
② 《习近平总书记在十九届中共中央政治局常委同中外记者见面时的讲话》,http://www.xinhuanet.com//politics/19cpcnc/2017-10/25/c_129726443.htm,2021年2月26日访问。

一至关重要,维护党中央权威至关重要"①。2017年2月13日,习近平在中央党校省部级主要领导干部专题研讨班开班式上讲话时提到,"坚决维护党中央权威、保证全党令行禁止,是党和国家前途命运所系,是全国各族人民根本利益所在","坚持党的领导,首先是坚持党中央的集中统一领导"。②2017年12月,在中共中央政治局民主生活会上,习近平强调,"坚持和加强党的全面领导,首先要维护党中央权威和集中统一领导。保证全党令行禁止,是党和国家前途命运所系,是全国各族人民根本利益所在。中央政治局的同志对此必须保持十分清醒的认识"③。2018年1月15日,习近平强调,"事在四方,要在中央。坚持党的领导首先是坚持党中央集中统一领导。全党要牢固树立政治意识、大局意识、核心意识、看齐意识,把维护党中央权威和集中统一领导作为最高政治原则和根本政治规矩来执行"④。

(二)维护中央权威,关键是维护领袖权威

维护权威是社会主义事业的根本要求。在早期创建无产阶级政党的实践中,马克思、恩格斯都十分强调权威的必要性,认为权威是社会生产和生活的必然现象,没有权威,"要进行任何合作都是不可能的"⑤。在马克思、恩格斯看来,"巴黎公社遭到灭亡,就是由于缺乏集中和权威"⑥。列宁则进一步强调了"造就一批有经验、有极高威望的党的领袖"⑦的重

---

① 《中共中央政治局召开民主生活会 对照贯彻落实党的十八届六中全会精神 研究加强党内政治生活和党内监督措施 中共中央总书记习近平主持会议并发表重要讲话》,http://www.ccdi.gov.cn/special/sbjlzqh/topnews_sbjlcqh/201612/t20161228_91874.html,2021年2月26日访问。
② 《关于新形势下党内政治生活的若干准则》,《人民日报》2016年11月3日,第5版。
③ 《中共中央政治局召开民主生活会 习近平主持并发表重要讲话》,《人民日报》2017年12月27日,第1版。
④ 《中共中央政治局召开会议 审议〈中央政治局常委会听取和研究全国人大常委会、国务院、全国政协、最高人民法院、最高人民检察院党组工作汇报和中央书记处工作报告的综合情况报告〉中共中央总书记习近平主持会议》,《人民日报》2018年1月31日,第1版。
⑤ 《马克思恩格斯选集》(第4卷),人民出版社1972年版,第397页。
⑥ 同上书,第399页。
⑦ 《列宁全集》(第42卷),人民出版社1987年版,第100页。

要性。

中国共产党历来重视维护党中央权威,尤其是维护以深得党心民心的领袖为核心的中央领导集体的权威。无论是革命战争年代,还是新中国成立后的不同历史时期,中国共产党都高度重视自觉维护党的领袖的核心地位。1935年遵义会议之前,由于没有形成成熟的领导集体,革命事业几经挫折,面临生死存亡的考验。遵义会议确立了毛泽东的核心领导地位,中国革命从此焕然一新。一百年来,中国共产党始终重视领导核心。毛泽东强调"要建立领导核心,反对'一国三公'"①。邓小平也说:"任何一个领导集体都要有一个核心,没有核心的领导是靠不住的。"②江泽民指出:"党的总书记、国家主席、军委主席三位一体这样的领导体制和领导形式,对我们这样一个大党、大国来说,不仅是必要的,而且是最妥当的办法。"③在长期的革命、建设和改革进程中,中国共产党先后确立了毛泽东、邓小平、江泽民和习近平等领袖在党中央和全党的核心地位,从而在错综复杂的国际形势中始终掌握主动。

党的十八大以来,越是面对复杂的国际国内形势,越要坚决维护党中央权威和集中统一领导。党的十八届六中全会确立了习近平在全党的领导核心地位,强调"坚持党的领导,首先是坚持党中央的集中统一领导。一个国家、一个政党,领导核心至关重要"。全会号召全党紧密团结在以习近平为核心的党中央周围,牢固树立"四个意识",即政治意识、大局意识、核心意识、看齐意识。另外,全体党员也要自觉做到"两个维护",即维护习近平总书记党中央的核心、全党的核心地位,对于一切损害习近平总书记党中央的核心、全党的核心地位与党中央权威和集中统一领导的错误思想言行,都必须敢于斗争、善于斗争。

(三)维护领袖权威,关键是严格遵守政治纪律和政治规矩

政治纪律是最根本最重要的纪律,维护党中央权威,必须把纪律挺在

---

① 《毛泽东文集》(第3卷),人民出版社1996年版,第69页。
② 《邓小平文选》(第3卷),人民出版社1993年版,第310页。
③ 《江泽民文选》(第3卷),人民出版社,2006年版,第603页。

前面,用铁的纪律从严惩治破坏政治纪律和政治规矩、破坏党的集中统一的行为,"做到党中央提倡的坚决响应、党中央决定的坚决执行、党中央禁止的坚决不做。"①。2015年1月12日,习近平同中央党校县委书记研修班学员座谈时强调,"心中有党,是具体的而不是抽象的。作为党的干部,不论在什么地方、在哪个岗位上工作,都要经得起风浪考验,不能在政治方向上走岔了、走偏了"②。"坚定执行党的政治路线,严格遵守政治纪律和政治规矩,在政治立场、政治方向、政治原则、政治道路上同党中央保持高度一致。"③2017年10月25日,习近平在党的十九届一中全会上的讲话中指出,"看一名党员干部特别是高级干部的素质和能力,首先看政治上是否站得稳、靠得住。站得稳、靠得住,最重要的就是要牢固树立'四个意识',自觉在思想上政治上行动上同党中央保持高度一致,坚决维护党中央权威和集中统一领导,在各项工作中毫不动摇、百折不挠贯彻落实党中央决策部署,不打任何折扣,不要任何小聪明,不搞任何小动作"④。

维护党中央权威,做到令行禁止,必须建立健全行之有效的制度规章。党的十八大以来,党中央特别重视依规管党治党,反复强调要严格执行请示报告制度。习近平指出:"请示报告制度是我们党的一项重要制度,是执行党的民主集中制的有效工作机制,也是组织纪律的一个重要方面。"⑤这些新要求新规定的制定和执行,对维护党中央集中统一领导、确保党中央政令畅通无疑起到重要保障作用。2018年2月13日,习近平在四川强调:"党的十九大把党的政治建设摆在突出位置,强调党的政治建设是党的根本性建设,这是有深远考虑的,也是有充分理论和实践依据

---

① 《中国共产党第十八届中央委员会第六次全体会议公报》,http://www.gov.cn/xinwen/2016-10/27/content_5125093.htm,2021年2月26日访问。
② 《习近平:做焦裕禄式的县委书记 心中有党心中有民心中有责心中有戒》,http://www.xinhuanet.com/politics/2015-01/12/c_1113967219.htm,2021年2月26日访问。
③ 《中国共产党第十九次全国代表大会在京闭幕 习近平发表重要讲话》,http://cpc.people.com.cn/19th/n1/2017/1024/c414305-29606610.html,2021年2月26日访问。
④ 习近平:《在党的十九届一中全会上的讲话》,《前线》2018年第1期,第4—10页。
⑤ 栗战书:《坚决维护党中央权威(学习贯彻党的十八届六中全会精神)》,《人民日报》2016年11月15日,第6版。

的。要坚持党中央权威和集中统一领导,增强'四个意识',做到党中央提倡的坚决响应、党中央决定的坚决照办、党中央禁止的坚决杜绝。"①

四、推进社会革命和自我革命

打铁必须自身硬。领导我们事业的核心力量是中国共产党,指导我们思想的理论基础是马克思主义,这是中国未来发展、实现中华民族伟大复兴中国梦的根本保证。在进行社会革命的同时,不断进行自我革命,是中国共产党区别于其他政党最显著的标志。中国共产党成立100年来特别是执政70多年的实践证明,中国共产党之所以不断从胜利走向新的胜利,根本原因在于中国共产党保持了自我革命的精神,保持了承认并改正错误的勇气,一次次拿起手术刀来处理自身各处的病症,一次次自己解决了自己的问题。在实现民族复兴的历史进程中,中国共产党面临长期执政考验、改革开放考验、市场经济考验、外部环境考验,长期面临着精神懈怠的危险、能力不足的危险、脱离群众的危险、消极腐败的危险,党内存在的思想不纯、政治不纯、组织不纯、作风不纯等突出问题尚未得到根本解决。因此,中国共产党必须始终坚持全面从严治党,同时又要自觉地加强自身建设,在进行社会革命的同时不断进行自我革命,不断地解决在思想上、政治上、组织上、作风上和领导制度、领导方法等方面存在的问题,使党的领导得到改善和加强,把中国共产党建设成为始终走在时代前列、人民衷心拥护、勇于自我革命、经得起各种风浪考验、朝气蓬勃的马克思主义执政党。

新时代加强党的建设,推进自我革命,关键是推进党的建设新的伟大工程。一是政治建设是党的根本性建设。要切实加强党的政治建设,增强"四个意识",坚定"四个自信",做到"两个维护",进一步坚定政治信仰,强化政治领导,提高政治能力,净化政治生态,实现全党团结统一、行

---

① 《习近平春节前夕赴四川看望慰问各族干部群众》,http://www.xinhuanet.com//politics/leaders/2018-02/13/c_1122415641_4.htm,2021年2月26日访问。

动一致。二是思想建设是党的基础性建设。要坚定理想信念,补足共产党人精神上的"钙",牢固树立革命理想高于天,用科学理论武装头脑,不断培植精神家园,切实解决信仰迷茫和精神迷失的问题。三是组织建设是党的建设的组织保障。正确的政治路线要靠正确的组织路线来保证,要贯彻新时代党的组织路线,着力培养忠诚干净担当的高素质干部,着力集聚爱国奉献的各方面优秀人才,聚天下英才而用之。四是作风建设是党的建设的民心工程。作风建设的核心是党同人民群众的关系问题,关系人心向背和党的生死存亡。作风建设永远在路上,要坚决反对形式主义、官僚主义、享乐主义和奢靡之风,坚持走群众路线,不断厚植党执政的群众基础。五是纪律建设是全面从严治党的治本之策。要把纪律和规矩挺在前面,严明党纪党章,充分运用监督执纪"四种形态",真正使纪律成为带电的"高压线",把权力关进制度的笼子里,坚定不移地推进"打虎""拍蝇""猎狐"行动,深化标本兼治,构建不敢腐、不能腐、不想腐的体制机制。

面对民族复兴历史进程中的各种挑战,不断加强党的建设,在推进社会革命的同时不断推进自我革命,这是中国革命、建设和改革取得成功的法宝,是最重要、最宝贵、最基本的经验。只要始终不渝地坚持这一条,任何力量都不可能阻挡党带领人民前进的步伐,中华民族就能一步步实现民族复兴的伟大梦想。

小结

中国特色社会主义的最本质特征是中国共产党领导,中国特色社会主义制度的最大优势是中国共产党领导。在实现中华民族伟大复兴的历史进程中,为人民谋幸福,为民族谋复兴,为世界谋大同,是中国共产党的历史使命。离开了中国共产党坚强有力的领导,民族复兴的任务是不可能完成的。

中国共产党是一个使命型政党,中国共产党的使命就是实现中华民族伟大复兴。今天,我们比历史上任何时期都更接近、更有信心和能力实现中华民族伟大复兴的目标。彻底实现这一目标的艰巨任务,除了中国共产党之外,没有任何一个别的政党能够担负。而中国共产党则从建党的那一天起,就把民族复兴的任务放在自己的双肩之上了,并且已经为此而艰苦奋斗了整整一百年。然而,中华民族伟大复兴,绝不是轻轻松松、敲锣打鼓就能实现的,全党必须准备付出更为艰巨、更为艰苦的努力。在这一历史进程中,没有一个全国范围的、广大群众性的、思想上政治上组织上完全巩固的、马克思主义的中国共产党,这样的任务是不能完成的。

结　语

中华伦理与社会主义精神

近代以来,欧美发达国家执世界发展之牛耳,在道路、理论、制度、文化上都拥有绝对的话语权,甚至呈现出西方中心主义的特征,认为只有西方的道路和理论才是普世的,其他地区都存在一些"黑暗的传说",世界只有遵循西方开辟的现代化道路才真正有前途。无论在制度构建上,还是治理体系上,均是如此。然而,进入21世纪以来,西方的道路、理论、制度甚至文化陷入困境。从2001年的"9·11"事件到2008年的全球金融危机,以美国为代表的西方社会遭遇系统性失灵的问题,经济分化、政治极化、社会衰败等趋势日益显著,反建制主义思潮如火如荼,各种"黑天鹅事件"和"灰犀牛事件"打破了人们对西方制度的迷信。

相比之下,新兴市场国家和广大发展中国家正在实现群体性崛起,极大地改变着世界力量对比的格局,当今世界正在经历百年未有之大变局,尤其是中国的表现令人刮目相看。近年来,"北京共识""中国模式""中国道路"等说法开始受到国际社会的高度关注和热烈讨论。新冠肺炎疫情暴发后,尽管中国一度遭遇疫情的严峻挑战和巨大压力,但经过上下一心的努力很快控制住了疫情,实现了经济社会稳定发展。相反,欧美发达国家和世界其他地区反而疫情愈演愈烈,引发了社会危机。在新冠肺炎疫情冲击下,相比西方国家呈现出的疫情无法控制、经济衰退、社会停摆和政治对抗的复杂局势,中国表现出异乎寻常的和平发展势头,中华民族伟大复兴展现出光明的前景。如何解释在新冠肺炎疫情全球大流行背景下"中国之治"的不凡表现,是一个值得研究的重大课题。

一、政治解码

关于"中国之治"的政治解码研究,与中国研究是紧密相连的。近代以来,国际学界关于中国的研究经历了从最初的传统汉学(Sinology)向中国学(Chinese Studies)的转变。传统汉学研究起源于欧美传教士对中国的观察,他们从服务传教的目的出发,把中国文明看作一种停滞的文明,侧重从历史和人文的视角记录和分析中国,更关注中国的语言、历史、文学、文化等问题,一般认为在没有外力刺激的情况下,中国不会发生根本性的变化。尤其是英国历史学家阿诺德·汤因比(Arnold Toynbee)的"挑战-回应"模式和美国政治思想家费正清(John King Fairbank)的"冲击-回应"框架,均不同程度地认为中国近代以来之所以没有走出成功的现代化道路,并非受西方帝国主义的"冲击",而是因为以儒家伦理为主要内容的中国传统文化不能对科学、民主、法治、人权等现代社会思想做出有效的回应。[①] 毫无疑问,在传统汉学看来,中国如今的发展局面,完全取决于中国独特的文明和文化,尤其中国特殊的制度安排。但这无法解释中国历史上为什么存在乱世、治世和盛世,也无法解释在中国的文明并没有发生多大变化的情况下,"中国之治"却有不同表现。这些现象可能与文化有关,但肯定不是文化决定的。

受到冷战的影响,二战以来的中国研究开始走出汉学的框架,形成了中国学研究的框架,主要关注当代中国经济、政治、外交等方面的问题,在方法上也更多用经济学、社会学、政治学等社会科学领域的方法,研究的主要阵地也从欧洲转到了美国,把中国作为一个"他者"或"冷战对手"加以研究,主要研究专家包括从奠基时期的费正清、孔飞力(Philip A. Kuhn)、裴宜理(Elizabeth Perry),一直到当代的鲍大可(Doak Barnett)、傅高义(Ezra F. Vogel)、何汉理(Harry Harding)、李侃如(Kenneth Lieberthal)、黎安友(Andrew Nathan)、沈大伟(David Shambaugh)、江忆恩(Alastair Iain Johnston)、金

---

① 〔美〕费正清:《美国与中国》,张理京译,世界知识出版社2000年版,第132页。

骏远(Avery Goldstein)、陆伯彬(Robert S. Ross)等。特别是在中国政治和外交研究领域,除了革命范式、现代化范式、"冲击-反应"模型等主导性的理论研究外,大量以中国为对手的政策研究流行于世。这些研究对中国之治的解释虽然并不完全相同,但无疑均不同程度受到意识形态和战略竞争的影响,把中国之治要么看作社会主义意识形态的产物,要么理解为所谓威权制度的韧性。总之,按照其逻辑可以归结为以下几种代表性观点:

第一种观点是国家决定论的解释。主要通过分析中国国家的性质来解释国家特性对经济、政治和社会现象的意义,认为中国之治完全来自国家的自主性和国家能力。哈佛大学的西达·斯考切波(Theda Skocpol)从其倡导的历史-制度和比较方法出发,认为"国家自主理论"(state autonomy theory)可以解释中国经济社会的变化。① 塞缪尔·亨廷顿(Samuel P. Huntington)更是将自主性与国家的制度化联系起来,认为"缺乏自主性的政治组织和程序就是腐败的"②,可能会导致国家政权的不稳定,而中国是中国共产党领导的社会主义国家,具有很强的自主性。有学者进一步分析了国家的嵌入型自主(embedded autonomy),认为一些国家之所以发展与稳定并行不悖,根本上取决于内部组织的连贯及国家与社会的紧密联系。③ 另外,有学者提出国家建构力量(state building),主张高质量的国家建构力量更有可能实现政治稳定和经济成长。还有部分学者关注20世纪90年代之后中国政治制度的稳定性。④ 总体来看,将中国之治的原因解释为国家的特性在逻辑上是比较牵强的,因为所有的国家均具有自

---

① 〔美〕西达·斯考切波:《国家与社会革命:对法国、俄国和中国的比较分析》,何俊志、王学东译,上海人民出版社2007年版,第17—33页。
② 〔英〕亨廷顿:《变化社会中的政治秩序》,王冠华等译,生活·读书·新知三联书店1988年版,第20页。
③ Peter Evans, *Embedded Autonomy: States and Industrial Transformation*, Princeton, N.J: Princeton University Press, 1995, p.12.
④ Moises Naim, *The End of Power: From Boardrooms to Battlefields and Churches to States, Why Being in Charge Isn't What It Used to Be*, New York, NY: Basic Books, 2014, pp. 203-208; Yusuke Takagi and Veerayooth Kanchoochatand, et al., "Introduction: The Nexus of Developmental Policy and State Building," in Yusuke Takagi and Veerayooth Kanchoochatand, et al., eds, *Developmental State Building: The Politics of Emerging Economies*, Singapore: Springer, 2019, pp.1-18.

主性,包括欧美现代化国家也都有自主性,国家自主性理论可以解释欧美发达国家的政治稳定,但无法解释当下的政治衰败和政治混乱,更何况中国和西方国家还存在着显而易见的差异,以国家自主性来解释中国之治多少有些自说自话,原地转圈。

第二种观点来自经济决定论的解释。该理论认为经济发展并非国家的自然行为,经济基础决定上层建筑。中国经济发展好,政治自然就是稳定的。西方学界对于中国经济发展的解释受到了东亚发展型国家研究的深刻影响。发展型国家是指"计划理性的资本主义发展型国家"(plan-rational capitalist developmental state),兼有私人所有权和国家指导的属性。① 不少研究认为,东亚国家普遍具有"先发展经济"②的共同特点,世界银行1993年出版的《东亚奇迹:经济增长与公共政策》(*The East Asian Miracle: Economic Growth and Public Policy*)详细解释了东亚的经济发展和相关政策。③ 从宽泛意义上来说,东亚发展型国家一般具有由国家主导、权威主义政治体制、产业政策、企业集团的支配、银行与企业之间的关系和战略性进出口政策等要素导致的国家形态变化等特点。谢淑丽在《中国经济改革的政治逻辑》(*The Political Logic of Economic Reform in China*)一书中认为,中国的国家利益就是发展经济,中国经济改革的成功得益于毛泽东时代就已开始的"分权化",以及后来的市场化改革,一些政治和意识形态领域的变化也降低了改革的成本。④ 当然,这一解释并不令经济学家信服,因为经济是存在周期的,经济增长和政治稳定也不一定是一一对应的关系,中国经济四十多年一直保持增长趋势,这一现象本身就是西方经济学不能解释的。同样,如何解释政治上长期保持稳定的大治

---

① 〔美〕禹贞恩编:《发展型国家》,曹海军译,吉林出版集团有限责任公司2008年版,第2页。

② 杨立雄:《东亚社会发展道路的分化——兼论是否存在所谓的东亚社会发展模式》,《人文杂志》2016年第8期,第100—107页。

③ World Bank, *The East Asian Miracle: Economic Growth and Public Policy*, London: Oxford University Press, 1993, pp.1-25.

④ Susan L. Shirk, *The Politics Logic of Economic Reform in China*, Berkeley: University of California Press, 1993.

局面也是政治学家面临的一个难题。

第三种观点来自一种称为派别主义和政治联盟的解释。早期关于中国政治的研究受到所谓"苏联范式"的影响,相关学者普遍接受"中国模仿斯大林模式"这一假定,自然认定社会主义中国的政治体制带有极权色彩。① 受到"文化大革命"的影响,很多学者感觉中国政治和社会并非"铁板一块",也存在与美国类似的利益集团和派别,一些新的概念和理论模型,如"竞争性决策过程""利益集团分析""派系分析""官僚主义""精英政治的代际模型"等大量涌现。② 因此,对不少学者来说,中国之治完全取决于中国政治内部形成的政治联盟和社会联盟,比如施坚雅(Skinner G. William)与温克勒尔(Edwin A. Winckler)提出"服从圈模型"(compliance cycles model)③,还有领导人形成的感情一致性的"延安圆桌模型"(Yan'an roundtable model)、意识形态一致性的"意识形态与组织模型",基于派系主义的"庇护—依附网络"模型④。还有学者认为中国政治中也存在不同的利益集团和政治派别,比如改革派和保守派,左派和右派,中国政治的变化来自不同派别利益的竞争和组合,改革开放以来长期稳定的政治局面是因为中国形成了有利于改革的政治联盟和社会联盟。总体来看,尽管这一研究卷帙浩繁,但改革开放以来中国的发展进程表明,这些研究基本上都是"事后诸葛亮",缺乏科学性和预测性。

第四种观点来自制度主义的解释,集中关注制度对政策和行为的影响。杨大力对于中国政治制度变迁及其对社会治理影响的研究较为全面和透彻,他采用经验研究和实证研究相结合的方法,重点研究了中国的政治制度及其同国家经济发展和社会变迁之间的互动关系,发现中国的

---

① Harry Harding, "Contemporary Study of Chinese Politics: An Introduction," *China Quarterly*, No. 139, 1994, p. 700.
② Nina P. Halpern, "Studies of Chinese Politics," in David Shambaugh, ed., *American Studies of Contemporary China*, Washington: Woodrow Wilson Center Press, 1993, pp. 120-137.
③ Skinner G. William and Edwin A. Winckler, "Compliance Succession in Communist China: A Cyclical Theory," in Amitai Etzioni, ed., *A Sociological Reader on Complex Organizations*, New York: Holt, Rinehart, and Winston, 1969, pp. 410-438.
④ 徐浩然:《美国"中国学家"的中国政治研究———项文献史的考察(上)》,《中共杭州市委党校学报》2011年第1期,第90—96页。

决策层在面对新的时代环境时,采取了积极的措施来强化、优化和创新政治制度,以使其在面对新的社会现实时具有较好的适应性,使得中国的政治制度和政策都能得到较好的贯彻,并为其经济发展创造良好环境。① 杨大力的解释在学界也有不少呼应者,沈大伟总结了中国共产党的发展历程,提出"主动应变模式"(proactive and reactive),认为这是中国的政体具有独特生命力的关键原因。② 黎安友在对中国政治制度进行分析后,发现中国政治改革具有一定的韧性。③ 然而,这一解释的问题在于,在中国制度没有发生根本性改变的情况下,为什么中国经济发展,政治安定。相反的观点则认为,中国之所以保持社会安定局面,完全是因为中国共产党领导得好,社会主义制度完善,但这一观点则无法解释为什么在不同时期和不同地区中国仍然存在局部的波动。

第五种观点承袭了传统汉学的中国文化决定论的解释,但在方法上采取了社会科学的研究方法。比如哥伦比亚大学的白鲁恂(Lucian Pye)运用了文化心理学等研究范式,在结合传统文化背景的同时,也注重研究领导人的人格特征,为主要领导人的政治行为寻求心理学解释。④ 白鲁恂的研究更多是从中国传统文化特质和国家心态的分析中寻找中国政治连续性的根源,认为儒家文化对中国整个民族的精神气质有决定性的塑造作用。同时,中国文化中强调集体、一般性共识和一致性的特质也有利于中国维持安定团结的政治局面。此外,杜维明主持"文化中国"的研究项目,也试图用传统文化与当代政治文化来解释中国当代政治经济发展。关于中国之治文化根源的研究仍然在继续,尽管它与汉学研究一样存在着解释力不足的问题。⑤

---

① Dali Yang, *Calamity and Reform in China State: Rural Society, and Institutional Change Since the Great Leap Famine*, Stantford: Stantford University of Califonia Press, 1993, p. 133.
② 〔美〕沈大伟:《中国共产党:收缩与调适》,吕增奎、王新颖译,中央编译出版社2012年,第5页。
③ Andrew J. Nathan, "Authoritarian Impermanence," *Journal of Democray*, Vol. 20, No. 3, 2009, p. 37.
④ 〔美〕白鲁恂:《中国人的政治文化》,凤凰论坛出版社1992年版,第107页。
⑤ 杜维明:《文化中国》,北京大学出版社2016年版,第1—4页。

总体来看,既有的对中国之治的各种解释都存在着逻辑悖反的问题,不能完全洞悉新冠肺炎疫情冲击下中国大治的政治密码。之所以存在此种学术困局,最主要的原因在于:既有研究还是将中国研究置于"二元对立"的认识论框架之中,包括传统中国与现代中国的二元对立、中国与西方的二元对立、城市中国与乡村中国的二元对立等,此种非此即彼的思维试图找出一个普遍性的解释,使之既不与西方现代化道路、理论、制度和文化相冲突,又能解释中国特殊的政治现象和社会现象,这种研究初衷本身可能就是一种人为设置的困境。事实上,任何一个社会都具有多样性和复杂性,并非非黑即白的,中国与西方、传统和现代、城市和乡村在中国的发展经验中并非充满了非此即彼的选择,而是相互补充、彼此融合的。因此,要想真正解释"中国之治"的现象,必须首先突破人为设置的二元对立的思维枷锁,将当今世界正在经历的百年未有之大变局与当今中国正在推进的中华民族伟大复兴的战略全局结合起来,统筹西方理论与中国实践,化解古今中外几个维度的矛盾和张力,进而走出理论迷雾,找到中国之治的合理解释。

二、文明基因

历史唯物主义认为,"以一定的方式进行生产活动的一定的个人,发生一定的社会关系和政治关系。经验的观察在任何情况下都应当根据经验来揭示社会结构和政治结构同生产的联系,而不应当带有任何神秘和思辨的色彩。社会结构和国家总是从一定的个人的生活过程中产生的"[1]。理解"中国之治",不能脱离其赖以生存的文明土壤,不能脱离其安身立命的历史传统。

中国是一个有着五千年历史的文明古国,是一个早熟的国家和早熟的社会,"中国之治"有着根深蒂固的文明基因,中国出现的很多与众不同的现象在一定程度上是由中华文明基因先天决定的。从这个意义上来

---

[1] 《马克思恩格斯文集》(第1卷),人民出版社2009年版,第523—524页。

说,无论认为中国是一个"停滞的帝国",还是认为中国是少有的历史上没有发生中断的文明,诸如此类的看法背后都多少道出了"中国之治"的文明基因。只要这一文明基因一直存在,"中国之治"的基石就一直稳如泰山。

(一) 大一统的制度基因

"大一统"是"中国之治"的制度基因。著名国学大师梁漱溟先生认为:中国传统文化是一种早熟的文化。在长期的历史中,整个传统文化内部各要素(政治、经济、社会等方面)相互适应,彼此和谐,是一个有机统一的整体,并且这个有机体内生出一种自我调适、自我发展、自我完善的机制,这种机制是如此有效,以至于它很少依赖外部环境或受制于外部环境,它使传统社会沿着内生的方向前进,而可以不必顾及外部环境的干扰,至少不会为此付出很大的代价。[①] 哈佛大学历史学终身教授戴维·兰德斯在其《国富国穷》一书中也表达了类似的观点,认为中国是一个政治制度和技术上早熟的国家。[②]

中国是一个保持文化历史连续性的文明型国家。追溯到至少4000年以前,中国在夏商周时期就确立了天下之国,形成了文化天下、协和万邦的宗法秩序和华夷秩序,这一秩序的特征是以伦理架构国家,以文化定义天下。后经春秋战国的纵横捭阖,到公元前221年确立了中央集权的大一统国家,并逐渐形成了包括朝廷制度、郡县制度、土地制度、税收制度、科举制度、监察制度、军事制度等各方面制度在内的国家制度和国家治理体系,为周边国家和民族所学习和效仿。自秦汉之后,中国大一统的国家形态在两千多年的时间内保持了长期的稳定,与其他一些文明古国经历了多次国破家亡和文明中断的经历相比,中华文明一直保持着文明连续性,是世界上少有的以文立国、保持文脉的文明型国家,甚至被德国思想家黑格尔称为"没有历史"的国家,也被一些学者称为"超稳定结

---

① 梁漱溟:《中国文化要义》,上海人民出版社2005年版,第94—95页。
② 〔美〕戴维·S.兰德斯:《国富国穷》,门洪华等译,新华出版社2010年版,第24页。

构"。几千年来,中华文明形成了中央集权的大一统国家,从秦汉到唐宋,再到明清,这种家——国——天下和合共生的古老制度背后有着不断复兴的文明基因,支撑着中华分分合合、朝代更替、江山流转。

近代以来,面对内忧外患,统治中国几千年的君主专制制度陷入危机,虽经君主立宪制、议会制、多党制、总统制等各种制度尝试,但都以失败而告终。只有在中国共产党领导下,中国完成了新民主主义革命和社会主义革命,初步建立了中国特色社会主义制度体系。这一制度体系以马克思主义为指导,植根于中国大地,具有深厚中华文化根基、深得人民拥护,是中华大一统制度基础上的创新和发展。因此,与近代以来的西方民族国家兴衰沉浮不同,中国在本质上是一个文明型国家,这一国家的特征是:尽管国家形态与时俱进,但国家精神始终保持一贯,历久而弥新,即家国同构、天下同心,追求大道为公、天人合一的至高境界。

(二)和合共生的社会基因

中华民族一直是一个和合共生的命运共同体。中华民族兴起于从青藏高原到太平洋西岸的广袤地带。无论是云南的元谋人、陕西的蓝田人、北京的山顶洞人,还是仰韶文化、大汶口文化和龙山文化,所有考古发现的诸多遗迹均表明中华民族最初来自青藏高原,受惠于长江与黄河的哺育,历经游牧的草原文明、定居的农业文明和漂泊的海洋文明,最终逐鹿中原、百川入海,成就了伟大的中华民族和伟大的中华文明。从三皇五帝到夏启商汤,中华民族自称是龙的传人,是各个部落图腾和合共生的产物,从饮食到服饰,从文化到制度,中华文明始终保持着天下一家、和合共生的强大传统,构成了维系亿兆黎民的精神纽带。几千年来,有无数的部落、族群、文化的分支百川入海,汇入了中华民族大家庭的血液,共同成为"中华民族一家亲"的文明承载者。迄今为止,中华民族已达14亿之众,56个族群混居,是一个地地道道的多民族融合共生的命运共同体。诚如习近平总书记所说,"各民族要相互了解、相互尊重、相互包容、相互欣赏、相互学习、相互帮助,像石榴籽那样紧紧抱在一起"①。

中华民族是一个多族群混居的共同体,更是一个百姓共处的社稷社会。在中国人的本土信仰中,社是土地神,稷是五谷神,社神和稷神往往合在一起祭司,春秋两季,香火不绝。记录周代生产情况的《诗经》,就多次展现了春夏祈谷、秋冬报赛的社稷崇拜之盛大场面。"春籍田而祈社稷""秋报社稷""普天之下,莫非王土;率土之滨,莫非王臣",这是中华的社稷基础。与西方国家阶层分化、阶级对立鲜明的市民社会不同,中国是一个士农工商职业分途、流动频繁的百姓社会,在贫富贵贱上的分化不鲜明、矛盾不激烈、形态不固定。《神童诗》中说:"朝为田舍郎,暮登天子堂;将相本无种,男儿自当强。"梁漱溟先生就强调中国是一个"伦理本位""职业分途"的社会。② 就主体来说,中华民族是一家,一方有难,八方支援,在政治上建立起来的是中央集权的大一统体制及作为其人才选拔基础的科举制,在经济上长期确立的是以农村公社为主体的亚细亚生产方式,所有这一切都构成了中华民族的社稷社会轮廓。近代以来,随着资本主义工业化和城市化的推进,中国国内逐渐形成了不同社会阶级的对立,具备了中国革命的社会基础。随着中华人民共和国的成立和社会主义革命的完成,我国虽然依然存在阶级,但阶级斗争已经不再是社会的主要矛盾,人民日益增长的美好生活需要和不平衡不充分的发展之间的矛盾,成为新时代中国社会的主要矛盾,中国特色社会主义道路成为中华民族伟大复兴的必由之路。海内归一、民族复兴,始终是中华民族的社会基因,是中华民族生生不息、持续发展的根本动力。

(三)天下为公的文化基因

大道之行也,天下为公。中华民族是一家,是由56个族群组成的大家庭,是在共同的书面语言、共同的生活地域、共同的经济生活和共同的

---

① 《习近平在第二次中央新疆工作座谈会上强调 坚持依法治疆团结稳疆长期建疆 团结各族人民建设社会主义新疆 李克强俞正声讲话 张德江刘云山王岐山张高丽出席》,《人民日报》2014年5月30日,第1版。
② 梁漱溟:《中国文化要义》,上海人民出版社2005年版,第70、124页。

文化心理素质基础上形成的稳定的共同体。因此，每一个中国人无论走到哪里，都有着割不断的文明基因，都是中华文明的承载者，与中华文明有着割不断的联系。自近代以来，尽管很多人对中国感兴趣，但对中国战略走向的判断始终存在偏差。对很多人来说，中国是一个谜一样的国家，很多人无法准确理解中国，比如那些来自西方的传教士、汉学家、战略家和数不清的商人和游客。他们之所以对中国产生误解或误判，归结起来无外乎难以理解"中华民族是一家"这样的基本心理纽带。五千年的文明历史在中国社会中浸润了广阔无垠的文明空间，"文化中国""龙的传人"等等，所有这些说法背后，都传递出了"中华民族一家亲"的民族底色。对于每一个中国人来说，无论你走到哪里，根都扎在中国，都无法摆脱五千年中华文明积淀的文化基因，都无法割断天长日久形成的家国记忆和民族情感。国家好，民族好，大家才会好，这是亿万海内外中华儿女共同的心声。

中华民族创造了伟大的中华文明，文化始终是"中国之治"的强大精神纽带。上古天命，商人重鬼，周人重文，阴阳互济，和合共生，确立了中华文明的文化基因，成为西周时期天下体系的文化基础。春秋战国时期，先秦诸子，百家争鸣，儒墨道法、阴阳纵横，开辟了中华文明子学时代的光荣与梦想。面对社会大变局，历代思想巨擘、学术先贤，无不苦心孤诣、殚精竭虑，为天地立心，为生民立命，为往圣继绝学，为万世开太平，不断为中华文明之宏伟大厦奠基、添砖、加瓦，开枝散叶，发扬光大。孔子仁学、孟子义学、宋明理学、陆王心学，中华文化百川入海，渐呈大端，开经学道统，化天下大成。同时，内融道家，外济佛家，儒释道三教圆融，兼收并蓄，汇聚成中华文明的宏大体系，自汉唐以来先后与佛教、伊斯兰教、基督教等域外文明之潮流对话切磋，推陈出新，始终保持了长盛不衰、驰而不息的文化气象，也构成了中华民族巍然屹立于世界民族之林的强大竞争力。

三、治理之道

如前所述，"中国之治"有着先天自成的千年文明基因，这些文明基因在历史发展过程中不断复制再生,构成了"中国之治"保持连续性的重要载体。同时,自上古开始,中国就是一个地广人众、历史悠久而又富有复兴传统和革新精神的国家,"中国之治"也在实践中不断总结经验教训,不断实现创造性转化和创新性发展,中国可以说是一个与时俱进的社会有机体。从这个意义上来说,"中国之治"也需要后天养成,推陈出新,不断推进国家治理体系和治理能力现代化。

(一) 以民为本的治国之道与为人民服务的社会主义精神

民惟邦本,本固邦宁。中国历朝历代的执政者都十分重视顺应民心,把以民为本作为治国之道。春秋时期的齐国政治思想家管仲就坚持以民为本,把古代历史和当时的帝王从政经验教训归结到一点:"人,不可不务也,此天下之极也。"人心是不可不注意的,这是天下最重要的问题。同时,管子认为,"夫霸王之所使也,以人为本。本理则国固,本乱则国危。"为此,管仲反复强调"顺民心""从民欲"的意义,视人民为国家的根本,强调统治者必须充分调动人民的积极性,才能使国家富强起来。《尚书》极力推崇民惟邦本的思想,"民可近,不可下"。《左传》从国家兴亡的高度阐述了"民"的重要性,提出"国将兴,听于民;将亡,听于神"。在春秋时期,敬天保民的思想设定了"天下无外"的轨道,凡接受周礼教化者,均可得到支持。

春秋以降,王霸争雄,百家争鸣,以民为本始终被视作治国安邦之大道。在诸子百家中,儒道墨法各家均强调以民为贵,重视民对国的基础意义,这一框架一直延续到秦汉以后。孟子强调"天时不如地利,地利不如人和","民为贵,社稷次之,君为轻"。孟子的思想进一步突出了国家要重视民心所向,让和平思想有了坚不可摧的根基。在孟子基础上,荀子则进一步明确提出,"君者,舟也;庶人者,水也。水则载舟,水则覆舟"。自秦汉以后,以民为本的思想在中华文化中渐成正统,尤其是董仲舒主张独尊儒术后,确定了具有强烈伦理色彩的治国思想。比如唐太宗感言:"可爱非君,可畏非民,天子者,有道则人推而为主,无道则人弃而不用,诚可畏也。"黄宗羲更是在总结历史经验时提出:"盖天下之治乱,不在一姓之兴亡,而在万民之忧乐。"因此,在中国传统文化的家国一体结构中,民和国是休戚相连的,中国人处理各种纷争的智慧在于强调天下一家,把外部紧张化为内部伦理,一切政治关系均被赋予浓厚的宗法伦理色彩,"天下之本在国,国之本在家,家之本在身"。

中国共产党是中国工人阶级的先锋队,同时是中国人民和中华民族的先锋队,是中国特色社会主义事业的领导核心,全心全意为人民服务是中国共产党的根本宗旨。最初,毛泽东在1925年12月1日发表的《中国社会各阶级的分析》一文中是把中国社会划分为十几个阶级的,认为中国革命的主力军是无产阶级。① 1927年3月,毛泽东在《湖南农民运动考察报告》中提出,革命的主力军是农民,中国革命必须放手发动群众、组织群众、依靠群众。在开展井冈山斗争的实践中,毛泽东发现中国革命是人民的革命、群众的革命,要搞统一战线,要为人民服务。② 1944年9月8日,毛泽东在张思德同志的追悼会上发表了《为人民服务》的讲演,提出"我们的共产党和共产党所领导的八路军、新四军,是革命的队伍。我们这个队伍完全是为着解放人民的,是彻底地为人民的利益工作的","我们都是来自五湖四海,为了一个共同的革命目标,走到一起来了"③。这个共同目标就是全心全意为人民服务,一直到新中国成立后,全心全意为人民服务始终是中国共产党的根本宗旨,也是中国共产党治国理政的根本指导思想。"我们讲宗旨,讲了很多话,但说到底还是为人民服务这句话。"④中共十八大以来确立的以人民为中心的发展思想,更是进一步发展的为人民服务的社会主义精神。尽管以人民为中心的发展思想、为人民服务思想和以民为本思想在阶级基础和根本性质上是不同的,但在治国理政的内在精神上是一脉相承的,以民为本的治国之道,成为"中国之治"稳如磐石的重要密码。

---

① 《毛泽东选集》(第1卷),人民出版社1991年版,第3—11页。
② 同上书,第14—22页。
③ 《毛泽东选集》(第3卷),人民出版社1991年版,第1004—1006页。
④ 《〈求是〉杂志发表习近平总书记重要文章〈在河北省阜平县考察扶贫开发工作时的讲话〉》,《人民日报》2021年2月16日,第1版。

(二)其命维新的学习精神和不忘初心、牢记使命的坚定信念

周虽旧邦,其命维新。中国虽然是一个早熟的国家,但在制度形态上却一直是一个重视学习和自我革新的国家,历朝历代的统治者一直在改进中国的制度。自尧舜禹的禅让传说,到汤文武的天道有常,中华民族一直具备吐故纳新、融汇百家的创新精神。夏人重天地,商人重鬼神,周人以礼乐革殷命,以文化定天下,鼓呼所谓"天休于宁王,兴我小邦周"。中华文明在五千年历史上有着兴衰循环的周期规律,虽历经内忧外患,分分合合,但始终保持着文明的薪火,历久而弥新,每一个朝代都十分重视汲取前朝覆亡的经验教训。据《旧唐书·魏徵传》记载,唐太宗李世民说,"夫以铜为镜,可以正衣冠;以史为镜,可以知兴替;以人为镜,可以明得失。"总结历史上的成败得失作为鉴戒,不断发展完善治国安邦之道,是中国自古以来的传统。

中国共产党是一个使命型政党,更是一个学习型政党。总结经验是中国共产党人的重要方法论。自成立以来,中国共产党一直高度重视总结经验教训。毛泽东同志曾明确说过,"我是靠总结经验吃饭的"①,强调"善于总结经验,就是领导者的任务"②。改革开放以来,邓小平同志更加重视总结经验的重要性,"我们每走一步都要总结经验","每年领导层都要总结经验,对的就坚持,不对的赶快改,新问题出来抓紧解决"③。习近平同志在主持中共中央政治局第十次集体学习时强调,"历史记述了前人的成功和失败,重视、研究、借鉴历史,了解历史上治乱兴衰规律,可以给我们带来很多了解昨天、把握今天、开创明天的启示。重视吸取历史经验是我们党的一个好传统。"④从一定意义上来说,中国共产党领导中国革命、建设、改革和复兴的历史,就是一部不断总结经验教训、在实践中学习

---

① 薛建华编著:《程思远传:国共两党关系史上的风云人物》,国际文化出版公司1994年版,第175页。
② 《毛泽东文集》(第2卷),人民出版社1993年版,第369页。
③ 《邓小平文选》(第3卷),人民出版社1993年版,第219、372页。
④ 习近平:《努力造就一支忠诚干净担当的高素质干部队伍》,《求是》2019年第2期,第4—10页。

进步的历史。历经百年洗礼的中国共产党,早已不再是最初只有几十个人的组织,而是成长为具有9000多万党员、70多年大国治理经验的先进政治力量。其命维新的学习精神,是推动"中国之治"生生不息的强大动力。

(三)大道天下的家国情怀和实现人类解放的崇高理想

得民心者得天下。在几千年历史中,古老的中华文明智慧强调"天下一家",民胞物与,协和万邦。在中国人眼里,中国古典世界观与西方世界观存在很大差别。西方的世界观是"地中海"模式,中间是海洋,四方是陆地,世界秩序是陆地权力竞相争夺对海洋的控制,是一个分化的世界。中国的世界观是"海中地"模式,中间是陆地,四方是海洋,世界秩序是文化天下的秩序,恪守持中守正、天圆地方的想象,是一个和合的世界。在"海中地"模式里,天命—天下—家国是有机结合的整体。因此,在诸子百家中,具有强烈理想主义和士大夫情怀的儒家思想强调家国一体,追求"内圣外王"和"修齐治平"之道,其根本还是意在恢复周礼,以纲常礼教定鼎乾坤,崇尚"礼之用,和为贵"。从孔子开始,儒家思想的核心就是"克己复礼",恪守"仁者爱人"的"仁爱"思想,秉持"修身、齐家、治国、平天下"的理想,主张天下礼治,国家之间的交往要注重礼尚往来,讲求"仁","礼"应该成为各国交往的基本法则。因此,孔子反复说:"有朋自远方来,不亦乐乎!""君子敬而无失,与人恭而有礼,四海之内皆兄弟也。"即使对那些尚不文明的国家,孔子也强调以礼相待:"远人不服,则修文德以来之,既来之,则安之。"在延续了孔子"重礼"思想的基础上,孟子又提出了"重义""天民"思想,倡导"王道",反对"霸道"。在孟子看来,克己复礼以成就君子之道固然重要,但更重要的是舍生取义和仗义卫道。与孟子强调民心所向和内省不同,荀子强调社会规范和外在约束,强调要建立等级制的国际规范,"故用国者,义立而王,信立而霸,谋权立而亡"。与儒家类似,这些思想也为墨家所践行。墨家崇尚非攻,倡导兼爱互利,强调"爱无差等",即不分民族、血缘以及身份,普遍地平等地相爱互助,为别人就像为自己。墨子以"喻以义利"的方式,在各诸侯国之间开展了一场场精彩的和平实践,超越了国界、超越了国家利益,而且把追求"天民"的理想付诸行动,并取得极大成就。

大道之行也,天下为公。中国人眼中的世界,是一个天下一家的世界,认为天下为天下人的天下,得民心者得天下,强调有德者居之,无德者失之。西周时期,姜尚第一次见周文王时就明确指出,"天下非一人之天下,乃天下人之天下也。同天下之利者则得天下,擅天下之利者则失天下"。武王伐纣之后,周天子成为"天下共主",周公制礼作乐,礼定天下,形成了敬德保民的宗法秩序,在此种礼法秩序中,国家与国家之间的关系是以人与人之间的"礼"来界定的,以血缘伦理关系为基础的五服制和九服制成为界定和治理天下的根本依据。周代的"周公之礼",其"治礼",是追求和平、达到和平的一种手段。"治礼"是先哲实践和平思想的第一个贡献。礼的起源首先是敬神,是宗教的礼仪。通过"治礼",进而营造"和平环境",因为和平的社会秩序是创造和平的社会环境最根本的基础。周礼是由敬神转化为敬人,把处理人与神之间的关系逐渐转化为处理人与人之间的关系,这是我们祖先的一种智慧,奠定了治理天下的浓厚民族底色。

坚持胸怀天下是中国共产党的一个重要历史经验。作为一个扎根中国大地的政党,中国共产党继承了中华文明大道天下的优良传统,始终强调以世界眼光关注人类前途命运,从人类发展大潮流、世界变化大格局、中国发展大历史正确认识和处理同外部世界的关系。中国共产党是为中国人民谋幸福的政党,也是为人类进步事业而奋斗的政党。在马克思"做世界公民,为人类工作"的高尚情怀激励下,中国共产党人努力奋斗所要争取的一切,都是为了实现整个人类解放的崇高事业。毛泽东说,"所谓天下大事,就是解放、独立、民主、和平友好、人类进步"[1],"为了和平和建设的利益,我们愿意和世界上一切国家,包括美国在内,建立友好关系。我们相信,这一点,总有一天会要做到的"[2]。因此,毛泽东曾经豪迈地讴歌"环球同此凉热"的"太平世界",将此作为中国共产党人奋斗的理想目

---

[1] 《毛泽东外交文选》,中央文献出版社、世界知识出版社1994年版,第224页。
[2] 同上书,第246页。

标。习近平提出推动构建人类命运共同体,更是此种家国情怀、大道天下观念的创新性发展。

20世纪初,德国思想家马克斯·韦伯出版了《新教伦理与资本主义精神》一书,在书中追问了一个重要的时代问题,即近代资本主义为什么仅仅出现在西方,而在同时期的东方却呈现停滞之势。韦伯发现资本主义经济之所以兴起,主要原因不是经济因素,而是新教伦理与近代理性资本主义发展之间的生成发育关系。他通过对东西方宗教文化传统进行深入的比较研究发现,佛教、伊斯兰教、儒家思想和道教等是制约资本主义在东方发展的根源。

当今世界正经历百年未有之大变局,新冠肺炎疫情全球大流行加速了这一变局的发生,整个世界呈现出西方乱象丛生而中国人心思治的局面,"世界大乱,中国大治"的政治奥秘也在于非经济因素,韦伯的研究给我们以深刻的启发,对于理解当今世界的走向具有重要意义。

从这个意义上来说,中华伦理中的文明基因和中国特色社会主义精神成为"中国之治"的政治密码,大一统的制度基因、和合共生的社会基因、天下为公的文化基因,与以民为本的治国之道和为人民服务的社会主义精神,其命维新的学习精神,不忘初心、牢记使命的坚定信念,大道天下的家国情怀和实现人类解放的崇高理想一起,构成了维系"中国之治"的坚固长城,历久而弥新,长盛而不衰。

参考文献

《马克思恩格斯选集》(1—4卷),人民出版社1995年版。
《毛泽东选集》(1—4卷),人民出版社1991年版。
《毛泽东文集》(1—8卷),人民出版社1993—1999年版。
《毛泽东外交文选》,中央文献出版社、世界知识出版社1994年版。
《建国以来毛泽东文稿》(1—13册),中央文献出版社,1987—1998年版。
《邓小平文选》(1—3卷),人民出版社1993—1994年版。
《江泽民文选》(1—3卷),人民出版社2006年版。
《胡锦涛文选》(1—3卷),人民出版社2016年版。
《习近平谈治国理政》(第1—3卷),外文出版社2017—2020年版。
《论坚持推动构建人类命运共同体》,中央文献出版社2018年版。
《习近平关于中国特色大国外交论述摘编》,中央文献出版社2020年版。
《习近平关于实现中华民族伟大复兴的中国梦论述摘编》,中央文献出版社2013年版。
《习近平关于社会主义经济建设论述摘编》,中央文献出版社2017年版。
《习近平关于社会主义政治建设论述摘编》,中央文献出版社2017年版。
《习近平关于社会主义文化建设论述摘编》,中央文献出版社2017年版。

《习近平关于社会主义社会建设论述摘编》,中央文献出版社2017年版。

《习近平关于社会主义生态文明建设论述摘编》,中央文献出版社2017年版。

《习近平关于协调推进"四个全面"战略布局论述摘编》,中央文献出版社2015年版。

《习近平关于全面建成小康社会论述摘编》,中央文献出版社2016年版。

《中国外交2019年版》,世界知识出版社2019年版。

《中国外交2018年版》,世界知识出版社2018年版。

《中国外交2017年版》,世界知识出版社2017年版。

《中国外交2016年版》,世界知识出版社2016年版。

《中国外交2015年版》,世界知识出版社2015年版。

《中国外交2014年版》,世界知识出版社2014年版。

《中国外交2013年版》,世界知识出版社2013年版。

《中国外交2012年版》,世界知识出版社2012年版。

《建国以来重要文献选编》(1—20册),中央文献出版社1992—1998年版。

《三中全会以来重要文献选编》(上、下),人民出版社1982年版。

《中华人民共和国对外关系文件集》(1—10集),世界知识出版社1957—1965年版。

《中国外交概览》(1987—1995),世界知识出版社1987—1995年版。

《新中国外交四十年》,世界知识出版社1989年版。

《新中国外交风云》(1—4辑),世界知识出版社1990—1996年版。

《中华人民共和国大事记》,人民出版社2004年版。

安国政等主编:《世界知识大辞典》(修订本),世界知识出版社1998年版。

包玉娥、闫小波等:《20世纪中国政治发展》,南京大学出版社2002年版。

蔡定剑:《中国人民代表大会制度》(修订版),法律出版社 1998 年版。

曹润芳、潘显英编著:《中国共产党机关发展史》,档案出版社 1988 年版。

陈来:《孔夫子与现代世界》,北京大学出版社 2011 年版。

陈乐民等:《西方外交思想史》,中国社会科学出版社 1995 年版。

陈鲁直、李铁城主编:《联合国与世界秩序》,北京语言学院出版社 1993 年版。

陈尚胜:《闭关与开放——中国封建晚期对外关系研究》,山东人民出版社 1993 年版。

陈向阳:《中国睦邻外交:思想·事件·前瞻》,时事出版社 2004 年版。

陈雁:《抗日战争时期的外交制度研究》,复旦大学出版社 2002 年版。

陈志敏:《次国家政府与对外事务》,长征出版社 2001 年版。

宫力:《跨越鸿沟——1969—1979 年中美关系的演变》,河南人民出版社 1992 年版。

宫力:《毛泽东外交风云录》,中原农民出版社 1996 年版。

韩念龙主编:《当代中国外交》,中国社会科学出版社 1988 年版。

胡绳主编:《中国共产党的七十年》,中共党史出版社 1991 年版。

黄仁宇:《中国大历史》,生活·读书·新知三联书店 2021 年版。

金春明:《中华人民共和国简史(1949—2004)》,中共党史出版社 2001 年版。

冷溶、汪作玲主编:《邓小平年谱(1975—1997)》,中央文献出版社 2004 年版。

李银桥:《在毛泽东身边十五年》,河北人民出版社 1991 年版。

李越然:《外交舞台上的新中国领袖》,解放军出版社 1989 年版。

李云峰主编:《二十世纪中国史》,西北大学出版社 1993 年版。

刘晓:《出使苏联八年》,中共党史资料出版社 1986 年版。

刘晓、伍修权等:《我的大使生涯》,江苏人民出版社 1993 年版。

马立诚、凌志军:《交锋——当代中国三次思想解放实录》,今日中国出版社1998年版。

裴坚章主编:《中华人民共和国外交史(1949—1956)》,世界知识出版社1994年版。

钱其琛主编:《世界外交大辞典》,世界知识出版社2005年版。

曲星:《中国外交50年》,江苏人民出版社2000年版。

师哲:《在历史巨人身边——师哲回忆录》,中央文献出版社1991年版。

施昌旺:《王稼祥传》,安徽人民出版社2003年版。

石源华:《中华民国外交史》,上海人民出版社1994年版。

田增佩主编:《改革开放以来的中国外交(1978—2008)》,世界知识出版社1993年版。

田增佩、王泰平主编:《老外交官回忆周恩来》,世界知识出版社1998年版。

童小鹏:《风雨四十年》(1、2部),中央文献出版社1994、1996年版。

王炳南:《中美会谈九年回顾》,世界知识出版社1985年版。

王凡:《目击历史——关于当代中国大事伟人的口述实录》,湖南文艺出版社1998年版。

王福春主编:《外事管理学概论》,北京大学出版社2003年版。

王沪宁主编:《政治的逻辑:马克思主义政治学原理》,上海人民出版社1994年版。

王锦侠、张奇:《邓小平外交思想研究》,河南人民出版社1995年版。

王劲松:《中华人民共和国政府与政治》,中共中央党校出版社1995年版。

王俊彦;《元帅诗人外交家·陈毅》,世界知识出版社1999年版。

王立诚:《中国近代外交制度史》,甘肃人民出版社1991年版。

王泰平编:《中华人民共和国外交史》(1—3卷),世界知识出版社1998年版。

王逸舟:《全球政治和中国外交——探寻新的视角与解释》,世界知识出版社 2003 年版。

王逸舟:《西方国际政治学:历史与理论》,上海人民出版社 1998 年版。

王元化:《九十年代反思录》,上海古籍出版社 2000 年版。

吴波:《现阶段中国社会阶级阶层分析》,清华大学出版社 2004 年版。

吴冷西:《忆毛主席:我亲身经历的若干重大历史事件片段》,新华出版社 1995 年版。

伍修权:《伍修权将军自述》,辽宁人民出版社 1998 年版。

伍修权:《在外交部八年的经历(1950.1—1958.10)》,世界知识出版社 1983 年版。

席来旺:《外交谋略》,红旗出版社 1996 年版。

席宣、金春明:《"文化大革命"简史》,中共党史出版社 1996 年版。

夏永芳:《外事人生》,东方出版中心 2002 年版。

萧功秦:《与政治浪漫主义告别》,湖北教育出版社 2001 年版。

萧心力主编:《毛泽东与共和国重大历史事件》,人民出版社 2001 年版。

解力夫:《毛泽东面对美国》,中央文献出版社 2000 年版。

谢俊美:《政治制度与近代中国》,上海人民出版社 1995 年版。

谢庆奎主编:《当代中国政府》,辽宁人民出版社 1991 年版。

谢益显:《当代中国外交思想史》,河南大学出版社 1999 年版。

熊向晖:《我的情报与外交生涯》,中共党史出版社 1999 年版。

薛衔天编:《中苏国家关系史资料汇编(1945—1949)》,社会科学文献出版社 1996 年版。

杨福昌主编:《跨世纪的中国外交——"中国外交辉煌 50 年"研讨会论文集》,世界知识出版社 2000 年版。

杨公素:《沧桑九十年——一个外交特使的回忆》,海南出版社 1999 年版。

尹家民:《黄镇将军的大使生涯》,江苏人民出版社 1998 年版。

余世诚:《邓小平与毛泽东》,中共中央党校出版社 1995 年版。

云水:《出使七国纪实——将军大使王幼平》,世界知识出版社1996年版。

张勋等主编:《中国政府管理百科全书》,经济日报出版社1992年版。

张颖:《随章文晋出使美国——大使夫人纪事》,世界知识出版社1996年版。

周永生:《经济外交》,中国青年出版社2004年版。

朱光磊:《当代中国政府过程》(修订本),天津人民出版社2002年版。

朱正:《1957年的夏季:从百家争鸣到两家争鸣》,河南人民出版社1998年版。

〔英〕安东尼·吉登斯:《民族-国家与暴力》,胡宗泽等译,生活·读书·新知三联书店1998年版。

〔德〕奥斯瓦尔德·斯宾格勒:《西方的没落》,齐世荣等译,商务印书馆1963年版。

〔美〕保罗·肯尼迪:《大国的兴衰》,王保存、王章辉、余昌楷译,中信出版社2013年版。

〔美〕查尔斯·蒂利:《强制、资本和欧洲国家(公元990—1992年)》,魏洪钟译,上海人民出版社2012年版。

〔英〕戴维·赫尔德:《民主的模式》,燕继荣等译,中央编译出版社1998年版。

〔英〕戴维·赫尔德等:《全球大变革:全球化时代的政治、经济与文化》,杨雪冬等译,社会科学文献出版社2001年版。

〔美〕费正清:《费正清对华回忆录》,陆惠勤等译,知识出版社1991年版。

〔美〕费正清、赖肖尔:《中国:传统与变革》,陈仲丹、潘兴明、庞朝阳译,江苏人民出版社2012年版。

〔美〕弗朗西斯·福山:《政治秩序与政治衰败:从工业革命到民主全球化》,毛俊杰译,广西师范大学出版社2015年版。

〔英〕戈尔-布思主编:《萨道义外交实践指南》,杨立义等译,上海译文出版社 1984 年版。

〔英〕哈罗德·尼科松：《现代外交学》，眺伟译，世界知识出版社 1957 年版。

〔美〕汉斯·摩根索：《国家间政治：权力斗争与和平》（第七版），徐昕等译，北京大学出版社 2006 年版。

〔美〕亨利·基辛格：《世界秩序》，胡利平等译，中信出版社 2015 年版。

〔英〕杰夫·贝里奇：《外交理论与实践》，庞中英译，北京大学出版社 2005 年版。

〔英〕杰夫·贝里奇等：《外交辞典》，高飞译，北京大学出版社 2008 年版。

〔德〕克劳斯·施瓦布：《第四次工业革命》，世界经济论坛北京代表处、李菁译，中信出版社 2016 年版。

〔美〕肯尼思·华尔兹：《国际政治理论》，信强译，上海人民出版社 2003 年版。

〔法〕卢梭：《社会契约论》，何兆武译，商务印书馆 1980 年版。

〔美〕罗伯特·基欧汉、约瑟夫·奈：《权力与相互依赖》（第四版），门洪华译，北京大学出版社 2012 年版。

〔美〕迈克尔·H. 亨特：《意识形态与美国外交政策》，诸律元译，世界知识出版社 1999 年版。

〔英〕迈克尔·曼：《社会权力的来源》（第二卷），陈海宏等译，上海人民出版社 2015 年版。

〔美〕塞缪尔·亨延顿：《我们是谁？——美国国家特性面临的挑战谁》，程克雄译，新华出版社 2005 年版。

〔美〕塞缪尔·亨廷顿：《变革社会中的政治秩序》，李盛平、杨玉生等译，华夏出版社 1988 年版。

〔美〕沈大伟主编：《纠缠的大国：中美关系的未来》，丁超、黄富慧、洪漫译，新华出版社 2015 年版。

〔美〕史帝文·凯尔曼：《制定公共政策》，商正译，商务印书馆 1990

年版。

〔古罗马〕塔西佗:《塔西佗历史》,王以铸、崔妙音译,商务印书馆1981年版。

〔英〕汤因比:《历史研究》,曹未风等译,上海人民出版社1997年版。

〔美〕沃尔特·拉塞尔·米德:《美国外交政策及其如何影响了世界》,曹化银译,中信出版社2003年版。

〔美〕亚历山大·温特:《国际政治的社会理论》,秦亚青译,上海人民出版社2000年版。

〔德〕尤尔根·哈贝马斯:《合法化危机》,刘北成、曹卫东译,上海人民出版社2009年版。

〔英〕詹宁斯、瓦茨:《奥本海国际法》,王铁崖等译,中国大百科全书出版社1998年版。

〔美〕兹比格涅夫·布热津斯基、布兰特·斯考克罗夫特:《大博弈:全球政治觉醒对美国的挑战》,姚芸竹译,新华出版社2009年版。

Allison, Graham, *Destined for War: Can America and China Escape Thucydides's Trap?* Boston: Houghton Mifflin Harcourt, 2017.

Berridge, Geoff R., *Diplomacy: Theory and Practice*, London: Palgrave, 2002.

Bigham, Alex, ed., *Having Faith in Foreign Policy*, London: The Foreign Policy Center, 2007.

Copeland, Daryl, *Guerrilla Diplomacy: Rethinking International Relations*, Boulder: Lynne Rienner Publishers, 2009.

Freeman, Edward R., *Strategic Management: A Stakeholder Approach*, London: Pitman Publishing, 1984.

Jacques, Martin, *When China Rules the World: The Rise of the Middle Kingdom and the End of the Western World*, London: Penguin Press, 2009.

Jonsson, Christer and Martin Hall, *Essence of Diplomacy*, New York: Palgrave MacMillan, 2005.

Mearsheimer, John, *The Tragedy of Great Power Politics*, New York: Norton, 2001.

Melissen, Jan, *Innovation in Diplomatic Practice*, London: Palgrave MacMillan, 1999.

Melissen, Jan, ed. , *The New Public Diplomacy: Soft Power in International Relations*, Basingstoke: Palgrave Macmillan, 2005.

Newsom, David D. , *The Public Dimension of Foreign Policy*, Bloomington, IN: Indiana University Press, 1996.

Nicolson, Harold , *Diplomacy*, London: Oxford University Press, 1963.

Robinson, Thomas W. and David Shambaugh, eds. , *Chinese Foreign Policy: Theory and Practice*, Oxford: Clarendon Press, 1994.

Ross, Robert S. and Feng Zhu, *China's Ascent: Power, Security, and the Future of International Politics*, Ithaca, NY: Cornell University Press, 2008.

Shambaugh, David, *China Goes Global: The Partial Power*, Oxford: Oxford University Press, 2013.

Shambaugh, David, *China's Future*, Cambridge: Polity Press, 2016.

Steinberg, James and Michael E. O'Hanlon, *Strategic Reassurance and Resolve: U. S. -China Relations in the Twenty-First Century*, Princeton, New Jersey: Princeton University Press, 2014.

后　记

　　无论对于中国来说，还是对于世界来说，2020 年都是非常不平凡的一年。新冠肺炎疫情肆虐全球，波及 70 亿人口。作为当中的一分子，我的 2020 也是最为忙碌的一年。在这一年里，我在清华大学开设了 5 门课程，指导了 4 个博士生和 3 个硕士生顺利毕业，申请承担了 5 个课题，出席了 100 多场会议（线下与线上），发表了 12 篇论文，可能还有许多杂七杂八的行政事务。相较往年，最大的区别就是没有出国，也很少去外地，大部分时间都在北京，甚至都在清华，2020 年是为清华工作时间最长的一年。总结下来，我在 2020 年所做的工作或多或少都与疫情有关，都与中国有关，涵盖了新冠肺炎疫情、国家治理、全球治理、对外关系、主题教育等关键词。又到了中华民族的传统节日春节，静下心来总结一下 2020 年的工作，我发现所有这些事情背后都隐含一条若隐若现的逻辑线，我把它概括为"新冠肺炎疫情冲击下的中国之治"，于是就有了本书的名字，同时这本书记录了我的 2020，也折射出中国的 2020，我从自己的专业出发，给了她一个更学术化的名字："解码中国之治"。

　　应当说，之所以编写这本书，完全是为了回答我长期以来一直思考的问题：为什么在变乱交织的世界舞台上，中国始终保持稳如泰山的"中国之治"？尤其是在新冠肺炎疫情肆虐全球之时，中国仍能保持稳中有进，如此截然不同的两种现象混在一起，自然而然地就引起我的疑惑。20 世纪初的时候，德国思想家马克斯·韦伯出版了他著名的《新教伦理与资本主义精神》一书，其中探讨的核心问题就是在西方国家资本主义迅速发展的同时，为什么东方国家却始终停滞不前。他的发现与新教伦理有关,与宗教和文明有关。站在新的起点上,我们又面临新的困惑:为什么在全球化背景下,西方面临着发展的问题,而中国保持稳步前进？我发现,这也并非经济因素造成的,其根源乃是中华伦理与社会主义精神。新教伦理和资本主义精神解决了发展的问题,中华伦理与社会主义精神解决了稳定的问题,只有把两者结合起来,才能创造更美好的未来世界,这个道理也许是本书最大的价值所在。

要特别感谢北京大学出版社的徐少燕老师、陈相宜老师和梁路老师。本书书稿完成后,与徐少燕老师联系出版事宜,北京大学出版社已经放假。徐老师和陈老师非常热心,牺牲假期时间处理出版立项事宜。梁路老师工作十分认真且极为耐心,为本书编辑修改锦上添花,增益良多,没有她的倾力支持和巧手雕琢,本书不会顺利出版。当然,文中缺漏皆系我学力之未逮,一切由我承担。也要特别感谢我的学生,一年来之所以取得这些成绩,很多都是和我的学生一起努力的结果。比如赵丹阳同学与我一起做了应急外交的研究,朗昆同学一起做了双循环的研究,赵远、尹一凡、刘丽娜、秦紫晓、孔裕善等一起做了在线教育的研究。秦紫晓带着王欣然、蔡柯南做了最后的编辑整理工作。没有大家的共同努力,我也不可能完成这一工作。

最后,要感恩我的家人袁丽娟女士和赵鸿儒同学,他们一直在默默地支持着我。特别感恩一切在疫情中奋战的最美逆行者,正是他们的辛勤努力,为我们撑起了和平安宁的生活,他们是"中国之治"真正的英雄,向英雄们致敬！

一切批评和建议都将受到最热烈的欢迎！

赵可金
2021 年 2 月 2 日于北京双清苑